Il sorriso di Niccolò

Storia di Machiavelli

マキァヴェッリの生涯

その微笑の謎

マウリツィオ・ヴィローリ

武田 好〔訳〕

白水社

マキァヴェッリの生涯　その微笑の謎

装丁　細野綾子

亡きピエル・パオロ・ダットッレに捧ぐ

目次

序文

私がこの伝記を記したのは、先達がマキァヴェッリの生涯について著した豊富で正確な史料による情報よりも、さらに優れたものを求めたからではない。中でも研究の第一人者であるロベルト・リドルフィの『ニッコロ・マキァヴェッリの生涯』は、他に類を見ない古典であり、私の大事な手引き書となった。私はただ、陰にある事柄を明らかにし、ときには既存の判断を見直し、新たな方法で語ろうとしただけである。マキァヴェッリの政治思想や著作はもちろんのこと、人生や人間を笑う彼の姿に私は惹かれた。私がこの本を著したのは、彼の書簡や著作、記録の随所に見られる微笑の意味を理解するためである。その微笑には、彼の政治思想よりはるかに深遠な、生きるための偉大な知恵が含まれていると思うからである。

読者の便宜を図るため、原文の引用は最小限にとどめた。読者は、本文中で、他の伝記作者が削除するか、省略したマキァヴェッリと彼の通信相手の書簡、当時の公文書から引用したかなり強烈な表現に出会うだろう。しかし、私は、それこそが彼らの言葉だと思うから、削除も、省略もしないように心がけた。

マキァヴェッリの生涯　その微笑の謎

第一章　仮面と顔

一五二七年六月二十一日、ニッコロ・マキァヴェッリは、死の直前に傍らにいた友人たちに自分の見た夢の顚末を語ったと言われる。その話はのちに、何世紀もの間《マキァヴェッリの夢》として有名になった。

彼の話はこうである。身なりのよくない、貧しく苦痛に満ちた顔つきの男どもの群れが夢に出てきた。何者であるかとたずねると、《われわれは、聖者であり、福者である。ともに天国へ行こう》と答えた。次に見たのは、高貴で威厳に満ちた面持ちの、壮麗な服を身にまとった者がいく人も集まり、重要な政治問題について厳かに論じ合う姿だった。その中には、見覚えのある顔があり、政治や国家に関する礎となる作品を著した、あの偉大な古典古代の哲学者や歴史家の、プラトンや、プルタルコス、タキトゥスがいた。そこで再び、あなたがたは何者であり、どこへ行くのかとたずねると、《われわれは地獄に堕ちる者よ》と彼らは答えた。マキァヴェッリは、この話を終えると、聖者や福者らとともに天国で退屈な死を迎えるくらいなら、古典古代の偉人たちとともに政治を議論するために地獄へ堕ちた方がましだ、と友人たちに説いて聞かせた。

彼の夢は、キケロが共和国に関する論文の中で述べた、有名な《スキピオの夢》を彷彿とさせる。キケロが語るところでは、大スキピオが孫のスキピオ・アエミリアヌスの夢に現れて、こう言った。《祖国を維持し、援助し、拡大した者たちは皆、天国に特別な場所が保証されており、そこで福者として永遠の命を享受する。全世界を治める最高位の神は、それ以上を望まれない。少なくとも、この世で起きた事柄、つまり、国という名の、正義に結びついた人間の集合や団結の他は何も。国の支配者や保持者は、その場所（天の河）から旅立ち、再びそこに還るのだ》。

マキァヴェッリは、《スキピオの夢》の話を熟知していたから、死の床でさえも、ひと味違う道徳を加えた自分の物語を伝えようとしたのだろう。彼の夢に登場する偉人は、行ないか、あるいは著作物によって、共和国を造り、それをよく治め、改革したが、古の夢のように、天の最も輝ける場所で永遠の幸福を享受することはない。それどころか逆に、不死を望んで偉業を成し遂げようとして、キリスト教道徳の規範を汚したために地獄に堕ちる。しかし、マキァヴェッリの冗談の中では、偉大な政治家が存在すれば、地獄は天国よりもよほど素晴らしい、面白いものとなる。ニッコロは、古人の夢の道徳、即ち、真の政治家は神々と同じで、永久の栄光に浴する、と繰り返した。そして、それと同時にキリスト教の天国と地獄を笑った。

マキァヴェッリの夢の話が真実か、それとも作り話であるのか、確かなことはわからない。ただ、私はこの話を心に留めておきたいと思った。それが、これから私が人生と思想を語ろうとする人物を紹介する最良の方法と思うからである。実のところ、夢の語り口の中に、ニッコロの気性のすべてがある。冗談好きで、不遜で、非常に洗練された知性に恵まれていながら、魂や永遠の命、罪についてはほとんど顧みず、事象と偉人に惹かれる点である。彼にとって偉人とは、とりわけ君主であり、共和国の支配者のことであった。モーゼのように、民を隷従から解き放ち、自由にし、良き法を与えた者のことである。大事であるのは、多くの人の命運を決定する、国家や政府のあり方の変遷であった。要するに、マキァヴェッリにとって重大なことは、政治であった。死に際に、聖者とともに天国に召されるより、偉大な政治家らとともに地獄へ堕ちることを彼が望んだとしても、何の不思議もない。

もし不思議であるとすれば、彼が最後の時を迎えてもなお、冗談を言う力があったことである。亡くなるときのニッコロは、すでに、寂しく、希望を失った、失意の男だった。齢六十にほど近かった。顔つきは疲れ果て、唇には苦渋に満ちた皺が刻まれていた。成人した彼を描いた肖像画から伝わってくるような、知性あふれる、人を小馬鹿にしたような、皮肉めいた光は、その目から消え失せていた。眼差しは空を見つめていた。それは過去への思いだった。君主や、教皇や、王や皇帝らに示した、威風堂々とした振る舞いはもはやなかった。昼夜を問わず馬に揺られ、いく度となく繰り返した旅の苦労が重なって、腰は曲がっていた。危険の多い道程で、あまりに多くの希望が潰え、あまりに多くの夢が消えた。とりわけ、人間の愚かさと悪意、残虐さが執拗に彼を攻め続けた。

彼が生涯をかけて、全精力を注いだのは、外国勢力による軍事支配から祖国を解放することを、イタリアの権力者たちに説くことだった。ところが、彼の死の数週間前に、イタリアの悲劇の最も重大な終幕が完結する。一五二七年五月六日、ブルボン家のカール公爵率いるスペイン歩兵と、残虐なドイツのランツクネヒト兵からなる軍勢が、ローマ城下を略奪にかけた。町を防御する側は、枢機卿や司教の馬屋か、職人の工房か、居酒屋から徴集された、武器も持たぬ貧乏人たちの哀れな部隊だけだった。教皇はと言えば、数ヶ月前に自らの軍隊を解雇していたから、すぐさまサンタンジェロ城へ逃げ込んだ。ほんの数時間の攻撃で、ローマはスペイン軍とランツクネヒト軍団の手に落ちた。前者は暴力と略奪を渇望し、後者は激烈な新教徒で、カトリック教徒を憎悪し、暴行、略奪、復讐のかぎりを尽くした。世にいうローマ劫略《ごうりゃく》である。

マキァヴェッリは、そのような悲劇を回避するために、イタリアの権力者がすべきことを熟知していた。

だが、誰も彼の言うことに耳を貸そうとはしなかった。だとしたら、例の夢物語のような話をして笑う以外に何ができたと言うのだろう？　けれども、笑いは、心を温めることも、苦悩から解き放つこともなかった。彼は泣かないために笑ったのだ。この世の不公平や不条理に対する義憤を解消できず、覆い隠すための笑いだった。支配者が、自らの統治下にある老若男女を、戦争や暴力、屈辱、貧困から守ることができないでいるのに、よい制度、よい法と訓練された軍隊を用いて、人間の野望や残虐さを制御、抑制することができるはずの者が、貧しいから、貴族の出でないから、有力な友人がいないからという理由で、尊重されない世の中を笑ったのである。

《私は貧しい生まれで、幼い頃は楽しむことよりも苦労を学んだ》というのが、ニッコロの境遇だった。粗末な食べ物で我慢したこともあったが、パンにも事欠くというわけではなかった。マキァヴェッリは、自分は貧しいと口にすることで、富裕な家系に属さないこと、つまり、公職に選出され、事業で財を成す可能性がない者であることを言った。親族と友人、それがすべてだった。それがなければ、いかに優れた素養があろうとも周辺へ追いやられるしかなかった。一五一八年に著した最も優れた喜劇『マンドラーゴラ』の中で、ニッコロは、フィレンツェでは権力のない者には《吠えかかる犬もいない》と書いた。

マキァヴェッリの一族は、フィレンツェの旧家に属し、市政の重要な任務にも従事していたのは事実だが、ニッコロの父、ベルナルド・ディ・ニッコロ・ディ・ブオニンセーニャは、貧しい分家の出であった。地所からのわずかな収入で、経済的に切りつめて、かろうじて家族を養うことができた。妻バルトロメーア・デ・ネッリとの間には、二人の姉プリマヴェーラとマルゲリータが、一四六九年五月三日にニッコロが、一四七五年に弟のトットが生まれた。

ベルナルドは法律を修めたが、大半のフィレンツェの弁護人や公証人らとは違って、その仕事で満足な収入を得られなかった。彼の知性は評価されたが、それは、共和国書記官で高名な人文主義者のバルトロメーオ・スカーラが一四八三年に著した、司法当局と法律に関する対話の当事者に、彼の名前を加えたからだった。ベルナルドは書物を心から愛していた。犠牲を払って、ギリシアやローマの哲学者、特にアリストテレスやキケロの書物や、修辞学の巨匠の作品や、イタリア史に関する本を集め、小さな書庫を手に入れた。ときには、地所からの産物で現物払いして本を借りることもあった。ティトゥス・リウィウスの『ローマ史』のように、とりわけ高価で重要な本を手に入れるには、フィレンツェの発行人ニッコロ・デッラ・マーニャのところで、その作品の地名索引を作成する仕事を引き受けた。骨の折れる単調な仕事には九か月を費やした。その仕事の報酬として本を手に入れることができた。父親が辛抱強く仕事をしたおかげで、ニッコロは好きなだけ、書物の中でローマの歴史家が語る、小さな町が自由で力のある共和国になるための政治的、軍事的戦略を繰り返し読むことができた。成熟期に、ニッコロは、『ティトゥス・リウィウスの第一巻に関する論考』を編むために、その本を役立てることになる。この最も重要な作品には、彼の政治思想のすべて、特に、偉大で自由な共和国はいかにして造られるかについての彼の考えが含まれている。

ニッコロは、特に父親と仲がよかった。ベルナルドとニッコロは、手元にある資料から判断すると、親子というよりも、友人のようだし、まるで仲間のように冗談や悪ふざけを言い合う仲だった。フィレンツェにいるニッコロが暮らしに困っていると、ベルナルドは田舎からまるまると太ったガチョウを贈ってやった。心温まる贈り物に感謝して、ニッコロはこんな言葉で終わるソネットを送った。《事が終わると／私のベルナルドはアヒルとガチョウを買ってくれる／食べもしないで》。

ベルナルドとニッコロは、遊び心に溢れ、仲間思いで、楽しい会話を愛し、気の利いた冗談が好きだった。父親の死から数年が過ぎた一五〇〇年の五月、サンタ・クローチェ教会の修道士がニッコロに、マキアヴェッリ家の礼拝堂に密かに何体かの亡骸が葬られていると言った。うろたえた様子の修道士に向かって、ニッコロは、《いや、どうぞそのままに。父は話好きだから、相手をしてくれる人が多いほど喜んでいることでしょう》(1)(ロベルト・リドルフィ『マキァヴェッリの生涯』)と答えた。ベルナルドは、彼に金も権力も与えてやることはできなかったが、それでもニッコロは父のことが好きだったし、いや、だからこそ、おそらく、特別な親愛の情を感じていたのだろう。金と権力を持つ父親に対して抱くような、服従や恐れの気持ちはまったくなかった。

父の死の数年前の一四九六年十月十一日に、ニッコロは、母のバルトロメーアを亡くした。残念なことに、彼女についてはほとんど何もわからない。彼女の気性や、夫や子供への思いが伝わるような書簡や記録はいっさい残っていない。他の多くの人々、特に、多くの女性の場合と同様に、資料や記憶を奪い去り、破壊する時間という力の前に、われわれはあきらめるしかない。時間が破壊しなくても、バルトロメーア・デ・ネッリの生涯には、日記や物語の一ページを割く値打ちもないという偏見を持った者によってそれは失われた。わかっているのは、彼女が敬虔な心の持ち主で、詩や賛歌を書く教養ある女性だったということだけである。おそらく、ニッコロは、まさしく彼女から詩の才能を、つまり、詩人の眼で人生や世界を見つめ、イタリア文学の偉大で厳格な批評家が《申し分のない文体》と呼んだ文体で、物を書く才能を受け継いだ。

マキァヴェッリの家は、子供たちに、人文主義者として知られる高名な家庭教師をつける余裕はなかった。だが、ニッコロとトットは、親によい教育を受けて、ラテン語、文法、算数に加えて、家に積まれた書物から判断すると、ほぼ間違いなく修辞学についても学んだ。つまり、聞く者、読む者を納得、確信させ、感動させるような、心を打つ話術や文の書き方を身につけた。四十歳の頃、ニッコロは、自分の知識について、絹織物や毛織物の作り方も、利益や損失のことも論じることができない人間で幸せだった、と友人宛の手紙に書いている。だから、彼は、フィレンツェ人が得意とする毛織物や絹織物の手仕事の技術も、銀行や商売の方法も知らなかった。

その後、ニッコロは、幼い頃に貴重な書物を読んで身につけた知識の財産を増やしていった。まず、ラテン詩人の中でも、第一にウェルギリウス、次に彼が《格下》と呼んだ、愛について書いたティブルスやオウィディウス。他に言及しておかねばならないのは、自然や海、植物、動物の起源や、人間の条件について語った詩『物の本質について』の作者であるルクレティウス。ニッコロは、その詩を読むだけでなく、熱心に書き写した。ラテン語の練習のためかもしれないが、好きなときにいつでも読み返せるように写しをとったと考えればいいだろう。ニッコロは、特に、そのラテン詩人に魅了された。悲哀を帯びた素晴らしい詩には、こう書かれていた。人間は、世界を支配する者ではないのに、所詮、自然か運命の犠牲になるだけであるのに、つまらぬ自尊心からそう信じている。人間は、裸で生まれ、泣き声を上げる。そしてその声は空に響く。地上のあらゆる動物の中で唯一、同類の者に対して身の毛もよだつ残虐行為をなしうる。だが、他のどんな創造物も、そのように飽くなき生への欲求や、永遠や無限に対する欲望を持ってはいないのだ。

その後、彼は、古典古代の哲学者、とりわけ歴史家の書物を読んだ。ギリシアを苦しめるスパルタ、アテネ間の戦争を物語ったトゥキディデス。ギリシアやローマの偉大な政治家や元首、立法者の生涯を物語ったプルタルコス。ティベリウス、カリグラ、ネロの腐敗や背信行為を伝えたタキトゥス。特に、父ベルナルドが苦労して金を稼ぎ、手付けに《フィアスコ瓶入りの赤ワイン三本と酢を一本》渡して、製本屋から手に入れたあのティトゥス・リウィウス。これらの読書によって、ニッコロの中に二つの大きな情熱が生まれた。古代人への愛と、歴史への愛である。彼は、常に、古代ローマ、ギリシアの英雄たちに、燦然《さんぜん》と光り輝く徳、勇気、賢明の手本を見ていた。そして当代の人間の堕落、下劣、愚行を重ね合わせた。歴史から、人間の情熱や希望、誤ちを学んだ。過去の出来事を読み、現在に生じる出来事を理解した。どの町にも、どの人間にも、同じ情熱と同じ欲求があるのだからと彼は言った。

当代人の中でも、彼は特にダンテを、次にペトラルカ、ボッカッチョを愛した。マキァヴェッリにとってダンテは文体と英知の師であった。詩を書くときには真似ようとしたし、それを諳んじて、自分の本や友人宛の手紙にたびたび引用した。明るく冗談好きで、人生に対して不遜な彼の人柄は、ボッカッチョの影響である。冗談やユーモアあふれる言葉や笑い話で切り返し、友人たちを楽しませた。人間の弱さを十分に知っていたから、相手の気分を害したり、傷つけたりしないように、まず自分のことから言い始めるのだった。

大多数の人間は、当時も現在も変わらず、自らの徳と資質を高めたいと考えている。ニッコロは、自分の悪徳を増やし、自分が持っていなかった悪徳を身につけることを楽しんだ。彼は、フィレンツェで、政治を著す者、喜劇作家、歴史家としてだけでなく、誰にも、何物にも迎合せず、真似のできない洒落たせりふや、物語や冗談を言うことで有名だった。友人たちは彼を「マキァ」と呼び、この呼び名は彼にぴったりだった。

古典古代と当代の師に導かれて、彼の人生観は形成された。それは、寛容と、偉業に対する愛、凝縮した情熱、命のはかなさに対する敬意、美の称賛から成り、人生の厳しさや、人間の悪意についての深い思いを生み出した。それは書物ではなく、町の通りや、広場、教会、腰掛けや食堂が教えてくれた。人に語るべき人生を彼に送らせたのは、世界に唯一つの、フィレンツェという豪華で厳格な学校だった。

第二章　傷跡を残す出来事

十五世紀末のフィレンツェは壮麗だが、悲惨だった。教会、公共の建築物、邸宅、街路や広場の美しさ、そして市民の才覚と産業、芸術と知性に満ちた活気ある生活。それらのすべてが、当時の数ある町と比べてフィレンツェをほぼ無類のものにした。ヴェネツィアだけがそれに肩を並べることができた。

しかし、その輝きは脆弱な政治体制に脅かされていた。街の平穏を守り、市民に正義と安全を与えることができたのは、ほんの短い期間だった。澄んだ空と冴えわたる風の下で、人々の情熱は、それがたとえ邪悪なものであれ、高貴なものであれ、ある特別な高まりに達していた。広場や道は、しばしば、町の支配をめぐって繰り広げられる党派争いの残虐な衝突の舞台となった。そのような戦いは、フィレンツェの通りを血で染めて、その血がさらに新たな血を呼んだ。

屋敷の中で、富裕な名望家は傲慢さを増し、風紀は乱れ、十分に訓練された軍隊がないために、フィレンツェの自由は常に危機に瀕していた。国を守り、トスカーナの他の諸都市の支配を維持するには、フィレンツェは傭兵隊長と傭兵部隊に頼らざるをえなかった。この傭兵部隊は、金のために戦ったから、敵側につく方が金になると見ると、ためらうことなくそうした。伝統的に同盟関係にあったフランス王の保護も、もはや当てにはならなかった。王にとってフィレンツェの独立は、イタリアにおけるスペイン勢力を抑制するための方策にすぎなかった。フィレンツェ支援が得策でないとき、あるいは、不可能であるときは、運命のなすがままに任せた。それは、これから私たちが見るとおりである。

フィレンツェは、人々から愛され、そして憎悪された。その美しさと品位ゆえに愛されて、政治的な賢明さに欠け、市民の心があまりにも貧困で自己中心であるがゆえに憎悪された。それはマキァヴェッリにとっても同じだった。この感情のコントラストが生涯彼についてまわり、彼の思想と行動を生み出した。

マキァヴェッリが生きた時代のフィレンツェは豊かだった。工房で生産された毛織物や絹織物は、遠隔地の町まで輸出された。銀行家は、利益を生み、貯えられた富を再投資する術を知っていた。その富と巧みな外交手腕によって、フィレンツェは、ピサ、リヴォルノ、アレッツォ、ピストイアのような要衝や城塞都市を含む広大な支配領域を築きあげた。従属都市や支配下にある農村地域に対して、収益が上がるように気を配り、半島の他の諸国には見られない、さらなる富と名声を獲得した。その代償は、次から次と勃発するか、またその予兆を見せる従属都市の反乱と戦争であり、支配を維持するために支払う莫大な金だった。

そのような戦いにフィレンツェの有力家系は広く寄与した。良きにつけ悪しきにつけ、彼らは国政の中核にあった。中でもとりわけメディチ家は、フィレンツェの歴史と生活にその名を深く刻んだ。裕福で、策略家で、決断力があったから、広範囲で長持ちする権力構造をフィレンツェに築きあげていった。友人と支持者の人脈を背景に、利益供与を狡猾に行なう政治によって時間をかけて作り上げたのだった。商売を始める者や、あるいは、金に困る者には、必要な援助を与えた。娘を嫁がせる者には、恥ずかしくない結婚が執り行なえるように金を貸してやった。裁判や税金の問題が解決するように手を貸すこともあった。

こうしてメディチ家は、たとえ「他の者と同じ」ただの市民であると明言し続けたにせよ、国の真の支配者となり、フィレンツェは自由な共和国の様相を保ったのである。

メディチ家の権力がほぼ不動のものとなったのは、敵方によって流刑に処されたコジモ・イル・ヴェッキオが凱旋した一四三四年からである。わずかな期間のうちに、コジモは、金、あるいは影響力を駆使して、彼の計画を阻もうとする者を片っ端から困窮させるか、追放した。勝つためには、法を破ろうが道徳律を犯そうが躊躇しなかった。彼には節操がない、《祖国よりも自分自身を、来世よりも現世を》重んじると咎める者には、《ロザリオを手に国家を統治することはできない》と答えた。

それは、政治権力を保持し、その拡大を望む者は、キリスト教道徳の原理を尊重できないことを意味していた。彼の手法がフィレンツェを滅ぼすと言う者には、《国を失うよりも滅びる方がましだ》と反論し、自分にとって、メディチ体制の利益は国益に優先すると説いた。ところが、一四六四年に、コジモは、莫大な富と名誉のうちに死んでしまった。市民は皆、偉大なフィレンツェ人の死に涙を流し、彼のことを厳粛に《祖国の父》と呼んだ。

彼が築いた政治体制を息子のピエロが引き継いだ。体が虚弱であったために国政に携わることはなく、一四六九年、二人の息子ロレンツォとジュリアーノを残して亡くなった。彼らは若かったが、父の仕事を継ぎ、メディチ体制をさらに強化するのに十分な素養があることは、ほどなく明らかとなった。特に、ロレンツォが名声を高めたのは、ミョウバン坑の所有権と帰属をめぐる訴訟問題を解決するために、有力市民の反対をおしてヴォルテッラの町に戦争を仕掛けたからだった。

戦いはフィレンツェの勝利に終わった。軍官アストッレ・ジャンニが率いる軍勢は、脆弱な守りを突破し、女、年寄りも容赦せず、町を略奪にかけた。ところが、フィレンツェは、勝利を知ると歓喜に沸き、この戦いを望んだロレンツォ・デ・メディチは、さらに勢力を強めることになった。

彼の権勢は、フィレンツェの他の有力家系の恨みと嫉妬を買った。特に、パッツィ家はロレンツォから何度も手ひどい侮辱を受けていた。パッツィ家の当主はヤコポだったが、甥のフランチェスコは、積年の恨みを晴らし、フィレンツェからメディチ勢力を一掃するために、ロレンツォとジュリアーノの暗殺を企てていた。その暗殺計画には、メディチ家に憎しみを抱くピサの大司教フランチェスコ・サルヴィアーティも与していたし、少なくとも当初は、教皇シクストゥス四世の傭兵隊長、ジョヴァン・バッティスタ・ダ・モンテセッコも荷担していた。

何度か延期した後、首謀者らは、一四七八年四月二十六日の日曜日、サンタ・レパラータ教会で、フィレンツェ枢機卿が執り行なうミサの最中に計画を実行することにした。枢機卿が聖体拝領に移ろうとしたそのとき、彼らは懐から短剣を取り出し、ジュリアーノとロレンツォに襲いかかった。ジュリアーノは、ベルナルド・バンディーニとフランチェスコ・デイ・パッツィに襲撃されて死んだが、ロレンツォは、敵の手を逃れて聖具室に身を隠した。メディチ家の二人を殺害する計画は失敗し、大司教サルヴィアーティは政庁の建物を占拠しようとしたが反撃を受けて捕縛され、祭服のままヴェッキオ宮の窓から吊り下げられた。長老のヤコポ・デイ・パッツィは、百騎近い兵を率いて、メディチの専制政治に抵抗するべく、自由の名のもとに蜂起するようフィレンツェ市民に訴えた。その呼びかけに応える者は一人もなく、彼はロマーニャ方面へ逃走を試みるほかなかった。その途上、捕らえられて縛り首となった。彼の遺体は、まず家族の墓に埋葬されたが、破門されたうえに再び掘り起こされ、城壁外の聖別を受けていない土地に埋め直された。それでもまだ飽きたらず、再び掘り返され、絞首刑に使った縄をつけて裸のまま町中引きずり回されたあげく、最後にはアルノ川に捨てられた。

メディチ家系図（斜体は権力についていた年を表す）

- **アヴェラルド（通称ビッチ）**（1363没）
  - **フランチェスコ**
    - **アヴェラルド**（1373-1434）
  - **ジョヴァンニ・ディ・ビッチ**（1360-1429）
    - (1) **コジモ・イル・ヴェッキオ**《祖国の父》（1389-1464；*1434-64*）
      - (2) **ピエロ**（1418-69；*1464-69*）
        - (3) **ロレンツォ・イル・マニーフィコ**（1449-92；*1469-92*）
          - (4) **ピエロ**（1471-1503；*1492-94*）
            - (7) **ロレンツォ**（ウルビーノ公）（1492-1519；*1513-19*）
              - (10) **アレッサンドロ**（1511-37；*1523-27, 1531-37*）
          - (5) **ジョヴァンニ**（教皇レオ10世）（1475-1523；*1512-13*）
          - (6) **ジュリアーノ**（ヌムール公）（1478-1516；*1513*）
            - (9) **イッポーリト**（1511-35；*1523-27*）
        - **ジュリアーノ**（1453-78）
          - (8) **ジュリオ**（教皇クレメンス7世）（1478-1534；*1519-23*）
    - **ロレンツォ**（1394-1440）
      - **ピエルフランチェスコ**（1431-77）
        - **ジョヴァンニ**（1467-98）
          - **ジョヴァンニ・ダッレ・バンデ・ネーレ**（1498-1526）
            - (11) **コジモ1世**（1519-74；*1537-74*）

この一連の事件がフィレンツェで起きたとき、ニッコロは九歳だった。サルヴィアーティ枢機卿がヴェッキオ宮の窓から吊り下げられた姿や、敗れたパッツィ家の者たちの手足が槍先に掲げられたり、道を引きずり回されるかする様を見ていなかったとしても、語り継がれる話をきっと耳にしただろうし、その話は彼の脳裏に焼きついたことだろう。何年ものちに、パッツィ家の叛乱について、特に、民衆蜂起の企てが失敗したことを書いたとき、彼は次のように述べている。メディチ家がそうであったように、支配者が権力を有し、支持者に対して寛容であるとき、民衆は、特に自由を経験したことがまったくない場合には、自由という名を掲げる訴えに耳を傾けない。ヤコポ・デイ・パッツィの身の毛もよだつような最期についてはまた、こうも言っている。たとえ絶大な富と権力を有する者であろうとも、分別を欠くか、あるいは、野心に走りすぎるか、あるいは、単に運命のいたずらによって、哀れな最期を迎えることがあると。

パッツィ家の叛乱を切り抜けたあと、ロレンツォは、彼の権力とフィレンツェの独立を脅かす重大な危機に立ち向かわねばならなかった。叛乱を積極的に支持したシクストゥス四世が、ナポリ王フェルディナンド・ダラゴーナと協調し、フィレンツェに戦争を仕掛けたのである。フィレンツェには正規軍がなかったし、ヴェネツィアからの助勢はなく、ミラノ公からの小規模の援軍だけでは、一世紀前の《八聖人の戦い》のように、教皇とその同盟軍の猛攻に抵抗することは不可能となったであろう。フィレンツェを締め上げる万力の力を緩めるために、唯一残された外交手段を身を挺して実践したのは、ロレンツォであった。一四七九年十二月、入念かつ秘密裏に準備を調えた彼は、王フェルディナンドとの和平交渉のため、単身ナポリに乗り込んだ。合意を取り付けて、翌年三月フィレンツェに帰還、彼は祖国の救世主として歓待され、国の真の支配者と讃えられた。

戦争が回避され、若いニッコロが暮らすフィレンツェは、平和がもたらす悪徳を享受する街に戻った。

若者たち、特に、今や敵なしの支配者であるメディチ家の友人たちは、《豪華な衣装を身にまとい、狡猾で抜け目のない物言いを見せる》ことと、誰よりもうまく《賢明で尊敬される》言葉で相手を侮辱し傷つけることに気を配っているだけだ、と何年ものちに、マキァヴェッリは回想している(2)（マキァヴェッリ『フィレンツェ史』）。

ついにドメニコ会修道僧のジローラモ・サヴォナローラの登場である。彼は、力強い予言者の言葉で、蔓延する腐敗を糾弾した。サヴォナローラは、一四八九年の夏、フィレンツェに入り、サンマルコ修道院の庭の、ダマスカス産の薔薇の木のそばで、新参の修道士たちに哲学の講義を始めた。日がたつにつれ、彼の評判を聞いた人々が修道院に集まり、その数をますます増やしていった。そして彼の講義は、国全体を攻撃する、まさに真実の説教へと形を変じた。

一四八九年八月一日、サヴォナローラは、サンマルコ修道院の説教壇に立ち、黙示録について説き、これから先いく度も繰り返される出来事を予言した。教会には天罰が下るであろう。そのあと時をおかずして改革がなされるであろう。最後には、イタリアは洪水に飲み込まれるだろう。彼の評判は、さらに多くの聴衆を集め、彼の話を聞こうと集まる群衆を容れるために、サヴォナローラは、一四九一年の四旬節に大聖堂サンタ・マリア・デル・フィオーレで説教を行った。その壮麗な大聖堂の伽藍の中で、聖職者の腐敗を繰り返し告発した。多くの聖職者が暮らすその家は祝福されるといく度繰り返し言われるが、正反対のことを言うときがやがて来るのだ、とサヴォナローラは言った。富裕な人々の貪欲と不正が、貧しい人々に法外な利子の支払いを強いるのだ、と激烈に糾弾した。

過激きわまる言葉が、国を支配する僭主に対して向けられた。一四九一年四月六日の彼の説教を聞いた民衆は、その修道僧の標的がロレンツォ・イル・マニーフィコだと見当がついた。サヴォナローラによれば、国の善も悪も、すべて支配者に左右されるから、たとえ小さい罪悪についてもその責任は大きい。支配者が良き道を歩めば、国全体は正しくなるはずだからである。僭主は傲慢であるから矯正は不可能である。お追従を好み、不当に手に入れた利得を返そうとしない。悪徳官吏を野放しにしている。甘言に弱く、貧しい人々の言に耳を傾けないし、富裕な人々を咎めない。貧しい者や百姓は自分のために働いていると思っている。また自分の臣下もそう考えるように望んでいる。腐敗した選挙を行ない、ますます人心を荒廃させる。

ニッコロは、当時二十歳を過ぎた頃だから、きっとサヴォナローラの説教を聞いたにちがいない。ただ、他のフィレンツェ市民とは違って、彼の雄弁の虜とはならなかった。イタリアの諸悪の根源はイタリア人の罪悪にあるという考えには納得しなかった。ましてや、断食をし、祈りを捧げ、性的快楽や賭け事や祝祭を抑制することで、フィレンツェ国が神の怒りを鎮め、平和と協調を取り戻すことができるとは思っていなかった。

だが、民衆の罪悪は君主の行動によって生じると考える点では、サヴォナローラと一致していた。その修道僧が、フィレンツェの大衆を説き伏せてしまうだけの道徳的な高潔さと広い知識を持ち合わせていること、《無知でも無教養でもない》、神に導かれし者であることを認めていた。虚偽や誤りはあったにせよ、ニッコロは、サヴォナローラの予言者としての才能と、尋常でない出来事が起きる前兆を読む力を認めていた。ニッコロが彼の信奉者ではないのに、彼について話すとき必ず敬意を示すのは、この理由からだった。道徳的公正さだけが理由なのではなかった。

フィレンツェとイタリアを待ち受ける大きな変化と厄災の兆候は、一四九二年の春に表れた。サンタ・レパラータ教会の円蓋に雷が落ち、メディチ家の屋敷の方角へ石が崩れ落ちた。天に彗星が現れ、狼がうなり声を上げた。サンタ・マリア・ノヴェッラ教会の中で、狂女が炎の角を持つ牛が街を焼き尽くすと叫んだ。何頭ものライオンが争い、一頭の姿のよいライオンが死んで見つかった。サヴォナローラは、聴衆の前で、それはロレンツォ・イル・マニーフィコに死が迫りつつある前触れだと言った。

一四九二年四月六日、ロレンツォは死んだ。彼が犯した大きな過ちは、フィレンツェを下僕の国にしたことだった。臨終のとき、自分の犯した罪をサヴォナローラに懺悔したが、自由を、特に、政治を託す市民を強制されることなく選ぶ自由、公の議会で法律を論じ承認する自由を、国に返還することを拒絶したと伝えられている。だが、ロレンツォは、イタリアの強国の筆頭であるナポリ王国、そしてミラノ公国、ヴェネツィア、教会国家との間に、微妙で見事な政治的均衡を保った立て役者でもあった。分別ある彼のおかげで、イタリアの平和を乱し、外国勢力に招き入れようとする、これら諸勢力の野心を摘むことができたのである。

ロレンツォの死後、他の誰も彼の政治を続けることができなかったし、また誰もそうしようとは思わなかった。立派な葬儀に参列するためフィレンツェに赴いたイタリアの君主たちが、彼の死に涙したのも道理あることだった。マキァヴェッリは、一五二五年頃に著した『フィレンツェ史』の中で、ロレンツォの場面の終わりにこう書いている。《あの悪い種が再び芽を出し始めた。取り除く者がいないから、それはやがてイタリアを破滅させた。そして今またイタリアを破滅させようとしている》。

第三章　共和国の誕生と予言者の死

雷光がサンタ・レパラータ教会の円蓋を直撃したその日、サヴォナローラは言った。《見よ、神の剣が地上に振り下ろされたのだ》。やがて本当に天罰が下った。一四九四年、ミラノ公ルドヴィーコ・スフォルツァの支援と要請を受けたフランス王シャルル八世が、アルフォンソ・ダラゴーナの支配下にあるナポリ王国に対してフランスの領有権を主張し、イタリアへと南下した。シャルル八世は、装備、軍規において、それまでのイタリアの君主が布陣したどの戦力をも凌駕する、四万騎の軍勢を従えていた。

シャルル八世とともにイタリアに《炎とペスト》が侵入し、政治制度と統治方法を変化させ、従来のイタリア諸国間の均衡を根底から覆した、とフランチェスコ・グイッチャルディーニは書いた。王が侵入する以前は、イタリアの五大強国、すなわち、教皇領、ナポリ王国、ヴェネツィア共和国、ミラノ公国、フィレンツェ共和国は、互いの間で、他国が強大になりすぎないように配慮しさえすればよかった。だから、少しでも相手国に勢力拡大の意図が見えれば、諸国間で衝突が起きた。それで戦争になっても、兵の動きは緩慢で、大砲の使い方はお粗末だったから、砦ひとつ攻略するのにひと夏かかった。《戦争による死者は、ごくわずかであるか、ほとんどなかった》とグイッチャルディーニは記している。

突然の嵐とも言えるフランス軍の来襲によって、イタリアの政治は混乱した。君主は誰一人イタリア共通の利益を考えようとしなかった。皆恐怖に怯え、自国の利益ばかり気にかけていた。隣国が征服されようとも、その阻止に動く者はなかった。戦争は苛烈さを増し、大砲が格段に効率よく使用されるようになると、国が攻略されるのは数日の問題、いや時間単位の問題となった。戦争も政治も、迅速で冷厳になった。ロレンツォの後継者である息子のピエロは、不安定な政治体制の強化を図ろうとしてサルザーラの陣営にフランス王を訪ねた。フランス王の厚意を得るために、サルザーラ、ピエトラサンタ、ピサ、リヴォルノの城塞の管轄権を譲渡したが、それらはいずれも、フィレンツェの安全と権益を守る上で重要な拠点だった。

国民の憤懣は高まった。以前からピエロは、その尊大な振る舞いからまったく人気がなかったが、メディチ家に最も近いフィレンツェ人ですら、彼のやり方を痛烈に批判し始めた。当時の年代記は、評判の高い市民である、ピエロ・カッポーニが、大評議会の前で記念すべき演説を行ない、フィレンツェの知識人と民衆に反ピエロ、反体制の叛乱を引き起こすきっかけを作ったと伝えている。

ピエロ・カッポーニは言った。ピエロ・デ・メディチの責任は重大である。シャルル八世のイタリア南下を阻止する働きかけを怠り、ミラノ公ルドヴィーコ・スフォルツァとナポリ王が接近するように図らなかった。最も賢明で経験豊かな市民に意見を求めることも皆無だった。しかも、状況が悪化するにつれて極秘に行動するようになった。けれども、彼の犯した最大の過ちは、フィレンツェ領土の耳目である砦を、われわれの祖先が《多大な血と労力と金》と引き換えに奪取した砦を、まるで《くず鉄》のように王に譲り渡したことなのだ。

出来うる限りの兵を農村部で徴募し、すでに都市部に配置済みの軍勢に合流させよ、フランス王のもと

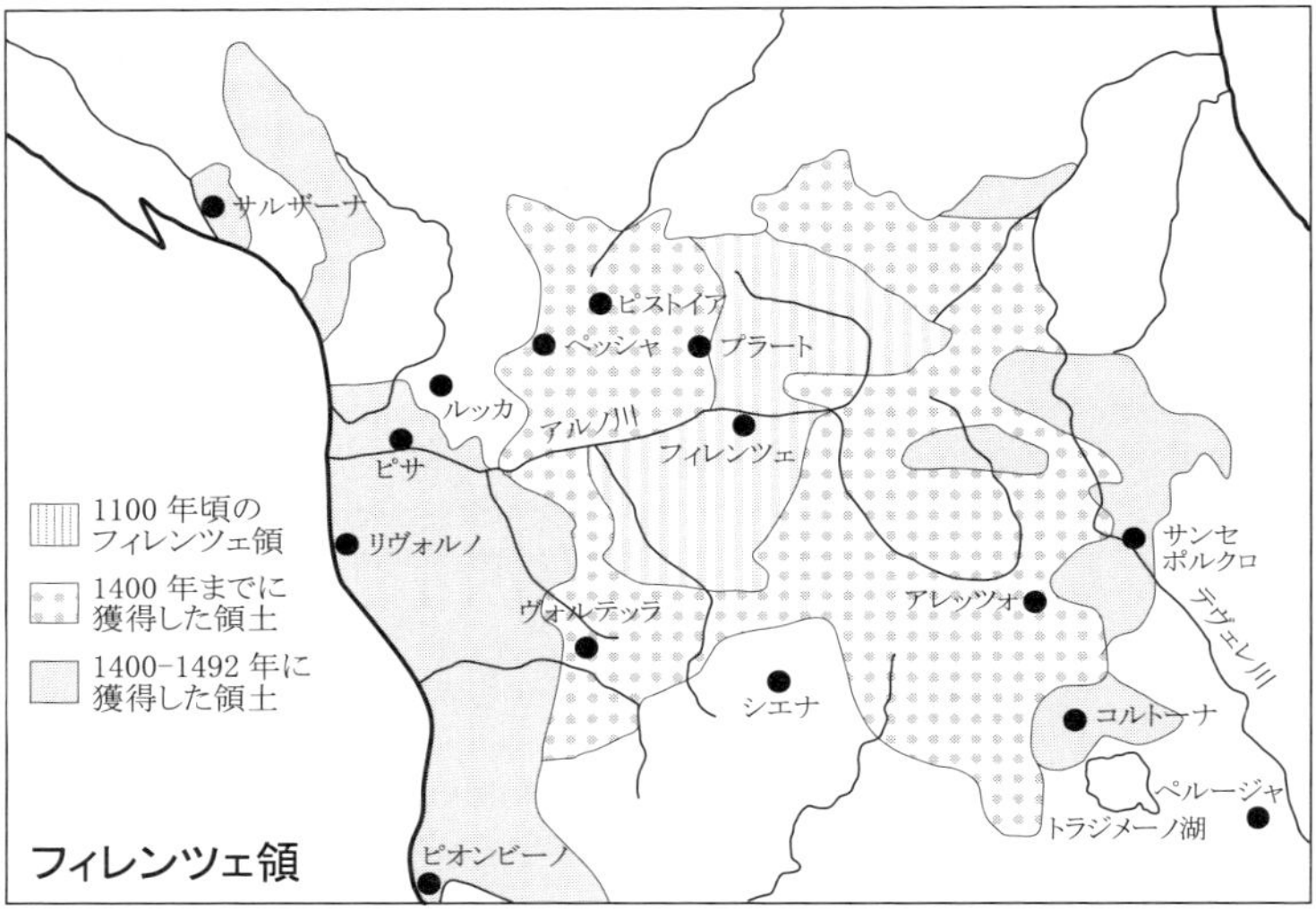

にサヴォナローラを含む六人の高名な市民からなる使節団を派遣し、国の意志はメディチ家と相違することを明言せよ、そう言ってピエロ・カッポーニは演説を終えた。

一四九四年十一月八日フィレンツェに帰還したピエロ・デ・メディチは、周囲の冷ややかさと敵意に気づいた。絶望した様子で兵を引き連れてヴェッキオ宮に入ろうとしたが、国政を司る行政官たちは門を閉ざしてフィレンツェの民衆に支援を求めた。広場はピエロとその兵であふれ返り、彼は手勢に守られたまま、家族の屋敷に逃げ込むしかなかった。それからしばらくして、彼は叛乱人であると宣言され、生け捕りならば一万、死人の場合は四〇〇〇フィオリーニの懸賞金がその首に懸けられた。権力と命を失うことを恐れたピエロはボローニャ方面へ逃亡した。

こうして、正確に言うと、六〇年間続いた体制は終わった。だが、再び手に入れた自由を喜んでいる時間はなかった。シャルル八世は城門の外にいたから、その軍勢が進撃して国を略奪にかけ、富を収奪し、狂気に走る機会を伺っていることは、フィレンツェ人たちは十分すぎるほどわかっていた。

サヴォナローラの率いる使節は、フランス王のフィレンツェ略奪計画を断念させることができたが、その交換条件として、莫大な資金援助と、王のナポリ王国支配にかかわる全面的支援を約束することになった。その上、王とその軍勢の宿営先の面倒も見ることになった。

そうして王の使者がやって来ると、逗留するフランス人指揮官の名前をチョークで家に書いたから、最後には《国じゅうに印が付けられた》ようになった。マキァヴェッリは、きっと自分の目で見たにちがいないこの出来事について、《フランス王シャルルは、チョーク一本でイタリアを獲得できた》と言った。戦わずしてイタリアを征服したことは、すべてのイタリア人にとって大きな恥辱となり、特に、イタリアを治めた君主たちには多大なる屈辱を与えた。

一四九四年十一月十七日、シャルル八世はフィレンツェに入った。彼の入城は、フィレンツェの長い歴史の中で最も《荘厳で栄誉ある素晴らしい事柄》と年代記には記された。有力家系の若者、すべての名望家、高級官吏たちは、豪華な礼服に身を包み、敬意を表して拝謁に参じた。

王の軍隊の入城は豪華絢爛たるものだった。二五の旗の後に、七〇〇〇のスイス兵が七つの方形に隊列を組み、王の軍列の先頭に立った。当時の年代記によれば、実に整然と静かに行進し、太鼓と笛の音しか聞こえなかったという。その後ろに、華やかに飾り立てた馬にまたがった七〇〇騎の重装騎兵が、そのあとの五〇〇の弩兵《どへい》は馬で、千余の弩兵は徒歩で続いた。見物していたフィレンツェ人には、見た目も態度も凶暴であるように思われた。次に、見たこともない体軀の兵士からなる護衛軍が行進し、その獰猛な様には身震いするほどだった。最後に、全身兜まで白色の王が、抜き身の剣を手にして現れた。

壮麗な行列であるとはいえ、やはりそれは、金か戦利品を分捕る目的でフィレンツェにやってきた、王が率いる外国人の軍隊でしかなかった。人々の驚きはすぐに不信感と嫌悪感へ変わった。馬から下りた偉大な王は、近くで見ると背の低い男で、色白の身体は赤茶色の体毛に覆われていて、目は青く、口と鼻が巨大で、細い脚には馬か牛のひずめのように見えるサンダルを履いていた。短気で分別に乏しく、二人の聖職者、ブレッシャ司教とサン・マロ司教のまったくの言いなりだった。彼の横柄な振る舞いと兵隊の高圧的な態度に加えて、特にメディチ家をフィレンツェに帰還させよという要求に、フィレンツェ人は大いに憤怒した。ピエロ・カッポーニは、その交渉の真っ最中に、シャルル八世とその家臣に対して、《フランス国王よ、あなたがラッパを鳴らすなら、われわれは鐘を鳴らそう、そして武器をとるこの人々を見せてくれよう》という有名な言葉を掲げ、国を挙げて蜂起すると迫った。

ところが、多少の小競り合いは別として、戦闘には至らなかった。シャルルはフィレンツェと協定を結び、サンタ・レパラータ教会の祭壇で協定文の遵守を誓った。その一四九四年冬のニッコロの思考や感情を伝える書簡や書物は残っていない。あの野蛮なフランス人どもが逗留し、領主として遇されるのを見れば、きっと彼は腹を立てて、そのような恥辱から国を守ることができなかったフィレンツェの統治者たちの責任を考えたことだろう。おそらく、彼もサンタ・レパラータ教会で、王がフィレンツェとの永遠の友好を誓うのを聞いていただろう。だが、彼がそんな言葉を信じたはずはないのである。

シャルル八世がようやくフィレンツェを後にすると、フィレンツェ人たちはメディチ体制崩壊後の国造りにとりかかった。フランス支配の間に叛乱を先導し、町を治めた市民たちは、反ピエロ・デ・メディチで一致していたが、新体制をどのような政治形態にするかについて意見が分かれた。メディチ家の力を制限して、社会的、政治的エリートに属する市民が治める寡頭政治を確立しさえすればよいと望む者がいたその一方で、フィレンツェに真の《民衆による》政治を、すなわち、法律を定め、行政官を選ぶ権限を幅

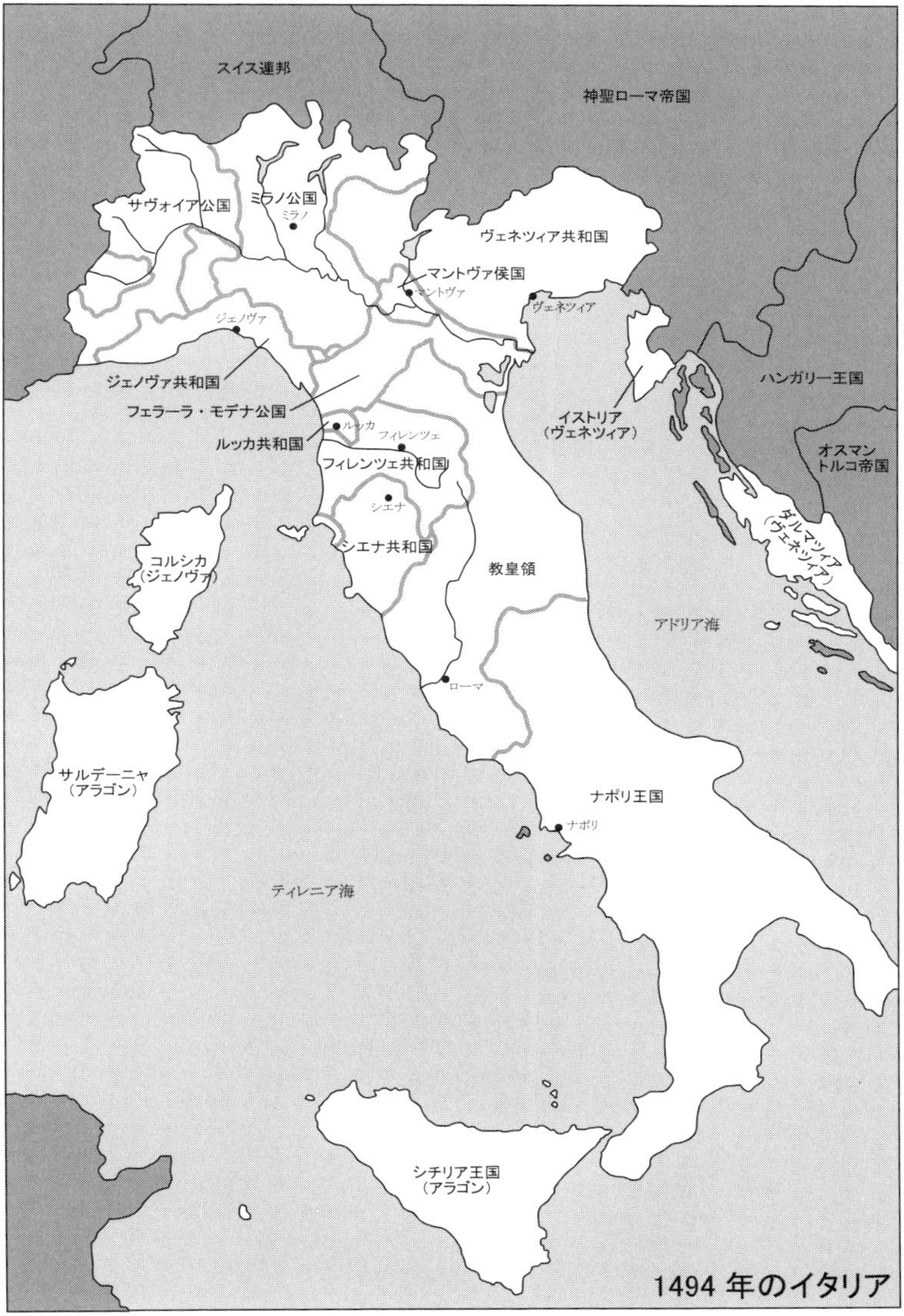
スイス連邦
神聖ローマ帝国
サヴォイア公国
ミラノ公国
ミラノ
ヴェネツィア共和国
マントヴァ侯国
マントヴァ
ヴェネツィア
ジェノヴァ
ジェノヴァ共和国
フェラーラ・モデナ公国
ルッカ
ルッカ共和国
フィレンツェ
フィレンツェ共和国
シエナ
シエナ共和国
ハンガリー王国
イストリア
（ヴェネツィア）
オスマン
トルコ帝国
ダルマツィア
（ヴェネツィア）
コルシカ
（ジェノヴァ）
教皇領
アドリア海
ローマ
サルデーニャ
（アラゴン）
ナポリ王国
ナポリ
ティレニア海
シチリア王国
（アラゴン）
1494 年のイタリア

広く市民に与える政治を望む者もいた。

共和制を支持する側には、ジローラモ・サヴォナローラと、ヴェネツィア共和国において長くフィレンツェ大使を務めた高名なパオロアントニオ・ソデリーニがついた。当時、すぐれた政治体制のよき手本はヴェネツィアであると多くの人が考えていた。サヴォナローラは、専制政治と腐敗を避けるには、フィレンツェは《全員が市民として生きる》のだ、法の原則と市民の主権行使に基づく体制を築かねばならない、主権とはすなわち、法を定め、行政官を選出する権限である、とサン・マルコ教会の説教壇から、力強く弁舌をふるった。

新しい共和国の中核は、大評議会で、サヴォナローラの提言により、一四九四年十二月二十二日から二十三日に設立された。大評議会の構成員になるには、二十九歳以上で、《鏡のように明朗》、つまり、一度の遅延もなく納税し、父、祖父、曾祖父のいずれかがセドゥートかヴェドゥートであることが必要だった。セドゥートやヴェドゥートというのは、共和国の三つの要職、つまり、政府、十六人行政長官会、十二人賢人会の被選挙資格を有する市民のことを言った。セドゥートとヴェドゥートの違いは、セドゥートが抽選によって実際に三つの要職のうちの一つに選出された者であるのに対して、ヴェドゥートは、抽選されても、すでにその職務に就いているか、あるいは、きちんと税金を納めていなかった(だから、「鏡のように明朗」ではなかったわけだが)という理由で選出されなかった者を言った。セドゥートかヴェドゥートであることは、いわゆる《政体》に所属していること、すなわち、現代の語彙を用いれば、フィレンツェ国の支配者階級に属することを意味した。

一四九四年に創設された大評議会が、フィレンツェ史上最大の議会であったとはいえ(約三〇〇〇名を擁した)、ひとつの階級が公職を独占していた印象はぬぐえない。大評議会の職務は、抽選された名前の中から、すべての役職の官吏を選出することと、政府が提出した法案を可決、あるいは否決することだった。つまり、より限定された議会である、八十人委員会の委員を選出することが大評議会の職務であった。委員は、四十歳以上でなければならず、政府に助言を与え、フィレンツェ管轄下にある諸都市、支配領域に配置するフィレンツェ国大使や軍官を選出した。

その頃のフィレンツェ共和国の精神的、政治的な父は、例のドメニコ会修道士だった。だが、その大評議会が彼にとって最後の勝利を飾ることになる。サヴォナローラが切望し、多くの人々の疑念や敵意に抗して作り上げた共和国自身が、ローマ教皇庁の憎悪から彼の身を守ってはくれなかったのである。教会の腐敗を舌鋒鋭く告発したがゆえに、彼に対する教皇庁の憎悪はふくれ上がっていた。一四九八年五月十五日、政府は、サヴォナローラが、教皇の使者フランチェスコ・ロモリーノ枢機卿とドメニコ修道会長の前で、審問され拷問を受けることを認めた。五月二十三日、サヴォナローラは異端の罪で死刑を宣告され、翌朝、シニョリーア広場で絞首刑となった。彼の亡骸は、人々が聖遺物として保存できないように焼かれて、その灰はアルノ川にまかれた。

当時、ニッコロは二十九歳だった。彼は修道僧の信奉者、いわゆる《泣き虫派》ではなかった。何年かのちに、彼はサヴォナローラのことを《武器無き予言者》と呼んだ。すべての武器なき予言者と同様に、彼が敗北した理由は、仲間を団結させるのに自分の言葉の力しか頼るものがなかったからである、そして、彼が最も助けを必要としたときに、皆が彼を見放したからである、と書き加えた。

サヴォナローラは、自分が神の名において、いや、神の意志を唱えていることをフィレンツェ人に説教し、信じさせた。フィレンツェ人は馬鹿ではなかったし、修道僧の熱心な崇拝者の中には、当時のフィレンツェの天才たちの姿があったとマキァヴェッリは指摘した。だが、予言者としての能力も、雄弁さも、高潔さも、腐敗し堕落しきった教皇庁の者たちの憎悪から彼を救うには、十分ではなかった。

マキァヴェッリの判断では、サヴォナローラは、いくつか重大な政治的ミスを犯した。たとえば、彼は、死刑判決を受けた市民が大評議会へ上訴する権利を認める法律の導入に賛同していた。だが、メディチ家にゆかりの深い五人の高名なフィレンツェ人（ベルナルド・デル・ネーロ、ニッコロ・リドルフィ、ジャンノッツォ・プッチ、ロレンツォ・トルナブオーニ、ジョヴァンニ・カンビ）が、共和国に謀反を企てた罪で死刑を宣告されて、大評議会への上訴を要求したとき、政府は彼らにその法律を適用することを拒否した。サヴォナローラは、彼らを擁護しようとはせず、自分が望んだ法律であるのに何もしなかった。反対に、当時の年代記によると、彼は裁判所長官ドメニコ・バルトリのもとに弟子の修道士二人を送り、神は五人が死刑になることを望んでおられると言わせた、と記されている。

五人の被疑者に対して大評議会に訴える権利の付与を断固として拒否したのは、他でもなくサヴォナローラの支持者であり、その筆頭はフランチェスコ・ヴァローリだった。サヴォナローラ派は、ピエロ・デ・メディチはすでにシエナにあるから、彼の味方に手を講じるのが少しでも遅れれば、国の自由に致命的な結果をもたらすことになるかもしれない、と言った。しかし、大評議会への上訴を認める法律は、特定の市民が不当に扱われることを阻止し、国の真の統治者は市民であることを会議を通して表明できると言う者もいた。もしも五人が重罪を犯したのであれば、会議はそれを認め、死刑判決を下したはずだからである。

五人の被疑者の上訴を認めるか否かという問題は、国を二分した。当時の証言によると、ヴェッキオ宮は、武器を持ち憤激した男たちが向き合う《鍛冶場の炉、否、激情うずまく洞窟》と化した。結局、死刑が執行されて、国は落ち着きを取りもどし、サヴォナローラの支持者たちは、少なくとも外見上は、優勢に立ったように見えた。だが、実際には、ニッコロがのちに書き記したように、修道僧が当初上訴を支持せず、五人の刑執行を非難しなかったことは、他のどんな行動よりも、やがて《その修道僧の評判を貶めた》。多くの者には、サヴォナローラは、国に最善を尽くそうという思いに突き動かされた予言者というより、《野心家で党派的》に見えたのである。サヴォナローラの支持者の勝利は、現実には、破滅への第一歩となった。

サヴォナローラの最期は、マキァヴェッリの公人としての生活の始まりと一致する。サヴォナローラの処刑から五日後の一四九八年五月二十八日、八十人委員会はわれわれのニッコロを第二書記局の書記官に任命した。その任命は六月十九日大評議会に承認された。

陰から現れたニッコロは、フィレンツェの統治と外交に関連する諸問題を扱う第二書記局の書記長となった。彼は、政治的経験のない無名の若者だったが、自分で見聞きした重要な事件が体の中に刻みつけられていた。フィレンツェの通りを引きずり回されたパッツィ一族の身体の一部、ヴェッキオ宮の窓から吊り下げられた者たち。王シャルル八世の入城によって明々白々となったフィレンツェと他のイタリア諸国の脆弱さ。シニョリーア広場で焼かれた修道僧の亡骸の目にしみる匂い。謀反の嫌疑を受けた五人の有力な市民を死刑に処すか否かという議論。書記官という職務を拝命するため、ヴェッキオ宮の階段を上るとき、彼はすでに政治の厳しい面を知っていたのである。

第四章　きわめて特殊な書記官

フィレンツェ共和国八十人委員会と大評議会が、どのようにして、いかなる理由で、政治的経験のない、公証人でも法律を修めた者でもない、文学者としての名声が特に聞こえていたわけでもない、無名の若者を選んだのかは謎である。もちろん、政府も評議会も、その大多数は反サヴォナローラ派であったし、マキァヴェッリが修道僧の支持者でなかったことは事実である。それを明確に伝えるのは、教皇のもとに派遣されたローマ在フィレンツェ大使、リッチャルド・ベッキ宛の一四九八年三月九日付書簡である。

ベッキの求めに応じて、若きニッコロは、三月一日、二日の両日、サン・マルコ修道院へサヴォナローラの説教を聞きに行き、その状況をつぶさに知らせた。説教壇のサヴォナローラが、敵は恐ろしい破局を迎えるだろうと予言するのを聞いて、マキァヴェッリは怯えるどころか笑ったのではないかと思える節がある。実際に、修道僧の理屈は《それを深く精査しない者》、つまり冷静に分析しない者には《きわめて効果的》である、とベッキ宛に書き記した。サヴォナローラのことなどまるで信用していないことがわかるような一文で彼は手紙を終える。私の判断では、その修道僧は時代に迎合し、嘘をでっち上げ、つまり、その嘘を信じ込んでしまうように仕立てている、と書いた。

マキァヴェッリが第二書記局書記長へ選出された陰には、共和国第一書記官、すなわち第一書記局の長であるマルチェッロ・ヴィルジーリオ・アドリアーニの助力があった。共和国第一書記局の秘書たち、いわゆる「書記官たち」も大変に名高い学者であるのが慣例だった。コルッチョ・サルターティやレオナルド・ブルーニがよい例である。アドリアーニ自身はフィレンツェ学問所の教授で博学の人であった。マキァヴェッリは低い階級に属し、その違いは各自の給与に反映した。アドリアーニは三三〇小フィオリーニ（フィオリーニ金貨に比べて価値の低いフィオリーニ）であったのに対して、マキァヴェッリは一九二小フィオリーニだった。

マキァヴェッリは第二書記局の長官であり、軍事問題、すなわち外交問題も扱う共和国委員会、自由と平和の十人委員会の書記官だった。これは、マキァヴェッリの職務が単に《行政上》の事柄を取り扱うだけではないことを意味していた。アゴスティーノ・ヴェスプッチ、アンドレア・ディ・ロモロ、彼の友人であり信奉者ともなった善良なビアージョ・ブオナッコルシが彼の《補佐役》だった。マキァヴェッリは彼らの働きを得て軍事、政治の問題に関する情報を集めた。だから、政府諸兄や十人委員会は適切な判断をすることができたのである。政府や十人委員会を構成する政治家の任期は数か月にすぎなかったが、書記官や協力者の任期は数年に及び、共和国制度を維持する上で重要な役割を果たしていた。

要するに、マキァヴェッリは重役、いや、今日言われるところの「管理職」だった。だが、きわめて特異な上司だったから、部下を友人にし、第二書記局を《仲間》にしてしまった。それは彼の《配下の者たち》の手紙からわかる。彼が任務のためフランス王のもとへ派遣されていたとき、一五〇〇年十月アゴスティーノ・ヴェスプッチはフィレンツェから（ラテン語で）に次のように書いている。《マルチェッロ［・アドリアーニ］、他の二人の書記官、ビアージョ［・ブオナッコルシ］宛の君の手紙を読んだよ。休みがなく、仕事に疲れ果てているとき、君の愉快で、ほっとする、ユーモアあふれる話は、実にわれわれを元気に、陽気に、気分を晴れやかにしてくれる。君の帰還を願う理由は他にもあるが、これについては君が戻ってきたときに詳しく話すことにしよう》。

書記局の面々は、物の考え方や教養、政治信条においてかなりタイプが似通っていたから、互いに気の置けない仲間となった。ニッコロは、頭の回転が速く、並はずれたバイタリティの持ち主で、中心になってユーモアあふれる冗談で皆を笑わせた。ニッコロのこの役割は生涯ずっと変わらなかった。《君がいなくて、賭け事や居酒屋のことや、知らない女の話が聞けないから、ひどいものだ。……だが、なくて一番困るのは場か、文書か、女だが、ずっと困ることは、仲間をまとめる君がいないことだ》。これは、一五二五年九月にフィリッポ・デ・ネルリがすでに年老いたマキァヴェッリ宛に書いた手紙だが、その言葉は二五年前に書記局の同僚が彼に書いたものと同じなのである。

彼らが指示を受ける場合は二通りあって、マルチェッロ・アドリアーニのように《威厳に満ちた慇懃無礼な》者からか、マキァヴェッリのように重大な政治問題のことばかり考えていて、世界中を飛び回るのが好きで、四方を壁に囲まれた書記局の中で日々生じる些細な嫉妬やいさかいや敵意などほとんど気に懸けない者から指図を受けた。彼の部下たちは、留守の《上司》の穴埋めをするために懸命に働いたし、それに彼の後ろ盾がなくてもいいように務めた。当然のことながら、不平もこぼしただろうが、怖れられ嫌われた上司に対してありがちな、陰で不満を言うようなことはせずに、直接彼に、しかも対等な物言いで話をした。一五〇二年十月十四日、アゴスティーノ・ヴェスプッチは彼にこう書いた。《ともかく考えてもみてくれ。君のこの、馬を駆っていつもあちらこちら出かけることを熱望してやまない心が、われわれをどんな気持ちにさせているかを。もし何か不祥事が起きたら、他の誰でもなく君のせいだよ。君以外には、他のどんな上司も書記局には要らないと私は思っている。君がどんな手だてを講じてもだ。毒蛇が出てきて噛みつこうと、意地の悪い、野心家の最低の輩が私に命令しようとだ。また水の流れに任せておくとしよう。ビアージョも同じで君を恨んでいて、くだらないことをしゃべって、君のことを罵ったり、悪態をついたりしているが、それ以上は何も言わないし何もしない。何も気にとめちゃいない》。

マキァヴェッリ宛のビアージョ・ブオナッコルシの手紙は、生き生きとした文で悪態を綴った実によいお手本である。ビアージョは、任務で長期間フィレンツェから遠く離れている彼が手紙を寄越さないことを責め立てる。称賛の気持ちを大いに吐露するけれど、それは、政治的な事情を自分よりもはるかによく理解し、頭と舌の回転が早い友人に対して、少しばかり言ってみせた羨望の思いでもあるのだ。

とはいうものの、フィレンツェの城壁から一歩外へ出た途端に、友人のことを忘れてしまうマキァヴェッリを叱ったのは、ブオナッコルシだけではない。人に厚意や親切を施したり、返礼したりすることに無頓着でほとんど気配りをしない彼を、他の者たちも非難した。ニッコロが時間や愛情を惜しむタイプでなければ、きっと心の冷たい人間に見えるかもしれない。だが、そんな判断は数々の証言とあまりにもかけ離れている。ニッコロが書記局の中で皆を楽しませ、遊び仲間のまとめ役だったことを皆一様に伝えているからである。

真実のところ共和国の任務に赴いていたときのマキァヴェッリは、政治の諸事情にどっぷりと浸かりきっていた。このために、友人に手紙を書くことはほとんどなかったし、書記局の日常の出来事や友人たちの近況には、もちろんきわどい話は別だったが、ほとんど関心がなかった。ニッコロは、役人の生活につきものの情実のやりとりと縁を切っていたわけではなかった。彼が政府に特別手当を要求したとき、ビアージョは彼宛の手紙に書いている。政府諸兄が《君はニシン［まぬけ］で、思いやりを示してくれたことは一度もなかった》と言っているから、おそらく君の要求は通らないだろう。ビアージョは、そんな友人を悪評から守ってやるために勝手に、ニッコロの《嫌でも経費持ちで》、政府諸兄に便宜を図ってやった。このやり方が気に入らないなら、君はくだばった方がましだ、物事には順序というものがあるのだ、と言いながら。

さて、そろそろ、自由と平和の十人委員会のための任務に就いたマキァヴェッリの後を追って、書記局の壁の外へ出るとしよう。ニッコロは、フィレンツェの日常生活や政治よりも、広がる地平線へ向かって馬に乗って駆けめぐり、見聞するのが好きだった。だが、十人委員会が彼に託した任務は、容易でも気楽なものでもなかった。もっとも簡単な場合でも、話術を駆使し、話題に応じて言葉を選び、よく観察し、特に交渉の相手がどのような種類の人間であるのかを見極めねばならなかった。

彼が最初の任務で、ピオンビーノの領主ヤコポ四世ダッピアーノのもとに赴いたときに、十人委員会が与えた使命について考えてみよう。ピサ戦でフィレンツェ側に立って働いた軍勢にもっと金を払ってほしい、新たに重装騎兵四〇騎を徴募してほしいという要求に対して、マキァヴェッリは領主のもとへ行き、否定的な返答を述べねばならなかった。たいした仕事ではなかったが、この場合も、常に《意味の広い、非常に一般的な語彙》の範疇にとどまるように注意して、フィレンツェの厚意溢れる配慮を示すような言葉を用いながら、ピオンビーノの領主に拒否の返答をすることが必要だった。たとえ領主が憤慨するようなことがあっても、友好的に話し続け、辛抱するよう説き伏せることが必要だった。要するに、まだフィレンツェにとって有用だった同盟関係を壊すことなく、要求を拒絶することが彼の任務だったのである。

書記官の責務は、政治的諸事情に精通し、年長けた偉大な人物と対峙するときには、きわめて困難だった。二度目の任務でカテリーナ・スフォルツァ・リアリオのもとに赴いたときがそうである。彼がフォルリで会ったカテリーナは三十六歳で、その美しさは遠く聞こえていた。ビアージョ・ブオナッコルシが、その《貴婦人の顔》が描かれた紙が破れないように丁重に包んで送ってほしいと七月十九日付の手紙に書いたくらいだった。

このときも、マキァヴェッリは美辞麗句の限りを尽くして説得した。カテリーナ夫人の望む割り増し金なしに、息子オッタヴィアーノ・リアリオがピサ戦役でフィレンツェ側に与して戦う内容で契約を更新させ、それを受諾させようとした。ところが、カテリーナ夫人は、フィレンツェの文言は常に好意的であるけれども、その行為には失望したと答えた。自分が過去になした働きに対して、特に、強国ヴェネツィアがカゼンティーノからフィレンツェに攻撃を仕掛けたとき、彼女が自国を危険にさらして対決したことについて、フィレンツェから具体的な見返りがほしいと答えたのである。美しいカテリーナがそのような言葉をマキァヴェッリに投げかけたとき、彼がどう対応したのかは、残念だが、われわれにはわかりえない。ただ、ビアージョ・ブオナッコルシの手紙からわかることは、カテリーナ夫人は、その若い書記官に敬意を表し、彼を《うれしい思いで》見ていたという。一方のマキァヴェッリは、フィレンツェ政府にカテリーナの言い分を細心の注意を払って報告した。公文書を読むと、カテリーナ夫人の要求を飲むように自分の上司を説得しているような印象を受ける。実際に、彼は、ミラノ公が示した額よりも少ない金で息子のオッタヴィアーノがフィレンツェのために戦うことを彼女が受諾することになれば、彼女は自らの名誉を失うことになるかもしれない、と再三にわたって主張した。一四九九年七月十九日付書簡では、フィレンツェがカテリーナ夫人との友好を維持したいのであれば、言葉でなく行為を示すことである、まず以前の借金を支払い、次に息子の軍勢を使用するにあたり、より心ある条件を提示するべきであると説いた。そして、書簡の最後に、このことが遂行されれば、カテリーナは、毎日散見される《明らかな兆候》から推察されるように、フィレンツェに好意的であるから友好関係を維持できるだろう、と書き加えている。

カテリーナ夫人は、友情もあったが、自身の利害からフィレンツェ寄りの姿勢を示したのだった。フランス王ルイ十二世は、イル・モーロと呼ばれる彼女の叔父ルドヴィーコ・スフォルツァが治めるミラノ公国の攻撃を準備していた。視界にヴァレンティーノ公チェーザレ・ボルジアという恐るべき脅威が姿を見せ始めているときに、早晩、有力な公爵の支援を失うことになっては、とカテリーナは案じたのだった。しかしながら、カテリーナは常に《尊敬に値し》、《他の何物よりも》自分の名誉を重んじたとマキァヴェッリは書いている。彼女は、叔父にでも、誰にでも、協定において自分の名誉と名声が守られることを望んだ。このカテリーナ夫人の態度がマキァヴェッリの称賛を確たるものにしたのは間違いない。国を治める者は、名誉も名声も決して失ってはならないことを彼は痛感していた。ともかく、二人の関心は異なるところにあった。まず、カテリーナはフィレンツェに彼女を保護する公式の契約を求めていた。マキァヴェッリが代弁するフィレンツェは、オッタヴィアーノの軍勢と多少の火薬、カテリーナの領内でフィレンツェ市民が関連したさほど重要でないいくつかの事件の調停を望んだにすぎなかった。それにもかかわらず、カテリーナとマキァヴェッリは互いを理解し、尊重し合った。確かに、マキァヴェッリは、カテリーナの美しさと知性、そして自らの名誉を守るために下す決断に感心した。だが、彼女が第一秘書アントニオ・バルドラッカーニを通じて、息子（将来の黒旗隊のジョヴァンニ）が大病に罹ったことを知り、気分がすぐれず《大変に不興》で謁見を受けられない旨謝罪する、と伝えたとき、フォルリの女領主が見せた優しい母親の顔にも心を揺さぶられたのである。

マキァヴェッリは、交渉がある程度進んだ時点で、カテリーナ夫人が口頭での援助協力に満足し、書面上の契約の要求をあきらめたと思った。ところが、突然に彼女の態度が豹変する。七月二十四日朝、カテリーナはマキァヴェッリを呼びつけ、自分の名誉のためにはフィレンツェが彼女の国を保護する旨書面にて約束する義務があり、《物事は議論すればするほど、よくわかる》からこの変化は驚くにあたらない、と伝えた。ところが、マキァヴェッリは、大いに驚愕、憤慨し、それをあからさまに言葉と態度に示した。自分の感情を覆い隠し、装うことは、いくらでもできた男だから、意外な反応である。おそらく、カテリーナ夫人の同意が期待できるとフィレンツェの政府諸兄にすでに知らせてしまっていたから、その新たな決断が自分の評判を少々損なうことになると思って苛ついたのだろう。いや、あるいはおそらく、敬意や思いやりのある、楽しい会話を十分に交わしたあとで、そのように態度を一変させたことが、外交レベルよりも個人のレベルで彼を傷つけたからかもしれない。

ともかく、カテリーナはフィレンツェの保護が得られないままで、チェーザレ・ボルジアがフォルリを攻略する段になっても、フィレンツェは一歩も動かなかった。夫人は、降伏の提示をはねつけ、あるだけの軍勢と大砲と食糧をかき集めて、城塞の中に引き籠もり、最後の抵抗を試みた。だが、グイッチャルディーニによると、《女々しい守備の者たちの中で、彼女ただ一人が男のように堂々としていたが、城内の隊長らの卑劣な行為によって、ヴァレンティーノ公に屈服することとなった[3]》（グイッチャルディーニ『イタリア史』）。ヴァレンティーノ公は、城塞を制圧したあと、カテリーナを二週間自分の部屋にとどめ置き、そのあとローマのサンタンジェロ城に捕虜として送った。

マキァヴェッリは、『十年史』の詩行にフォルリのカテリーナ夫人の最後を簡潔な表現で追想する。ヴァレンティーノ公は《イーモラとフォルリを我が物とし／一人の女と子供たちをせしめた》。『ディスコルシ』でも彼女のことを取り上げ、夫ジローラモ・リアリオ伯を殺した謀反人に対して一四八八年に彼女が見せた大いに勇気ある行動について、すでに長い間流布していた話を自分流に語っている。マキァヴェッリによると、フォルリの謀反人たちは、《自分たちの領主であるジローラモ伯を殺害し、妻と幼い子供たちを捕らえた。彼らは安全に生きるには砦を領有することが先決と考えたが、城内の者は砦を明け渡そうとはしなかった。するとカテリーナ夫人（伯夫人はこのように呼ばれていた）は謀反人たちに、自分を城内に入れてくれれば砦を明け渡そう、人質として子供たちを預けようと約束した。この言葉を信じて、謀反人たちは彼女が城内に入ることを許した。ところが、彼女は中へ入ると城壁の上に立って、彼らが夫を殺したことを非難し、いかなる手を尽くしても復讐すると威嚇した。そして、自分の子供のことなど何とも思っていないことを示すために、自らの秘部を見せて、いくらでも子どもを作ることはできるのだと言ってのけた(4)》（マキァヴェッリ『ディスコルシ』）。この話は、『フィレンツェ史』でも違う言葉で語られている。

のちに『戦争の技術』の中で、彼はカテリーナの例を挙げて、伯夫人が《フランス王の軍勢を率いたチェーザレ・ボルジアからフォルリの砦をどのように守ったかを描いている。マキァヴェッリの言葉は称賛に満ちあふれている。《その結果、守りの十分でない城塞とそれを防護する者の無能力によって、伯夫人の豪胆な策略は面目丸つぶれとなった。彼女は、ナポリ王もミラノ公も抗戦したことのない軍勢を迎え撃つ決意を固めていたのだから。彼女の努力が水泡に喫したにもかかわらず、それでも、彼女の力量にふさわしい名誉を勝ち取った(5)》（マキァヴェッリ『全集』）。

彼の最初の任務で出会った伯夫人の思い出は、こうして何年ものあいだ生々しく記憶と物語の中に残り、伝説の中で永遠に生き続けたのである。

第五章　より広い視野を求めて

フォルリからの帰途、アペニン山脈を越えながらずっと、ニッコロは伯夫人のことを思い、彼女がたどった悲しい運命に思いをつのらせたことだろう。だが、フィレンツェが近づくにつれて、共和国の諸問題、フィレンツェの統治者にとってちょうど喉にささったトゲのような、あのやっかいなピサ問題のことも考えたにちがいない。フィレンツェはシャルル八世侵入の間にピサを失っていた。ピエロ・デ・メディチが、リヴォルノ、サルザーナ、サルザネッロ、ピエトラサンタ、リパフラッタの砦とともにピサをフランス王に献上してしまったからである。

シャルル王は、ナポリ王国の征服が完了すれば即刻ピサを他の砦とともに返還しようと厳粛に誓った。けれども、それは王による、しかもフランス王の約束だった。契約を守らせるには力が必要だったが、フィレンツェにないのが力だった。フランス人は早々に約束事を忘れてしまう。一四九九年九月までリヴォルノを返還しなかったし、サルザーナを三〇〇〇ドゥカーティでジェノヴァに売却し、ピエトラサンタをルッカに、モンテプルチャーノをシエナに与えてしまった。極めつけは、ピサに置いた指揮官が、王の命に添って砦をフィレンツェに返還するどころか、二〇〇〇ドゥカーティの見返りでピサ人に売り渡そうと企んだ。

フランスからピサを回復する望みがないことが明白となったいま、マキァヴェッリが一四九九年の五月末から六月初めにかけて書き上げた文書の中でフィレンツェ政府に説いたように、愛か、あるいは力によって奪還するよう努めることが必要となった。マキァヴェッリは言った。《フィレンツェの自由を保持するためにはピサ回復が必要である。しかし、ピサ人たちはフィレンツェ国とフィレンツェによる支配をこの世で何よりも憎んでいるのだから、ピサが自ら進んで服従することを望んでも、それはまったくの無駄である。誰かがピサの領主となって、その後フィレンツェにピサを引き渡してくれたらと願うのは、これもまた幻想である。ピサを征服するだけの力を持つ者ならば、それを保持し利益を享受する力も有するというのが自明の理だからである。

残された手段は力を用いる道である。この必要性を痛感したフィレンツェ政府は軍事行動の準備に全力でとりかかった。金を集めて兵を雇い、当時もっとも優れた傭兵隊長の一人である、ローマの権力者パオロ・ヴィテッリに託した。ビアージョは《われわれのピサ計画はさらにうまく運ぶだろう》と一四九九年七月二七日付マキァヴェッリ宛書簡に書いている。政府役人は万事順調に運ぶことを信じて昼夜働き、フィレンツェでは皆ピサが奪還されたも同然に思っていた。

だが、フィレンツェ人の期待ははかなく消え去った。パオロ・ヴィテッリは、躊躇した挙げ句に、ようやくピサ城壁の攻撃を決意した。大砲の攻撃によって壁が大きく破壊され、歩兵隊の攻め込む道が開いた。攻略はもはや数日、いや時間の問題と思われた。ところが、理由はわからないが、ヴィテッリは歩兵隊に攻撃の命を下さず、ピサに力と自信を回復させる余裕を与えてしまった。フィレンツェ政府の依頼にも脅迫にも耳を貸さずに日をやり過ごし、そしてとうとう九月に入ると、ピサ周辺で蔓延していたマラリアによってすでに軍勢は人員を欠いていたから、武装解除してしまった。

人々の失望は著しかった。フィレンツェ人はピサ回復を信じていた。しかしながら、莫大な金を無駄にしたあとで事は再び振り出しに戻ってしまった。彼らの怒りはパオロ・ヴィテッリに向けられた。攻撃を放棄したのはミラノ公に買収されたからだと非難した。逮捕されたヴィテッリは、尋問され、拷問を受けても告白しなかった。沈黙を守ったのは、誇りゆえか、計算あってのことか、それともまったくの無実であったのか、われわれにはわからない。彼に不利な証拠は何もなかったが、それでも死刑を宣告され、一四九九年十月一日斬首された。

死刑宣告の前に、ヴィテッリが通常の法律に従って裁かれるべきか、それとも彼の犯した罪の重大さに鑑みて見せしめの刑罰に処すべきかについて、ヴェッキオ宮、そして国を巻き込んで論争が起きた。もちろん、ニッコロは激化する論争に加わり、その意見に耳を傾けた。何よりも公平さを尊重するべきであると言う者がいる一方で、通常の法体系を適用せず、国家の利益を優先すべきである、すなわちヴィテッリの有罪が立証されなくても彼を死刑に処すべきであるという者がいた。

同様のことが、四年前、フィレンツェの名士五人が共和国に対する反逆罪に問われ死刑となったときに起きた。マキァヴェッリは、すでに見てきたように、のちになって、その決断は重大な政治の誤りであったと糾弾する。だが、今回マキァヴェッリはヴェッキオ宮にいたから、彼の声は共和国の声でもあった。ルッカのある書記官が、フィレンツェ人がパオロ・ヴィテッリを死刑にしたことを非難したときに、彼は痛烈な言葉を用いて反論している。もし文句を言うなら、馬鹿に見えないやり方ですることだ。ヴィテッリはフィレンツェに究極の悪をもたらしたのだから、その原因が買収であろうと、能力の欠如であろうとどうでもよい。彼は《究極の刑罰》に値するのだと。

数年後の一五〇四年、ヴィテッリの死についてこのような詩を著す。《人を欺いたそのすぐあとで／死をもって已に報いることとなった／害悪をもたらした者であるゆえに》。彼は公平さではなく、裏切りに対する厳格な報復を語ったのだ。彼が、そしてフィレンツェの読者も熟知していた事柄の一つが報復で、もう一つが公平だった。だが、それ以上のことについては語らない。黙したままである。秘書として沈黙の義務を有する彼は、それを遵守する。

パオロ・ヴィテッリの首をはねたあとも、ピサの難事は未解決だった。フィレンツェは、ミラノとナポリの獲得を狙うフランス王ルイ十二世のイタリア侵入の機会に乗じ、フランスの助勢を得てピサの回復を企てた。当然ながら、その助勢は高くついた。フィレンツェはスイス歩兵五〇〇〇を雇う金五万スクーディと、フランスがナポリ王国攻略のために使う重装騎兵五〇〇〇騎にかかる費用を支払うことになった。要するに、ミラノ公国占領軍の軍備、駐留の費用を負担することになったのである。現実にフィレンツェは多額の金をつぎ込んだ。フランスは、ナポリ王国攻略のための兵を徴募し、スイス兵を、フランスの指揮下においてではあるが、フィレンツェのピサ奪回に自由に使ってよいと約束した。

その契約内容がどれほど賢明であったかは、文言が実行に移されるとすぐに露見した。まず最初に、ピアチェンツァで苦労して集めた兵は、ピサへの進軍を拒否した。次に、出陣したものの、ボローニャ、エミリアの諸都市からの賠償金取り立てと攻略に手間取った。しかも、ルニジャーナに到着すると、フィレンツェと同盟関係にあったアルベリーゴ公爵を攻撃して追い出してしまった。そしてピサ領内に入ると、寄せ集めの軍団は農村地区を略奪にかけ、ようやくピサの城壁に向かって渋々何発か大砲を打ち込んだ。こうして華々しい作戦をやり遂げたあと、スイス兵とガスコーニュ兵は、フィレンツェが供給する酒と食糧は質も量も不十分だと訴えて叛乱を起こした。ユーグ・ド・ボーモン率いる部隊は陣を離れ、他の部隊はあろうことか、戦費を調達したフィレンツェ共和国代表である官吏ルカ・デッリ・アルビッツィを捕虜にした。

貪欲で当てにならないフランス人と、臆病で優柔不断なフィレンツェ人がもたらした不運な出来事だった。ニッコロは再び、われわれの前にその状況を描き出す。《そして［ボーモンの軍隊は］ピサを眼前にすると／混乱とうずまく恐怖に満ち／好機に立ち上がることもなく／無秩序に分裂し／汚辱の色に染まった》(6)（マキァヴェッリ『文学作品集』）。悲惨な状況を回復するために、共和国政府はフランチェスコ・デッラ・カーザ同伴で、マキァヴェッリをルイ十二世の宮廷に送った。マキァヴェッリは、ピサ陣営で起きたことを目撃していたから、フィレンツェに向けられたフランス側の非難に反論するには最適の人材だった。失敗の責任はすべてフランス側にあること、特に自分の軍を満足に統括するともできなかった無能なボーモンについて、彼ならば十分に追求できた。

マキァヴェッリとデッラ・カーザは、一五〇〇年七月二十六日、《疲労困憊したが意を決して》リヨンのフランス宮廷に着いた。カテリーナ・スフォルツァのもとに赴いたときのように、より大きな権限を持つ代表者（大使と呼ばれた）であるときと、キリスト教徒の最高権力者である王のもとへ弱小共和国の使者として赴くときとの間には、相当な違いがあることを、ニッコロはすぐに見て取った。ルーアン枢機卿のような宮廷の権力者の対応からそれがはっきりとわかった。フィレンツェ使節が示した論題に対して、枢機卿は《あなた方は言葉ばかりでわれわれの理性に信頼を置いていなかった》と返答し、そのあと、フィレンツェに対してまったく不満足であることを、皆に聞こえるように大声でまくし立て始めた。最後には、フィレンツェへの無遠慮を際立たせるために、彼は《楽しむかのように》馬に飛び乗り、走り去った(7)（マキァヴェッリ『使節報告書』）。

ニッコロとデッラ・カーザが王に拝謁を賜る機会を得ても、事は好転しなかった。当地では、権力を意識するあまり皆が分別を失っております、と二人の使節はフィレンツェ政府に報告している。彼らは自分たちの直接の利益しか考えておらず、武装する者、あるいは自分たちに金を出す用意がある者のことしか重視いたしません。したがって、政府諸兄は金を支払う用意がなく、自国軍を有していないのですから、彼らは皆様方を取るに足らない存在と見なし、ピサ攻略失敗の責任はすべてそちら側にあると言い続けるでしょう。

マキァヴェッリが政治的に満足することはほとんどなく、ましてや物質的な満足を得ることは不可能だった。共和国から割り当てられた少しの金では、諸費を用立てることすらできなかった。宮廷に通い、馬を借り、文書を送付し、宿を取るには自分の金を使わねばならなかった。弟トットの尽力で八月になると給料は上がったが、リヨンで働くフィレンツェ商人を通じて弟が届けてくれた五〇スクーディは別にして、フランス任務の間ずっと、フィレンツェからは一銭の金も届かなかった。

五月十日に父を失い、沈んだ心で旅に出かけたが、フランス任務の間に姉のプリマヴェーラも亡くなった。善人だが不遇の父ベルナルドと仲がよかった彼は、自分の娘のひとりに姉の名前をつけたくらいだから、プリマヴェーラとも仲がよかったのだろう。フィレンツェ帰還の許可を求めて書いた政府宛一五〇〇年十月二十五日付書簡の《かつてないほど憔悴しております》(8)(『使節報告書』)という言葉から、その苦しみを察することができる。確かに、フランスで直面する経費の問題や、父の死によって表面化した諸懸案を片付ける必要があることにも触れている。だが、彼が《かつてないほど憔悴しております》と言うとき、おそらく物質的なこと以上に、自分の心のことが念頭にあったのだ。

ところが、かつてないほどに憔悴する一方で、他の点では知識を豊かにしつつあった。初めて偉大な王の近くに暮らし、本物の宮廷がどのように機能するかを学んだ。彼が知った最初のことは、某かの結果を望むのであれば、宮廷に影響力のある友人を持つことが必要であり、しかも、その種の友人は金で得られるということだった。宮廷にいるイタリア諸国の大使たちは皆、王の厚情を勝ち取ろうとして自分の味方を選ぶことに躍起だった。彼が八月二十六日付書簡で政府宛に書き記したように、理屈だけでは十分ではないのだから、フィレンツェも同じことをしなければならないはずであった。

ところが、共和国は、金も名声もないマキァヴェッリとデッラ・カーザに、フランスの怒りをなだめさせ、その要求を抑えさせようとした。九月十四日以降、任務修了までの間は、デッラ・カーザが病でパリへ治療に行ってしまったので、マキァヴェッリは一人で対処せねばならなかった。マキァヴェッリが、フィレンツェはピサ攻略の戦費を負担したために金がないこと、フィレンツェのために戦わなかった兵への支払いを強要することは正当ではないことを懸命に説明すると、フランス側は、要求額三万八〇〇〇フィオリーニを支払わなければ、王はフィレンツェを敵とみなすであろうと繰り返した。

フィレンツェは事の重大さを理解していなかった。三万八〇〇〇フィオリーニの支払いを躊躇し続けた上にいっさい何の手も打たなかった。十月十一日になってようやく、正規の契約に署名するため、ピエル・フランチェスコ・トシンギを大使の身分で、つまり、マキァヴェッリにはなかった権限を持たせてフィレンツェを出発させた。

その同じ日、マキァヴェッリがルーアン枢機卿に、大使殿が到着いたしますれば、手当金の問題を解決されるでしょう、と時間稼ぎに言ったところ、枢機卿は、大使殿とやらがこちらに着くまで命がもたぬ、だが我らが死ぬ前に相手が死ぬように取り計らおうぞ、と返答されました、とフィレンツェに報告している[9]（『使節報告書』）。その数時間のち、枢機卿は、フランスは速やかな返答を望んでおり、フィレンツェが金を払えば王の味方、支払いを拒めば王の敵ということだ、とフィレンツェに報告を書くよう彼に命じた。

異議を唱えたところで状況を悪化させることにしかならないから、話し合うこともできず、マキァヴェッリは、フランス側が用意した請求書を受領し、それを書簡に同封する以外にどうしようもなかった。この書簡がフィレンツェまで飛んで行ってくれればと願ってみても、使いの者に払う金も持ち合わせていない。《神がお助けくださるよう祈るばかりです》《それで手持ちの僅かばかりの金をすべて使います》と書いている。手紙はこの言葉で終わっている。《このような場合には火急に使節殿を派遣され》《迅速に対処することが必要でありましょう》[10]（『使節報告書』）。

フランス側からの恫喝とフィレンツェ政府の対応の遅れの間に挟まれ、家族の不幸を悲しみながら、ニッコロは、政治を理解する能力を見せつけた。いや、弱小共和国の無一文の代表者である彼が、すばらしい教訓を、それもルーアン枢機卿に与えたのだった。イタリア人は戦争をまったく理解していないと言う枢機卿に対してニッコロは、そうであるかもしれないが、あなた方フランス人は国家をまったく理解していないと言い返したのである。

もしもルイ十二世が、本気でイタリアの一部を征服することを望んでいたならば、過去において習慣、言葉、伝統が異なる国の領有に成功した王たちの例に従わねばならなかった、とフランス側に説いた。歴史は教えている、そう言ってマキァヴェッリは枢機卿に続けた。計画を成功させるには、当事国に暮らす権力者の力を弱め、臣下を手厚く遇し、厚情を保つこと、特に、あなた方と同等の力を持ち同様に征服を考える他の権力者から身を守る必要がある。これが意味するところは、イタリアの情況に置き換えれば、王は、まず最初に、イタリアの友好国、すなわち、フィレンツェ、ジェノヴァ、フェラーラ、ボローニャ、マントヴァ、フォルリを保護するべきであった。次に、教皇とヴェネツィアの力を弱めるために、特に、フランスを凌駕しないまでも同じ勢力を持つスペインが、イタリアにおける覇権を拡大するのを阻止するために、あらゆる手を尽くさなければならなかったのだ。

ニッコロの一五〇〇年十一月二十一日付書簡によると、枢機卿は彼の話に《じっと》耳を傾け、陛下は《実に慎重なお方で》《早耳だが軽信なさることはない》し、すべてをお聞きになられるが、《石橋を叩いて確かだとわかるまでは何事も》お信じにならないと答えたと伝えている。まるで王は自らの務めをわかっていると言わんばかりの言葉だった(11)(『使節報告書』)。

だが、王が自らの務めをほとんどわかっていないことはその行動から明らかとなった。マキァヴェッリの進言とまったく逆のことを行なったために、イタリア進出の計画は見事失敗に終わったのだった。ミラノを再び制圧したルイ十二世は、教皇が息子チェーザレ・ボルジア率いる軍勢を用いてロマーニャにおける教皇領拡大を目論むのを支援し始めた。そして王の保護化にあった小国家から距離を置いた。そのあと、一五〇〇年十一月十一日、グラナダ協定を結び、スペイン王フェルディナンド・イル・カットーリコとの間で、ナポリ王国分割を受諾した。これによって、非常に危険な競争者をイタリアに引き込んだのである。

ルーアン枢機卿に政治的教訓を与えることでマキァヴェッリが得たものは、小さな充足感であった。おそらくそれは、フランス領で過ごした困難な日々における唯一のものだっただろう。十二月十二日にようやく本国から帰国を許可する書簡が届くと、ニッコロは一目散にフィレンツェへ向けて馬を走らせた。だが、フランスでのことは貴重な経験となった。彼は、宮廷の中でとり行なわれる政治を間近で観察することができたし、われわれは、書簡の中に、最初の実例、つまり、苦悩と不安に苛まれながらも知性というバネ仕掛けを作動させる方法を読みとることができるからである。

第六章　恐妻、そして不安を煽るヴァレンティーノ公

一五〇一年十月十四日フィレンツェへ戻ったマキァヴェッリは、書記局の仕事に没頭し、友人たちとの食事や酒の付き合い、ちょっとした悪事といった以前からの習慣を再開した。友人たちは皆、中でもとりわけビアージョがいちばん彼の帰国を喜んでいた。

きっといく度かは、彼を待つポンテ・アッレ・グラツィエのいい女を訪ねたはずである。口の悪いアンドレア・ディ・ロモロは彼女のことを《いつでもお相手してくれる女》と呼んだ。だが、その冬、彼は妻をめとることも考えるようになった。父親が死んで弟のトットしかいない家は冷たく虚ろで、静けさばかりが感じられたのだろう。ニッコロは沈黙も孤独も静寂も好きではなかった。

当時のフィレンツェの慣行どおりに、八月頃に自分と似た境遇のマリエッタ・コルシーニと結婚した。ニッコロは、夫となっても女や恋愛への欲求を抑えるつもりはまったくなかった。フィレンツェでは彼がそういう男であることを皆よく知っていたし、彼もそれを隠そうとしなかった。夫の数々の浮気に妻は気づかなかったのかもしれないが、たとえ知ったとしても、それほど関心がなかったのだろう。マリエッタにとって苦痛の種は、ニッコロが長期間家を留守にすることだったから、友人に赤裸々に愚痴をこぼした。

一五〇二年十月半ばだから結婚して一年を少し過ぎた頃になるが、ビアージョはニッコロに、こう書いている。《奥方マリエッタ》は、《君がいつ帰るか知りたいから私に弟を使いに遣ると手紙を書いてきた。彼女は手紙を書く気になれず、気が狂いそうでいるらしい》。ニッコロは、八日間ほどフィレンツェを離れることになるだろうと彼女に約束したのに、すでに十日が経過していて、帰国は一五〇三年一月二十三日のことになるのである！

マリエッタは本気で腹を立てて、彼に一行も手紙を書くまいと心に決めた。そのように音信がないのはニッコロにはつらく、ビアージョに間に入って若妻に言い聞かせてくれ、自分は共和国の任務に携わっているのだから、いつフィレンツェに戻るかを決めるのは自分ではないと説明してくれと頼むほどだった。マリエッタは言い訳に耳を貸さなかった。《奥方マリエッタは腹を立ててしまって、君に手紙を書く気はないそうだ》、私には《他にどうすることも》できない、と十一月二十六日付書簡にビアージョは書いている。

二か月たっても、いっこうに家に帰ってこないニッコロに彼女は業を煮やして、常に外遊を楽しんでいるような命知らずの男と結婚した日のことまで公然と罵るようになった。《奥方のマリエッタは神を拒絶し、自分の身も財産［つまり持参金］も捨てたのと同じだと話している》とビアージョが再び伝えている。重い言葉である。その御前でニッコロとの結婚を誓った神を拒絶しただけでなく、妻を顧みないその悪党が、取り決めた持参金をまだ支払っていないか、あるいはまったく支払っていないと率直に言ったのである。最初の非難については、ニッコロは出張中だから何もできなかったが、二つめの非難については、少しでもマリエッタの怒りが鎮まるように借金を片づければよかった。思慮深いビアージョも、こんなふうに彼を説得している。《君の信用のためにも、彼女に他の女たちと同じくらいの持参金を渡した方がいい。

さもないととんでもないことになるだろう[12]》（マキァヴェッリ『書簡集』）。

ビアージョに仲裁を頼む一方で、ニッコロは、冗談やユーモアある言葉でマリエッタを元気づけようとして、むしろ彼女が激怒するのをからかった。マリエッタ自身が、われわれの手に残った彼女の唯一の、とても美しい手紙の中でこう言っている。《あなたは私を冷やかすけれど、それはまちがいです［……］あなたがそばにいないとき、私がどんなに幸せかよくご存じでしょう[13]》（『書簡集』）。

この手紙から、遠く離れたニッコロに危険がふりかかるのではないかと心から案じる、情の深い、愛する若い女性の姿が浮かび上がる。生まれたばかりの息子のことを、美男だとこんな風に書くのである。《今のところ赤ん坊は元気です。あなたに似ています。雪のように色白だけれど、髪は黒いビロードのよう。毛深いところはあなたにそっくり。あなたに似ているから私にはかわいいのです。お誕生から一年たったみたいに活発です。生まれたばかりのときに目を開いていましたから。家中にぎやかにしてくれます[14]》（『書簡集』）。

彼女はニッコロからもっとたくさんの手紙が欲しかった。彼がローマへ出発してからすでに一か月になるのに、たったの三通しか手紙を受けとってはいなかった。それがそれほど少ないとも思えないが。ニッコロもマリエッタからの手紙が待ち遠しく、音信が途絶えると一年前のようにまた腹を立てたのではないかと案じた。マリエッタはこう言って彼をなだめている。《私が手紙を書かなかったからといって驚かないでください。今まで熱があって書くことができなかったのです[15]》（『書簡集』）。

マリエッタの手紙が他に残っていないのは残念である。おそらく、マキァヴェッリに関する伝記に書かれているような、単なるよき主婦、よき母だけではなかったことがわかって、さらに正確な素顔を見せてくれたことだろう。ニッコロにとっては大恋愛ではなかったし、ましてや一世一代の恋でもなかった。けれども、彼女は、人の言いなりにはならない、あるいは決して従順にはならない大切な伴侶だった。はっきりと自分の言い分を述べ、その悪党が苦境から逃れようとしてむりやり聞かせる冗談に満足しなかった。少し想像力を働かせれば、腰に手を当てたマリエッタとうつむき加減でぼそぼそと言い訳するマキァヴェッリが口げんかする様子を思い浮かべることができる。

もう少し長くニッコロとの付き合いを楽んでいたいというマリエッタと友人たちの思いは、書記官である彼の職務が許さなかった。フランスから帰国してちょうど二週間後に、彼はフィレンツェ支配下にあったピストイアへ赴いた。名望家のパンチャーティキ家とカンチェリエーリ家の間に以前から燻っていた対立は、今や、殺害、略奪、放火と内戦の様相を呈していた。何としても仲裁し、火の粉が飛んで外国勢力の介入を招くような事態だけは絶対に避けなければならなかった。

短期間ではあったけれども（同年七月と十月の他の二つの任務も短いものだった）、ピストイア訪問は、党派闘争の原因と結果を熟考する機会をマキァヴェッリに与えた。長年フィレンツェによる支配に甘んじているのは、君主があまりにも賢明でなかったためであること、ピストイアを服従させる最善の方法は、党派闘争を煽動して、あとから仲裁者として登場することだと彼は理解したのである。

現実には、党派闘争によって、二つの党派の一方がフィレンツェに敵対する君主、あるいは傭兵隊長を招き入れ、フィレンツェ統治の中核に引き込む危険性をはらんでいた。マキァヴェッリは政府宛の覚え書きの中で、したがって《両家の党派行為を禁止し、抹消し、消滅させる》ためにあらゆる手だてを尽くす必要があった、と書いている[16]（『全集』）。

ピストイアの場合、介入する機会を窺う外国勢力はきわめて近くにあり、危険そのものだった。ヴァレンティーノ公と呼ばれた、あのチェーザレ・ボルジアが、すでにリミニ、ペーザロ、イーモラ、ファエンツァ、フォルリを征服し、アレッツォとキアーナ渓谷地方の叛乱を扇動していた。表向きには、公は、叛乱を煽動するのは自分ではなく、兄パオロの死に復讐せんとする傭兵隊長ヴィテッロッツォ・ヴィテッリの仕業であると言い続けた。しかし、ヴィテッロッツォは公の臣下だったし、《教皇の陣営から》届いたアレッツォの外交文書に署名したのだから、教皇とその指揮官である息子チェーザレ・ボルジアの御ためにと、御名のもとに行動しているのも同然だった。そのあと、一五〇一年九月三日、公の魔の手はピオンビーノに及び、翌年六月にはウルビーノまで達したから、フィレンツェが決定的な危機に瀕していたことは容易に理解される。教皇とフランス王の支持を受け、フィレンツェ共和国の終焉を何よりも願う、強力で狡猾、良心のかけらもない敵に四方を囲まれていたのだ。

公は、フィレンツェとの決着をつけるべく、政府に重要案件を扱う権限を持つ使節を二人派遣するよう求めた。政府諸兄が選んだのは、正義の旗手ピエロの弟でヴォルテッラの司教である、高名なフランチェスコ・ソデリーニと、もちろん、それまでの任務で上司の信頼を得たわれわれのニッコロだった。

道中のポンタッシエーヴェで、二人は修道士からウルビーノ陥落を伝え聞いた。当時の情報はこうして流れた。同日夜、一五〇二年六月二十二日に彼らはフィレンツェへ書簡を書き、公は策に富む人物で迅速に行動し、運を味方に付けてしまわれる、と知らせている。《病になる前に死の一報が伝えられ》、ウルビーノ公の座を追われたグイドバルド・ダ・モンテフェルトロの二の舞にならないためにも、ともかく、そのような人物から目を離してはなりません(17)(『使節報告書』)。

彼らがウルビーノに到着すると、ヴァレンティーノ公は、手に入れたばかりの壮麗な公爵の宮廷で、夜の二時（アベマリアの鐘の二時間後）に出迎えた。わずかな数の臣下を従え、完全に扉を閉ざし、護衛に守られた様子は、自分の家臣であれ、誰も信用していないことを示していた。その二十七歳の傭兵隊長の顔は長い黒髪に縁取られ、知的で残忍な表情が、たいまつの明かりに照らされてちらちらと光り、その容貌に衝撃を受けないはずがなかった。その男は、数か月の間に、裏切りか力で、あるいはその両方を用いて、ロマーニャにいた傲慢で横暴な専制君主らを抹消したのである。しかも、一四九七年に起きた兄カンディア公殺害の首謀者は彼ではないかと囁かれていた。

彼は腫れ物に触るように扱うべき人物だったから、二人の使節はフィレンツェ政府の統治者たちに留意するよう望んだ。その目的もあって、どんな肖像画よりも価値がある公の人となりを描写し、書き送った。署名はフランチェスコ・ソデリーニだが、文体や言葉はマキァヴェッリのものだった。《この方は、見目麗しく豪華なお人で、武器をとれば勇猛果敢、どのような大事にも躊躇なさらず、栄光と領土獲得のためには、休むことなく邁進され、疲労も危険も顧みることがありません。場所へ達するや、まず、そこでなすべき策をお考えになるのです。ご自分の軍勢を大切にされ、イタリアで優秀な重装騎兵を調達されました。彼らの勝利は恐ろしいほどで、絶え間ない運に恵まれておいでです》[18]（『使節報告書』）。

ヴァレンティーノ公は、二人のフィレンツェ使節に対しても時間を無駄にしなかった。私はフィレンツェの味方でありたいと思うが、フィレンツェがその厚情を望まぬならば、あらゆる手を使って共和国が私に逆らえぬようにしてやろう、と即座に言ってのけた。さらに言った。私が何をしようとも《部下ともども神は許されるだろう》。神のことはさして重要ではなかったし、まして部下のことなどどうでもよかった。勝者が常に許されることを彼はよく知っていたのである。共和国は私の領地と長い境界線を有しているが、あなたたちを脅かすつもりは毛頭ないと断言しておこう、とつけ加えた。

そのあとは脅しの言葉に変わった。私さえ望めば、昨年のうちにメディチ家を復帰させて圧政を布き、貴国を屈服させることができたのだ。そうはしなかったが。だが、この私の言葉を肝に銘じておくことだ。

私は貴国政府の者たちがまったく気に入らないし、信頼を置いていない。政府を変えるか、三万六〇〇〇ドゥカーティを支払うと約束してからすでに一年が過ぎたが、言葉でなく態度で示してほしい。曖昧であることは私の気に染まない。私を味方と思わないときは、私を敵に回すとどうなるか直にわかることだろう[19](『使節報告書』)。

この言葉はフィレンツェ使節を傷つけた。とりわけ傷ついたのは、彼らが誇りとする政府のあり方を云々したことだった。彼らは即座に言い返した。フィレンツェ政庁は最良の政府であり、政府が満足しているのですから、皆満足しているにちがいありません。そう言って、彼らは侮辱や脅迫を聞くために来たのではないことをはっきりさせようとした。ところが、憤慨する彼らを前にして、公は笑い始めた。ヴィテッロッツォ・ヴィテッリがアレッツォでしでかしたことを《私に釈明させるためにここへ参ったというのか?》ヴィテッロッツォは確かに私の部下だが、アレッツォの一件については何も知らぬ。貴国がアレッツォやキアーナ渓谷地方を失おうと私はいっこうにかまわぬ。いや、喜ばしいことだし、ヴィテッロッツォがこのままやり続けてくれた方がよいがな。それに、私に厚情を期待しているなら、忘れることだ。《貴国にはその価値がないだけではなくて、まったくその逆のことにしか値しない》のだからな[20](『使節報告書』)。

このとき、フィレンツェの使節は、残された唯一の切り札であるフランス王を持ち出した。王はフィレンツェと同盟関係を結ぶ三年契約に署名したのですから、莫大な支払いと引き換えにフィレンツェをあらゆる攻撃から守ってくださいますと公に訴えた。公は瞬きひとつせず、策士としての本領を発揮する。《王の心中にあることは貴公らより私の方がよく知っている。貴公らはだまされているのだ》。そのあとは一言も加えなかった。

その翌日、公は、腹心のジュリオとパオロ・オルシーニを使って二人のフィレンツェ使節にこう伝えさせた。フランス王の同意なしにやりたいことができるのなら、公は傍若無人のかぎりを尽くすだろう。われわれには大勢の兵士と大量の大砲があるのだから、王の軍勢が到着したところで、われわれの側に味方してあなた方に戦火を向けることになる。われわれが貴国を攻撃する気になれば、一日に四〇マイル行軍できるし、そちらが防御の手を打つ前には城壁に到達しているのだ。

おそらくそれは誇張であった。フィレンツェとの友好関係を必要とするのは、たぶん公の方だった。だからこうしてそれを手に入れようとして、当てにならない遠方のフランス王よりも自分の方がずっと頼りになるぞとフィレンツェに約束したり、自分は情け容赦ない敵になるぞと脅したりしたのだった。マキァヴェッリとソデリーニは、フランス王がまったく信用できないことも、近くにいるヴァレンティーノ公が少なくとも一万六〇〇〇を下らない、よく訓練され装備も十分な軍勢を擁することも重々承知していた。時を稼ぎ、公にどう返答するべきか政府の意向を尋ねるためにはフィレンツェに戻る他なかった。馬を全速力で走らせるのはソデリーニ枢機卿よりもマキァヴェッリが適任だったから、当然彼が行なった。フィレンツェへ向けて疾走しているとき、公の恐ろしい言葉よりも、ぞっとするような、人を馬鹿にした笑い声が彼の耳の中でこだました。

フィレンツェ政府にヴァレンティーノ公と同盟を結ぶ気はまったくなかった。要求を突き付ける公を相手に乗り切るのは、かわいそうなことにソデリーニの役まわりとなった。ところが、公は、日毎に穏やかになって、脅すどころか、友好関係はフィレンツェにとって利になることをわからせようと努めていた。フランスばかりを頼りにするのは、まちがいなく危険を孕んでいる、もし万一フランスの助勢が不十分であれば、フィレンツェの防衛は果たせないだろうし、大軍であれば、フィレンツェに大きな負担を強いることになるだろう。そう繰り返し言った。今度は声を荒げることなく、フィレンツェを憎むヴィテッロッツォ・ヴィテッリとオルシーニ一党を抑えてやれるのは、権威と武力を持った自分だけだと迫った。

ソデリーニ枢機卿は公の言いなりだった。恐怖のためというよりも、おそらく、フィレンツェにとって同盟が最善であると悟ったからだろう。公は心を込めてお話しになり、カンピですでに取り交わした協定が守られることを望んでおられます、と書簡に記した。最後のウルビーノ発となる書簡では、政府からの書状を読んで差し上げ、フィレンツェが同盟を望んでいないことを何度も繰り返し申し上げると、その顔色が《さっと変わる》のを見ました、と詳述している。公の顔は、一瞬にして失望の面持ちに変わった。おそらく、ちょうどその瞬間だったのだろう。フィレンツェの同意を得る可能性が薄らいだときに公は思いついたのだ。その数か月後、皆を、ヴェッキオ宮にいたニッコロまでも仰天させ、彼が短期間滞在した公の宮廷で見聞したことを深く考えさせるきっかけとなった、あの想像を絶する計画である。

第七章　政治という大舞台

三か月あまりが過ぎていた。マキァヴェッリは、アレッツォの返還問題を交渉するため三度の旅に出かけたが、たいていは書記局の雑事に追われていた。だが、今度はイーモラにたった一人で再び公に会いに行かねばならなかった。まるで幸運の女神が両者を引き合わせるのを楽しんでいるかのようだった。片や策謀に長け、武器も言葉も弄する君主。片や、ほかの誰よりも仮面の裏側を見つめ、表情のちょっとした癖や偶然口にした言葉からも真実をつかみ取る能力を持つ、政治の諸事情を洞察する者。

ヴァレンティーノ公とマキァヴェッリが舞台にそろったのは、まずイーモラ、次にチェゼーナ、そして、公がシエナ近くまで進軍した街道沿いだった。丁々発止の応酬は、マキァヴェッリが公の動向を探る任務をヤコポ・サルヴィアーティに託した一五〇三年一月二十日まで続いた。マキァヴェッリ自身が書き記した書簡をフィレンツェで読んだ者は皆、惜しみない称賛を送った。だから、その書簡にしたがって物語の進展をたどる価値があるのだ。

一五〇二年十月七日、公の御前に到着したとき、旅装束も解いていなかった彼を、公は《機嫌よく》迎え入れて、この世にフィレンツェとの友好以外に望むものはないという思いを伝え、長々と話をした。二ッコロの眼前にいる公は、数か月前にウルビーノで彼とソデリーニを迎えた公とはまるで違っていた。恫喝するような様子はなく、その言葉はフィレンツェに対する敬意と賛辞に溢れていた。公の態度が変化したのは、マキァヴェッリにはその事情がよくわかっていたが、たとえ頭の中にはすでに邪魔者を排除する算段があったにせよ、今は何よりもフィレンツェとの友好を必要としたからであった。

公にとって災いの種は、公のロマーニャ支配確立に貢献したあの小君主の傭兵隊長たちと、グイドバルド・ダ・モンテフェルトロのような最期を恐れた者たちだった。公に手を貸すことは自らの墓穴を掘ることになると悟ったパオロ・オルシーニ、ジャンバッティスタ・オルシーニ、ヴィテッロッツォ・ヴィテッリ、オリヴェロット・エウフレドゥッチ・ダ・フェルモ、ジャンパオロ・バリオーニ、オッタヴィアーノ・フレゴーゾ（ウルビーノを追われた公の代理）、アントニオ・ダ・ヴェナーフロ（シエナのパンドルフォ・ペトルッチの代理）は、十月八、九日、トラジメーノ湖畔にあるマジョーネの城で一同に会した。会合の目的は、ヴァレンティーノ公を葬るために謀議を図ることだった。その数日前の十月十五日に、ウルビーノの砦では公に対する叛乱が勃発していた。ある者の話ではヴェネツィアの名が、またある者によると、ヴィテッリやオルシーニの名が叫ばれたということだった。

公の国は今や崩壊寸前だった。けれども、マキァヴェッリの前では、諦めも恐怖も表情にはまったく出さなかった。それどころか、安泰であることを誇示して見せた。状況は自分の制御下にあると印象づけるためである。マジョーネの敵どもの会合は《負け犬の集まりよ》、と公はニッコロに言った[21]（『使節報告書』）。教皇庁駐在ヴェネツィア共和国大使の見解も同じで、謀反人たちはヴァレンティーノ公と事を構えたことで遅効性の《毒をあおった》と話した。公はマキァヴェッリに言った。謀反人たちに残された時間はわずかである、あの馬鹿者どもは私を攻撃する時機を誤ったのだからな。イタリアにフランス王がおられ、私の父アレクサンデル六世猊下は壮健にご健在でおられるから、私は奴らをはるかに凌ぐ力を欲しいままにできる。ウルビーノは失われたが、だからと言って、私は心配してはおらぬ、あの砦を取り戻す方法はよくわかっているのだからな。

公がそう言ったのは、その哀れな小君主らとの戦いの勝者は自分であるから、事の成り行きを傍観するよりも、今後は自分に味方する方がフィレンツェのためだぞ、とマキァヴェッリとフィレンツェに言い聞かせるためだった。公はさらに付け加えた。ヴィテッロッツォや他の者たちは、フィレンツェ同様、私にとっても敵である。ファエンツァ攻略後、ヴィテッロッツォは私の足元にひれ伏して、フィレンツェに進軍してほしいと懇願した。私は奴の願いをはねつけたし、ピエロ・デ・メディチが私の領地に陣を張ることにも同意しなかったのだぞ。

マキァヴェッリは、公が胸中で考える同盟と、マジョーネの《負け犬》に対する計略についてさらに探ろうとした。彼の《懐に》入り、それをあぶり出し、語らせようとした。だが、公は術中には落ちなかった。話の《核心に触れず》、マキァヴェッリをがっかりさせた。数日後、公はマキァヴェッリを呼び出し、手にしたフランス駐在教皇使節アルル司教ジョヴァンニ・フェッレーリ殿の十月四日付書状を上機嫌で見せた。それによると、王とルーアン枢機卿は公に全面的に好意を示され、ラングル殿麾下三〇〇の槍騎兵を公に遣わす命を下されたという内容だった。公は、その書状が本物である証拠に司教の署名を見せ、フランス王が自分の味方であると説明した。そして付け加えた。《見よ、書記官殿、この手紙は私がボローニャ征討についてお願いしたことへの返事なのだが、まことに心強いではないか。あの徒輩から身を守るのにこれがどれだけの威力を持つか、考えても見よ。国王陛下は奴らの大部分をひどく憎んでおられる。奴らはいつもイタリアでごたごた騒ぎを起こそうと企み、陛下の御威光を傷つけようとしているのだからな。私を信じるがよい、事態は有利に運んでいるのだ。奴らはいちばん私を攻撃しにくい時に正体を暴露したわけだし、また私も、自国を固めるのにこれほど都合のよい状況はまたとないほどなのだ。それというのも、こうなって見ると、誰が警戒すべき相手か、誰が本当の味方なのかが、よくわかるからだ[22]》（『使節報告書』）。

勝利者が公であることは、マキァヴェッリには最初の日からわかっていた。彼はそのことを十一月十九日公に話している。それは、公に媚びるためではなく、自分もまた状況判断できる人間であることをわからせるためだった。私は公にこう申しましたとフィレンツェに書き記している。《小生は常々公爵閣下が勝利されるにちがいないと考えておりました、当地に参った初日の拝謁の模様を本国に書き送りましたが、それを今読むとすれば、さだめし自分が予言者になったような気がいたしますでしょう[23]》（『使節報告書』）。マキァヴェッリは詳細な分析によってこのような結論に達したのだが、それは常識からは逸脱したものだった。公の勝利を確信したのは、公が「一人で」多数の敵を相手にしたからだった。公の強さは、表面上は弱者に見えることにあった。公はたった一人で迅速かつ果断な行動をとった。一方、公の敵は、敵対心と憎悪で分裂し、実効ある行動案に一致団結して臨むことはなかった。

十月半ば、マキァヴェッリが政府宛に送った書簡から、彼が二つの事柄を摑んでいたことが明確にわかる。一点は、公は敵を一掃してしまうだろうこと。もう一点は、公と同盟関係を結ぶことが共和国の利益であること。イーモラ発政府宛十月十三日付書簡に、公は《幸運に満ち、栄光に包まれ、戦えば必ず勝つ[24]》（『使節報告書』）と書いた。一年前に共和国が公の望む傭兵契約をカーリで結んだときと比べると、公の支配領域と武力はともに増大し、フィレンツェは弱体化していた。だから、契約を結ぶことは公よりも政府にとって名誉であるはずだと。

ところが、フィレンツェではそう考えてはいなかった。公と敵が互いに殺し合うことを期待して事態を静観する道を選んだ。中立を決め込んでおられると、どちらが勝ってもその勝者は皆様方に恩義をまったく感じないし、あるいは、むしろ敵とみなすかもしれません、というマキァヴェッリの控えめな警告を無視したのである。それどころか、君はフィレンツェの笑い者だと友人のビアージョが十一月十五日付の手紙で知らせている。《ニッコロよ、がっかりすることになるぞ、君はそちらの君主が喜ぶような結論を出したのだからな》。そして、われわれがヴァレンティーノ公に従うべきだと考えているなら、君は《大馬鹿者だ》と付け加えた。

ビアージョは、ニッコロの政治的判断をからかうばかりでなく、フィレンツェで起きる大事件を知らせてくれた。君が買ったワインをロレンツォ・ディ・ジャコミーノが直に届けてくれるはずだが、五ドゥカーティも払うなんて君は人が良すぎる、《酒で破産することになるぞ》と冗談めかして忠告している。アンドレア・ディ・ロモロのことも知らせてくれた。カードをめぐって口論となり、アンドレアがアントニオ・デッラ・ヴァッレに靴を投げつけて腰に怪我をさせてしまい、二人は犬のようにいがみ合った。時間がたてば仲直りするだろうが、アントニオの怪我が回復するのを待たなければならないだろう。手紙の最後では、マリエッタの怒りをニッコロに伝えたあとで、公の御前でニッコロが引き立つように、新しい立ち襟の礼服を用意した、と元気づけている。留守の君に代わって、服は私の寸法に合わせておいたとビアージョは言った。君にぴったりだとよいのだが、もし合わなければ《自分の尻でも掻いてくれ》(25)(『書簡集』)。彼こそまさに真の友人である。

同じ調子でビアージョは、頼みごとばかりするニッコロにくたばってしまえと言いつつ、イーモラに送ってほしいと頼まれていたプルタルコスの『英雄列伝』は、フィレンツェでは売っていない、ヴェネツィアに注文を出さないといけないから待ってくれ、と知らせている。マキァヴェッリがその著書を望んだ理由は明白である。プルタルコスは、その傑作の中で、古代ギリシアと古代ローマの偉大な軍官、立法者、君主を描きだし、比較しているからである。ニッコロは、これらの古代の物語の中から手本や挿話を探し出して、自分が毎日拝謁する不可解な君主を理解するのに役立てようとしたのだった。彼は公の態度や言動を注意深く熱心に研究していた。ともかく、謎めいた表情を読み解くための何かを、古代の偉人たちに見い出そうと考えた。

マキァヴェッリは、公の意図を理解することが、自分にとっても、皆にとっても、困難だといく度も告白している。十一月十三日付書簡では、《御自身の裁量で何事も決められる君主を相手にしている[26]》(『使節報告書』)のだから、なおさらのこと、何をなさろうとしているのかを知る確かな手がかりを得るのは、きわめて困難であることを政府諸兄にはご斟酌いただきたく思います、と書き記している。任務終了直前の十二月二十六日付書簡では、さらにはっきりと言う。《何度も御報告いたしましたように、ヴァレンティーノ公は極度に秘密主義で、何をなさるおつもりかは、公以外の誰もわからないと思います。そのことは、公側近の秘書官たちの話でも証明されるのでして、実行に移されるときまで何事も洩らされることなく、必要が迫ったときに実行され、事実で示されるだけなのだ、と言っております[27]》(『使節報告書』)。

ところが、十二月二十六日、公は手の内を見せ、偉大なる政治の演出家として劇的な手法を披露した。その朝、公の側近ラミーロ・デ・ロルカの真っ二つに斬られた死体が、チェゼーナの広場で発見されたのである。死体のそばには、木の楔と血の付いたナイフが残されていた。楔は動物をさばくときに肉屋が使う道具だった。おそらくそれと同じ運命をラミーロはたどったのだ。

公は、この行為によって、信頼を置く家臣であっても、公の逆鱗に触れることがあれば処罰されることを示したのだった。それと同時に、地方長官の非道な振る舞いに向けられた領民の怒りを和らげようとしたのである。だが、マキァヴェッリには、その凄惨な舞台装置にこそ重大な意味があった。《ラミーロ殿は今朝二つに斬られて広場に転がされていました。今でもそのままです。当地の住民は誰でもそれを見ることができます。彼が殺されたわけはよくわかりません。ただこうすることがヴァレンティーノ公のお気持ちにかなった、というだけです。公は、自分の部下を、その働きに応じて、生かすも殺すも思いのままということをお示しになっているのです》[28]（『使節報告書』）。

その行為は、マキァヴェッリには理解することができなかったが、それは公自身から公の敵である、特にパオロ・オルシーニを思いやった譲歩策でもあった。パオロは、ラミーロの残虐な手法が原因でウルビーノで起きた反ヴァレンティーノ公の謀反の責任を負わされていたからである。数日前に公が起こした行為、フランス重装騎兵のほぼ全軍を解雇したことも彼を懐柔するためだった。マキァヴェッリは、その決断は皆の《頭を混乱させた》と書いている[29]（『使節報告書』）。

ここに公の偉大さがあった。謀反を企てた張本人、特にヴィテッリ、オルシーニと手を結ぼうとする一方で、彼らに死の罠を仕掛けたのである。ラミーロの切断された死体をチェゼーナの広場に放置したまま、公は全軍を率いてセニガリアへと動いた。そこには、ヴィテッロッツォ・ヴィテッリ、パオロ・オルシーニ、グラヴィーナ公とオリヴェロット・ダ・フェルモが、公に町を明け渡すため待ち受けていた。

さあここで、マキァヴェッリ自身に語ってもらおう。「セニガリア顚末記（ヴァレンティーノ公はどのようにしてヴィテッロッツォ・ヴィテッリ、オリヴェロット・ダ・フェルモ、オルシーニ家のパオロおよびグラヴィーナ公を殺したか）」の描写で、悪魔のような公の所業を生き生きと物語っている。

ヴィテロッツォ、パオロ、グラヴィーナ公は数名の騎兵を連れただけで、騾馬に乗って公の前へと進んだ。ヴィテッロッツォは武器を持たず、緑の裏地のマントを羽織って、まるで死が間近に迫っていることを察知しているかのように陰鬱な面持ちだった。その男の力量と過去の幸運が知られているから、いささか意外に思われた。セニガリアで公に拝謁するため部下と別れるとき、まるで今生の別れのような態度であったという。麾下の諸将に家門と家産を託し、甥たちには家門の幸運ではなく、父や伯父の武勇を心に刻め、と訓戒したのであった。こうして三人は公の前に進み出て、礼儀正しく挨拶、公も機嫌よく迎えたが、すぐに監視を託されている連中が彼らの間に割って入った。だが公はオリヴェロットがその場にいないのを見て、オリヴェロットは自軍を率いたままセニガリアに残り、宿営を置いた河畔の広場で部隊を整列させ、教練に当たっていたのだが、公は、オリヴェロットの監視役を命じていたドン・ミケーレに目配せし、オリヴェロットが逃げぬよう処置せよとの意を伝えた。そこでドン・ミケーレは馬を進めてオリヴェロットのところへ行くと、この広場は公の兵士が使うはずだから、今あなたの兵を陣屋の外に置くのはまずい、と言い、兵を陣屋に戻して自分といっしょに公に対面に来るように勧めた。オリヴェロットがその指示に従うと、公がやってきて、顔を見るなり声をかけた。オリヴェロットは公に挨拶して、他の三人に合流した。こうして彼らはセニガリアに入り、公の陣屋に来ると全員下馬、奥の部屋に招き入れられ、そこで公に逮捕されてしまった(30)(『全集』)。

一五〇二年十二月三十一日夜、公はヴィテッロッツォとオリヴェロット・ダ・フェルモを絞首刑に処した。一月十八日、カステル・デッラ・ピエーヴェで、グラヴィーナ・オルシーニ公とパオロ・オルシーニも同じく処刑された。呪われたマジョーネの会合で飲んだ遅効性の毒が効いたのである。ウルビーノでマキァヴェッリとフランチェスコ・ソデリーニに会見した頃からずっと、公の頭の中にはその小君主らを排除する計画があった。だから、公はフィレンツェとの友好を要求し、ソデリーニがフィレンツェには公を支援する用意がないと言ったとき大いに気を害したのである。《ウルビーノに来たヴォルテッラの司教殿（フランチェスコ・ソデリーニ）に言いたかったのだが、彼が秘密を守れるかどうか信頼できなかったからな。ようやく時機が到来したから、うまくやっただけだ。貴国のためになるし、喜んでもらえるだろう[31]》（『使節報告書』）。

セニガリアの惨劇が起きた当日、公はマキァヴェッリをわざわざ呼び出して、フィレンツェとの友好を継続したいと要求した。《夜二時頃（晩の七時）に小生をお呼びになり、この上なく上機嫌で今回の上首尾をお喜びになりました。そして昨日のお話の中で、事の真相をすべて打ち明けたわけではない、と仰せになりました[32]》（『使節報告書』）。マキァヴェッリは、公の態度と言動に驚いたと政府委員に告白している。そして、公からの要求を列挙したあとに、大使の資格のある、公式の協定を結ぶ権限を持った最高の市民を派遣するべきである、と書き加えた。今度は《がっかりする》ことはなかった。一月二十日、ヤコポ・サルヴィアーティが到着してニッコロは公の元を離れることができたが、公は今やチッタ・ディ・カステッロとペルージャを攻略し、シエナに迫りつつあった。

マキァヴェッリは公を称賛する思いに包まれてフィレンツェへの帰路についた。一〇年後、『君主論』でその理由を述べている。

私は、公のすべての行動を総括しても、彼を非難することはできない。それどころか、前述のように、幸運や他者の武力で支配を打ち立てた者たちの、範となるべき人物として推したいと思う。なぜなら、強靱な精神力と高い志がなければ、それ以外の行動はありえないはずだからである。……それゆえに、新君主国で必要であることとは、敵から身を守ること、味方を得ること、武力、あるいは詐術で勝利すること、領民から愛されるとともに恐れられること、兵士を命令に従わせ、尊敬されること、君主に対し危害を加えるか、あるいはその可能性のある者どもを抹消すること、旧制度を新制度に刷新すること、厳格だが好人物で、度量が大きく闊達であること、忠実でない軍隊を廃止すること、新軍隊を創設すること、王や君主たちと友好を結び、あなたに好意的に支援するか、危害を加えるのをためらうようにしておくこと、以上のことであると判断するのならば、この方の行動ほど記憶に鮮やかな例は見出せないだろう[33]（マキァヴェッリ『君主論』）。

強靱な精神力、大事を成し遂げる意欲、極秘に下す迅速な決断、そして軍事力。マキァヴェッリは、フィレンツェ共和国に欠如するすべての事柄を公の中に見出したのだった。欠如するがゆえにフィレンツェは弱体で、些細な衝撃を受けるたびに崩壊せんとしたのだから。そのことをフィレンツェの統治者に伝えねばならなかった。一五〇三年一月二十三日、彼が下馬したときから、すでにその仕事は始まっていた。

第八章　学びたい者に歴史は教える

フランス王の存在と幸運、そして莫大な金のおかげで、フィレンツェはヴァレンティーノ公の手から逃れた。だが、政治的、軍事的に脆弱であることはまったく解決されないままで、都市の自由は重大な危機に瀕していた。

アレッツォで叛乱が起きた次の日、公の存在が背後に迫る中で、フィレンツェ政府は重要な制度改革を承認した。制度上の最大の欠陥の一つに、都市行政、特に外交において継続性がなく、競争力が働かないことがあった。共和国の最高の役職は、くじ引きによって選出され、しかも、選出された市民の就任期間はきわめて短く、結果として、困難で危険を伴う、内政、外交の政治的諸問題を処理するにはまったく不適任な者が、度々その任務に携わることになった。それに、いくらか実務経験を積んだ頃にはヴェッキオ宮を出て行かねばならず、新たに選ばれた者がまた一から始めるのだった。

この欠陥を是正するため、一五〇二年九月十日、フィレンツェは終身制の正義の旗手制度を創設し、マキァヴェッリとともにウルビーノに赴いた、あのフランチェスコの兄ピエロ・ソデリーニが着任した。だが、共和国は、政治の知恵者を獲得することで、危機的状況に対処する能力を高めようとしたのだった。

問題は未解決のままで、軍事力を有せず、フランス王の支援を得るため膨大な金を使った後だったから、国は重大な経済危機に陥っていた。

新しい正義の旗手はマキァヴェッリを高く評価していた。知的で清廉潔白なうえに、ソデリーニ家との親交が長かったからである。彼がイーモラで公を相手に難渋していた最中に、ソデリーニは十一月十四日付書簡で率直に次のように書いている。《この国は、金の配分や他の問題で大混乱している［……］われわれだけでなく他者にとってもよい結果となるように、早く事が収まることを願うばかりだ。だが、これまでのところ事態はまったく逆に進んでいる》(34)（『書簡集』）。

金が必要だったが、金を生むには、共和国最高の立法機関である大評議会に新税導入の必要性を知らしめねばならなかった。その目的のために、われわれのニッコロは、正義の旗手が市民の前で行なう予定の演説の前文を書いた。本文の控えめなタイトルは、文学作品というより個人の覚え書きのようだが（『資金調達についての発言、前文と理由を含む』）、実際には、マキァヴェッリは、フランス滞在中とチェーザレ公との交渉の折に学んだことのすべてをその中に書き入れた。情熱と明快さに満ちた文書だった。綿密な政治分析、説得力、各行に溢れんばかりの自由を愛する心は、驚嘆すべきものだった。それは、最初の文言から注意深く再読する価値がある。

ニッコロはこう書き記している。すべての国々は、政府の形態がいかなるものであったにせよ、《思慮と武力とを駆使》して自国を防御した。思慮のない武力は十分ではない。その理由は、武力なき思慮は役に立たないし、思慮のない武力は、政治の諸問題を司り、国家を維持するには十分ではないからである。したがって、武力と思慮は、過去と未来の、あらゆる国家の《中核》である。王国や共和国の変遷、滅亡を歴史から学んだ者は、それが武力か、あるいは思慮の欠如に起因することを知っている。フィレンツェは、正義の旗手の制度を作り、少しは自分の判断力に自信をつけた。だから今こそ、軍事力を備えるべきなのだ。そのために新税が必要とされるのだ。

非の打ち所のない論理だった。だが、吝嗇家で賢明さを持ち合わせないフィレンツェ人のことだから、フランス王がわれわれを守ってくださったし、ヴァレンティーノ公の危機を回避できたではないか、だから新たな出費の必要はまったくない、と言い出すことをマキァヴェッリは承知していた。マキァヴェッリは、そのような見解は軽率であると説いた。なぜなら、《どの国も、どの政府も、自国の領地を奪取しようと期する相手を、また自国の防衛が不可能である相手を、すべて敵と見なさねばならないからである》。相手国の言いなりになるような国家が安全であった試しはないと。

一般原則を明言したあと、同郷の市民が持つ幻想を打ち消すために、彼はフィレンツェの置かれる現状を眼前に示した。皆様方は武力を持たないゆえに領民から愛されていないし、恐れられてもおりません。トスカーナの周囲の情況をお考えください。四方を囲むルッカ、シエナ、ピサはすべて《皆様方の生存よりも死を願う》国です。次に、イタリア全土についてお考えいただきたい。すべてはフランス王、ヴェネツィア、教皇様とヴァレンティーノ公の手中にあることがおわかりのはずです。フランス王に関して言えば、すでにおわかりになったはずですが、王の庇護を当てにできるのは、皆様方が一目置かれる存在であるか、他のイタリア諸国がフィレンツェ国を征服しようという思惑を抱くことがないときだけです。ヴェネツィア国は常に皆様方の敵でありましたし、皆様から一八万ドゥカーティの金を手に入れようと今なお考えております。ヴェネツィアはその金でフィレンツェに危害を加えるかもしれませんから、そのための資金を調達してやるよりも、彼らと戦う準備に金を使う方がよろしいでしょう。教皇様とヴァレンティーノ公については、フィレンツェの領地を欲しているのはご存じのとおりです。それから思い出していただきたい、ヴァレンティーノ公とは未だいかなる協定も結ばれておりません。協定が交わされるとしても、私人の間で契約を保証するのは法律や協定ですが、君主の間でそれに代わるのは武力のみです。その武力を皆様方は持っておられないのです。常にフランス王の剣を当てにできるとお考えになってはいけません。時を同じくして動いてくれるとはかぎらないからです。この最後の部分は、イーモラ滞在中に公の密使が彼に言ったのと同じ言葉だった。彼は正規軍を創設させるためにその言葉をフィレンツェの人々に繰り返した。

マキァヴェッリはレトリックの巨匠である。古典を学び、いかなる論考よりも、実例や歴史、物語が雄弁であることをよく知っていた。見事な物語を用意したから、さぞかし大評議会に集まった市民たちの心を揺さぶったことだろう。彼は、一四五三年にコンスタンティノープルがトルコの手に落ちたときの話を引き合いに出した。マキァヴェッリはこう書き記した。皇帝は市民を召集し、迫りくる恐ろしい敵に立ち向かうため金と支援を求めましたが、この者たちは《嘲笑を浴びせた》だけでした。攻略が始まって、城壁を攻撃する大砲の音が轟き、トルコ軍がなだれ込むのを見ると、彼らは懐いっぱい金を詰め込んで、泣きながら皇帝の下に駆け寄りました。ところが、皇帝はこう言って皆を追い出したのです。《その金を持って死ぬがよい。お前たちは金を持たずに生きることを望まなかったのだから》[35]（『全集』）。

皆様方が現状を続けられるならば、同じ結末を迎えることになるでしょう。ヴァレンティーノ公が軍勢を率いて進軍したとき、皆様方はその運命のきわめて近くにいたことを十分にご承知ください。マキァヴェッリはこう締めくくった。皆様方に申し上げますのは、《幸運の女神は態勢の変わらぬところではその裁可の決断を変えないからです。どのみち滅びゆく者に、天は手を差し伸べようとはしませんし、そうするはずがないのです。皆様方が自由なフィレンツェ人であり、その自由は皆様方の手に委ねられているのを見ておりまして、私にはフィレンツェがそのような道をたどることになるとは到底思えません。自由に生まれ、自由に生きたいと望む者が常に持っていたような配慮を皆様方が持っていてくださるものと私は信じているのでございます[36]》(『全集』)。

ソデリーニか、あるいは他の者が、新課税の承認を得るために、このマキァヴェッリの文書を使用して効果を得たかどうかはわからない。実際には、ソデリーニは最終的に、教会財産を含む不動産に十分の一税を課す法案を通過させることができた。だが、フィレンツェの従属都市や住民を相手に解決すべき懸案の政治問題が残っていた。フィレンツェは、ときに過度に寛容であったり、厳格であったりしたが、決定を下すのにいつも時間がかかった。マキァヴェッリは、一五〇三年の七月から八月にかけて書いた『キアーナ渓谷地方の反徒の処遇策について』と題する別の小論文で、その問題に言及している。資金調達のための演説の中ですでに述べたように、フィレンツェ支配に反旗を翻したアレッツォや他の諸都市で、自ら目撃した事柄について熟考した成果をまとめ上げた。今度もまた、人生の師、思慮ある政治の師として歴史に範を求め、古代ローマ共和国の例をフィレンツェの統治者に提示した。

その論文は、リウィウスの『ローマ建国史』を引用したフリウス・カミルスの長い演説で始まる。支配領域で謀反を起こした者たちに対して、ローマ人が行なった処遇方法の原則を、カミルスの演説から抽出する。それは次の二点である。恩恵を与えて叛徒の信頼を克ち得るか、あるいは、二度と危害を加えることがないように処罰するか。マキァヴェッリは、他のいかなる《中庸の道》も《災い多きもの》であるとの判断を下した。

ここで私には、マキァヴェッリがさらに続けるのが聞こえてくる。この世は同じ情熱を持つ人間が常に住み続けてきたのであるから、《歴史はわれわれの行いの師》、特に原則的行動の師である。彼がここで言いたいのは、古代において有効であったことは今日もなお有効であるはずだから、謀反人に対する最善の策は、古代ローマ人たちが施した方法である、ということだった。すなわち、彼らに恩恵を与えるか、それとも、二度と謀反を起こすことがないように厳罰に処すかのどちらかである。フィレンツェは、アレッツォの場合に、まったく逆のこと、つまり中庸の道を選んでしまった。アレッツォ人を処罰するため、財産を売却し、町から役人を排除したが、そうした措置はすべて当然の結果として、フィレンツェに対するアレッツォ人の憎しみを増幅させた。同時に、市の城壁を堅固なまま放置し、アレッツォを監視するフィレンツェ人を派遣しなかった。時機が来れば、彼らが再び謀反を起こすであろうことは容易に予測される。過去においてもそうであったように、彼らは脇腹に突き刺さった棘となるのだ。

ヴァレンティーノ公の脅威が完全に消えたわけではないとマキァヴェッリは見ていた。公がアレッツォに触手を伸ばすことがあるかもしれない。すでに手中にした国々に隣接する領地をトスカーナで攻略するのが彼の常道だった。今は公にとって攻撃の好機ではないが、忘れてはならないのは、セニガリアの一件で見たとおり、公と教皇様は好機を利用するのに熟達しておられるということである。さらに、《教皇の生命が短い》ことも考慮に入れるとすれば、すでに年数を経た今、ヴァレンティーノ公が最初の好機に皆様方を困難に陥れるだろうと予測するのは理にかなっている(37)(『全集』)。

彼は、このような言葉を綴って、警戒を怠ることのないように、領土の安全問題に真剣に取り組むようにフィレンツェ人に忠告した。ところが、彼の意に反してこの言葉は予言となってしまう。一五〇三年八月十八日、教皇アレクサンデル六世は三日熱に襲われ死去した。当初の出発予定が取り消された後、一五〇三年八月十八日、マキァヴェッリはローマへと旅立った。教皇選出枢機卿会議を観察し、新しい軍隊の徴募を交渉するためだった。こうして新教皇の選出をめぐって展開される複雑な外交戦略を観察する好機を得たのである。特に、彼が絶大な賛辞を送ったあの公の最後を見る機会を。

彼が見た公は、豪胆で《偉業をなす》希望に満ちていた。公は自分の領地にある重要都市の多くを失っていたが――ヴィテッリ一族はチッタ・ディ・カステッロを回復していたし、ジャンパオロ・バリオーニはペルージャに戻り、アッピアーニはピオンビーノに、モンテフェルトロはウルビーノに、ダ・ヴァラーノはカメリーノに、ジョヴァンニ・スフォルツァはペーザロに勢力を回復、フィレンツェはフォルリにオルデラッフィを帰還させようと動いていたし、ヴェネツィアはリミニとフォルリを支配していた――公は、今なお多くのスペイン人枢機卿を支配しており、教皇選出会議の票の多くを握っていた。このため、十月三十日付書簡でマキァヴェッリが指摘しているように、枢機卿の多くが公に会いにサンタンジェロ城詣でをしたから、将来の教皇はヴァレンティーノ公にかなりの恩義を負うことになるだろうとの見方が流布していた。一方、ヴァレンティーノ公も、新教皇はスペイン人票の見返りに便宜を図ってくれるだろうと楽観していた。だが、マキァヴェッリは、そうは考えなかった。同書簡の末尾に意味深長な文を書いている。《公が期待したような厚意を新教皇から得られるかどうか》を見極めねばなりません[38]（『使節報告書』）。

新教皇はサン・ピエトロ・イン・ヴィンコリの枢機卿ジュリアーノ・デッラ・ローヴェレで、ユリウス二世を名乗った。マキァヴェッリは、その結果を最初に知った一人だった。十月三十日夜から十一月一日の朝の間に、デッラ・ローヴェレ自身の側近から聞いたのだった。即刻その夜のうちにフィレンツェに書簡を記し、公表前に貴重な情報を報告できたことを喜んでいる。翌朝、確認のためにまた短い書簡を書き送った。《謹んで皆様方にお知らせいたします。今朝サン・ピエトロ・イン・ヴィンコリの枢機卿殿が新教皇におなりあそばされました。神のご加護を祈り上げます[39]》（『使節報告書』）。

新教皇が選出されたのは、ルーアン枢機卿の票と、公に通じるスペイン人枢機卿の票のおかげだった。

かつてボルジア家は、サン・ピエトロ・イン・ヴィンコリの枢機卿を一〇年もの間追放したくらいであるのに、いったいなぜ彼を教皇の座に就けようとして働きかけたのかは謎である。さらなる謎は、これまでに約束を守ったことのない公自身が、今や敵の約束を鵜呑みにして、あろうことか、教会の最高位につけてしまったことだった。その謎の答えは、ヴァレンティーノ公の政治生命がすでに終わっていたという事実にあった。マキァヴェッリが書き記したように、彼には政治的復活を果たす必要があった。終焉が近づくとき、思考の明晰さや決断力は鈍るもので、没落を加速するにすぎない絶望的な決断がなされる。ヴァレンティーノ公もその例外ではなかった。

　マキァヴェッリは、フィレンツェ宛報告書に、公は《決断力がなく、疑心暗鬼で、旗幟鮮明でない》と書き記した。それが、かつて確かな決断を下し、迅速に計画を実行に移し、敵、味方を瞠目させたその人だった。おそらく、これが公の本質であるか、あるいは、おそらく悪運の猛攻撃に消耗し、《ただならぬ攻撃を受け、精神が混乱している》[40](『使節報告書』)のだとマキァヴェッリは解説した。だから、ある日、マキァヴェッリに《激昂して毒のある言葉で》恫喝し、フィレンツェの所有するものをすべて《ヴェネツィアの手中に》[41](『使節報告書』)くれてやるから、ほどなくフィレンツェ国は滅びることになるし、そうなれば笑ってやると言ったのだった。また別の日には、過去を詮索するのは得策ではないから、互いの利益を考えて、ロマーニャにヴェネツィア人を留め置こうと言ったのだった。

　図らずも、ヴァレンティーノ公の同盟者として唯一残ったのはヴェネツィアだった。フィレンツェと教皇は、ヴェネツィアがロマーニャに侵出し、ヴァレンティーノ公の国家を消滅させるのではないかと恐れていた。イタリアにとって不運なのは、イタリアの最重要国である、二つの共和国フィレンツェとヴェネツィアが、利害の対立から反目し合ったことだった。だが、実を言うと、フィレンツェは、ヴェネツィアを範にとることが多かった。ヴェネツィアを観察したから、フィレンツェは一四九四年に大評議会を創設したし、あのサヴォナローラが、終身総督の制度以外はヴェネツィア共和国を手本とすべしと説教壇から説いたのだった。共和国成立から十年たっていなかったが、フィレンツェは、ヴェネツィアの例を完全に真似た終身制の正義の旗手を置いた。だが、ヴェネツィアからの恩恵が多くても、あまりに露骨なヴェネツィアの拡大路線に対するフィレンツェ人の恨みを払拭することにはならなかった。

フランス王、教皇、フィレンツェは、ヴェネツィア抑止の戦略を立てたが、ヴァレンティーノ公は除外された。今や、皆が公の終わりのときを望んでいたが、フランスが公の最後を望んだのだった。ルーアンの枢機卿は、神は《今日に至るまで、いかなる罪にも罰を与えられなかったから、この者をそのままにしておかれることはないだろう[42]》(『使節報告書』)と言った。フィレンツェもまた公の最後を望んだ。公に悲しい知らせを報告する役はちょうどマキァヴェッリにまわってきた。本国政府が公のフィレンツェ領内の通行許可証を拒否したこと、カスティリオン・フィオレンティーノにおいて共和国軍がボルジア軍の残党を武装解除し、公の信頼厚い副官ドン・ミケーレ・デ・コレッラを捕虜にしたことを知らせた。そして他の誰よりも公の最後を望んだのは、ユリウス二世で、ドン・ミケーレが逮捕されたという知らせに、喜びを抑えることができなかった。《教皇様は言葉に尽くせないほどの喜びようで、この者を捕らえたのは、この一一年間、神と人間に対してローマで行なわれた窃盗、殺人、神への冒瀆、その他数々の悪行を白日の下に晒す機会であるとお考えです[43]》(『使節報告書』)。

その数日前に、教皇は、まだロマーニャに残る若干の砦の明け渡しを拒否した公をオスティアで捕縛させた。捕虜としてローマに連行したのは、砦を平穏に譲渡するよう説得するためだった。マキァヴェッリの十二月二日付書簡によると、公の末路はよくわからないが、悲しいものだっただろうと一般に言われている。砦を明け渡したあとヴァレンティーノ公に残された日はわずかであった。マキァヴェッリの話によると、公は徐々に墓の中にすべり落ちていく。『十年史』に彼はこう書き記した。残された日々、公は《一度も見たことがない》ような慈悲を他者に請い、キリストに背いた者と同じ運命をたどったと。

第九章　おそらく、あまりにも大それた考え

ローマのマキァヴェッリは、ヴァレンティーノ公の最後を見届ける一方で、ヴェネツィア国の動向に注意を払い、ヴェネツィアのロマーニャ侵出を制止するよう教皇ユリウス二世に働きかけようとしていた。彼が十人委員会から受けた指示は明快だった。教皇、ルーアン枢機卿のみならず、教皇猊下を《覚醒させる》ことができる者なら誰でもよいから話をし、ヴェネツィアは皆にとって危険な存在であると知らせよ、ヴェネツィア国の兵力は高く、ロマーニャ住民の支持がある上に支配地域の領民を手なずける術においては名手であるから、これらの諸理由から、瞬く間に難なくロマーニャの領主となることができるであろうと伝えよ、とのことだった。

その翌日の一五〇三年十一月二十一日、十人委員会はマキァヴェッリに再び書簡を送付し、政治状況の別の枠組みを示しながら、新たな課題を与える。当地フィレンツェでは、ヴェネツィア国が教皇の了解を得てロマーニャに進軍するのではないかとの懸念を抱き始めている。よって、事態を把握し、問題を《詳細に》分析するように努めよ、との内容であった。

マキァヴェッリは、新たな訓令を受ける前から、ヴェネツィアの教皇に対する戦略を調査し始めていた。

十人委員会宛十一月二十日付書簡に、宮廷では作り話やご機嫌取りの微妙なゲームが繰り広げられていて、ヴェネツィア問題の進展については、教皇様の気性が鍵となるであろう、と書き記した。秋のローマで彼が摑んだことは、政治において重視されるのは、感情や気分であり、その二つを言葉や儀式で操作する術であるということだった。

彼は十人委員会にこう書き送った。ヴェネツィアは、教皇様が《名誉を重んじる、短気な》ご気性であり、ご自分の在任中に教会の名誉を汚そうとする者がいれば、その者に激怒され、即座に敵方を攻撃することをわかっております。彼らは、教皇様を理解していますから、《寝かしつけることができるかどうか様子を》見ながら、自分たちが《よき息子たち》であることを示しつつ、教皇様の教会の名誉に対する執着心を満足させようとしているのです。儀式のたびに、自分たちの望みは、ロマーニャだけではなく、広大なヴェネツィアの全領土が教皇様に服従することであると言っております。しかし、マキァヴェッリは、ヴェネツィアが使節を送って服従を明言させたのは過去に例がないことに気づいていた。使節たちは、宮廷にいる間ずっと服従を誓い、忠誠を宣言したばかりでなく、教皇様は父であり、保護者であり、擁護者であられることを私たちは望んでおりますと吹聴してまわった。マキァヴェッリは、彼らは、《教皇様を自分たちの目的に応じさせる》ために、そして《他の者たち皆に命を下す》ことができるように、教皇様の下僕であることを臆面もなく装っております、と結論づけている(44)(『使節報告書』)。

彼の眼前で、上品な政治喜劇が展開し、老練な俳優たちが、駆け引きやお追従や誘惑に熟達した演技を見せていた。マキァヴェッリは、そのことに気づいていただけでなく、ヴェネツィア国に遅れをとらないためには、フィレンツェも儀式をとり行ない、教皇様に敬虔な気持ちを顕示するべきである、力と金ではサン・マルコの共和国にかなわないのだから、と十人委員会に提言した。

もう一つの任務、つまり、教皇様はヴェネツィアの領土拡張政策に反対し、それを制止させるつもりでおられるのか、それとも、秘密裏に了解しておられるのかということについて、マキァヴェッリは、数日を費やしてその疑問を解消した。十一月二十四日付十人委員会宛書簡に、ヴォルテッラの枢機卿である、友人のフランチェスコ・ソデリーニと長く話しましたが、彼とルーアン枢機卿のご意見は、後者の仮定はないであろうということでした、と書き記している。さらにマキァヴェッリは、教皇様は、ヴェネツィアのロマーニャ進出について、ご不興を顕わにされており、ルーアンの枢機卿もご同様です、と書き加えた。したがって、ヴェネツィア国にとりまして、ファエンツァ征服は、彼らにイタリア全土の扉を開けることになるか、あるいは、おそらくはきっと、彼らの滅亡の始まりとなるでありましょう、と予測した。

マキァヴェッリは、ローマ宮廷で流布する意見としてこの見解を示したが、それは昔からある外交のトリックだった。その予測は彼自身のものであり、今回は、人間の気分や態度、言葉ではなく、イタリアという舞台で作用する力を分析した結果、領土拡張の野心を顕わにしたヴェネツィアがほぼ完全に孤立化したと読んだからだった。だが、そう読んだのは、フィレンツェ庶民の出身である彼が、貴族的なヴェネツィア共和国に対して冷淡だからだった。ヴェネツィアは、市民に権利を譲渡するのを惜しみ、自国軍を持たないのに、ヴェネツィア人の性状と歴史にしたがって領土を海上のみならず、イタリア本土にまで拡大しようと考えていた。ヴェネツィアの将来についてのマキァヴェッリの予言が悲観的であるのは、ヴェネツィアをイタリアの貴婦人と思っていなかったこともあるが、後背地に領土を着実に拡張するには、傭兵ではない強力な軍隊と、領民に市民としての権利を与える寛容性が必要であるという信念が彼にあったからだった。ヴェネツィアには、軍隊も、その寛容性もなかった。彼はフィレンツェに書簡を記し、ヴェネツィアがぬけぬけと教会のよき息子を演じていることを知らせて、十人委員会に同じように振る舞うように助言しているくらいだから、道徳的な批判をしたわけではないけれども、野卑な政治を軽蔑したのだった。

ビアージョ・ブオナッコルシは、十二月四日付の手紙で、フィレンツェ大使の資格でローマに向かうラファエッロ・ジローラミとマッテオ・ストロッツィが、ユリウス二世戴冠の祝賀式典にしかるべき品位ある格好で参列するために、衣裳、その他、豪華な品々を手に入れているところだと彼に知らせた。その数日後、十人委員会から彼宛に、フィレンツェに即刻帰還するように命じる書簡が届いたが、不思議なことに、そのときのマキァヴェッリは、すぐに馬に飛び乗ることはなく、十二月十八日まで出発しなかった。ずる賢さを発揮して病気のふりをした。《政府諸兄は、私にこのたびロアーノ殿（ルーアンの枢機卿）とともに出発せよとの仰せですが、出発するにいたしましても、ロアーノ殿より先に到着するには急がなくてはなりません。書簡が届いたのは昨日のことで、ロアーノ殿は先に出発されましたから、早馬で参上すべきところではありますが、この町に蔓延する流行病に罹りまして、このたびのお役目を果たすことは私には大変困難です。咳、カタルのために頭や胸が激しく痛み、馬に乗るとさらに病が重くなると思われます》[45]（『使節報告書』）。おそらく、本当のところは、ローマのニッコロは、高名な伝記作者がのちに記したように、怪しげな安宿で美女たちと愉しみ、時間が空くと、日頃から気に掛けていた重要事項についてソデリーニ枢機卿と議論を戦わせていたのだろう。

十一月半ばになると、ペストか、それに似た病気に罹ったのではないかという懸念は去った。彼はフィレンツェにいる弟のトットやピエロ・デル・ネーロらに手紙を書いて、二人に元気づけてもらった。トットは、東方にいるフィレンツェ商人は、ペスト患者の亡骸を運ぶその同じ船に乗って《毎時間》ペーラからコンスタンティノープルへ渡っているし、時折り仲間が死んでも、それは稀なケースだと承知している、と話した。ピエロは、私はペスト患者といっしょにしょっちゅう話をして飯を食い、寝泊まりしたから、もう二〇回は死んだことになる、と言った。これらの手紙の中で一番面白いのは、弟も、義理の兄も、少々怖がりの彼をぼかした表現でたしなめつつ、《男》であるように励ましていることである。ピエロは《男らしくするように》と書いたし、トットは《気をしっかり持ってください》《びくびくするのは女子供のすることですから》と書いた。

奇妙な言葉である。彼らは、危険を前に、それもまったく切迫していない危険を前にして、自分を律することができないでいるニッコロに、恐怖や落胆というものを気楽に考えさせようとしたのだった。そのあとの事情は想像どおり、まだしばらくの間、ローマ公務の最後の日々を楽しみ、政治という大舞台の手の込んだ演技と、美女と居酒屋と、フランチェスコ・ソデリーニ枢機卿と交わす重大な事柄に関する大議論に自分の時間を費やしたことだろう。

マキァヴェッリが枢機卿に示した案、つまり、自国の独立を守り、傭兵部隊という宿悪から逃れるためにフィレンツェは再武装すべきである、という提案はきわめて重大だった。それは、おそらく、ピサ周辺の陣営で傭兵部隊が謀反を起こした頃から、フランスにおいて隊の中枢が王の臣下によって構成される質の高い軍隊を見た頃から、彼が思い描いていた夢だった。マキァヴェッリは、『十年史』の第一章の中で非常に明確なメッセージを市民に向けて発した。《皆様方が信用を置く舵取りは／櫂や帆、帆柱に通じておりますが／皆様方が軍神マルスの神殿を再び開かれれば／旅程は労のない短きものとなることでしょう》。終身制の正義の旗手を創設したのだから、安全に生きることを望むのであれば、今必要なのは軍隊であると言ったのである。

その提案はフィレンツェで猛反発を受けた。正義の旗手であるピエル・ソデリーニは賛同し、支持したが、

《有力市民》である貴族たちは、冷淡かつ懐疑的で、ときには敵意を顕わにした。フランチェスコ・グイッチャルディーニは、名望家たちは当惑して、マキァヴェッリの考えは《斬新だが尋常ではない》と受け止めたし、フィレンツェの人々も好意的ではなかったと言っている。

フィレンツェは、過去に、市民と周辺領域の住民からなる軍隊を有していたことがあったが、その栄光の時代からはすでに二百年の時が流れていた。フィレンツェの人々は皆、手工業者も、商人も、銀行家も戦術を完全に忘れていたし、戦う精神も失っていた。だから、貴族たちは、ピエル・ソデリーニがマキァヴェッリの手を借りて、自分が専制君主となるために軍隊を設立しようとしているのではないかと恐れ、むしろ、そう懸念されると理由付けしたのだった。そのあと、新たな軍隊の隊長にヴァレンティーノ公の右腕だった冷酷無比なドン・ミケーレ・デ・コレッラがなるとわかったときに、皆の懸念は増幅した。マキァヴェッリがローマにいた間に、彼はフィレンツェを憎悪するヴァレンティーノ公の熱烈な支持者であるという噂が流れたし、彼は公から某かの恩恵を得ようとしていたと遠回しに言う者もあった。マキァヴェッリの熱望した軍隊が、ヴァレンティーノ公の《絞殺者》と呼ばれたドン・ミケーレに託されることがわかったときも、それは同じだった。

そのような苦境にあってもマキァヴェッリは自信を失わなかった。ソデリーニ枢機卿も彼に優しい言葉をかけて、計画の続行を勧めた。一五〇四年五月二十九日、ソデリーニはローマから次のように書き記した。軍隊を創設するための法令の準備計画を批判するのはよくないことです。軍隊は誠に必要、かつ賢明な事柄であり、個人の利益のためではなく、公けの利益のために設立される軍事力に懸念を抱くことはありません。立ち止まってはなりません。いつの日か、貴君は恩恵と栄光を手に入れることになるのですから。

マキァヴェッリが苦境から抜け出せるように手を貸したのは、ピエル・ソデリーニだった。法令の公式の認可を得るために、すぐに八十人委員会や大評議会に法案を出すことはせず、時間をおくことにして、その一方で、周辺領域で軍隊を組織するのがよい、新しい部隊を見れば、フィレンツェ人たちは、恐れることは何もないことを納得するだろうし、おそらく、斬新で尋常ではない計画がいかに有用であるかを認めるだろう、と助言したのである。

こうして、マキァヴェッリは馬に飛び乗り、歩兵を徴募するためにムジェッロとカゼンティーノに向かった。ムジェッロとカゼンティーノを選んだ理由については、『正規軍の理由について。設置場所と実行すべきこと』という文書の中で説明し、この件について自分の考えをまとめている。フィレンツェ国家は、都市部、従属都市の所領からなる管轄区域（アレッツォ、ボルゴ・サンセポルクロ、コルトーナ、ヴォルテッラ、ピストイア）、周辺領域の三つの区域に分かれている。三つの区域すべてに軍役を導入すると危険と混乱を生じる恐れがある。《重大なこと》は時間をかけて準備し、進める必要があるからである。長い間にわたって、武器の使用が忘れられていた村では、《最も手を付けやすい部分》、つまり、歩兵隊の創設から始める必要がある。

マキァヴェッリの見解によると、管轄区域の領民はフィレンツェにまったく協力的ではなかったし、おそらくこれからもそうであるのに、管轄区域が武装して都市部が丸裸の状態になれば、彼らは重要な町の周りに集結して、鎮圧することが困難な謀反を起こすことになりかねないから、管轄区域に歩兵を配備するのはきわめて危険である。都市部に関しては、当地で騎兵と指揮官を調達するのは当然のことである。ただし、この仕事は歩兵隊の設立よりも困難で時間を要するから、先延ばしにするのがよい。だから、《人は多い》が、謀反の拠点となるような要塞がないムジェッロとカゼンティーノが適地として残ったのである。

マキァヴェッリが記した文言を読むと、彼は、能力が高く、強力で、兵数が多いが、同時に、よく訓練され、共和国と法に忠実である軍隊を念頭に置いていたことがよくわかる。このために、彼は、すべての兵士が同じ紋章、すなわちフィレンツェのライオン、マルゾッコの紋章を身につけなければならない、そうすれば、全員が同じシンボルに愛着を持ち、共和国の紋章（《共和国の旗印》）を目にすれば、その熱烈な支持者となるだろう、と強調した。彼は同じ理由で、新しい軍隊は、共和国の法令によって創設されねばならない、それは最高議会で承認され、法に従い懲罰、褒賞を与える権限を有する特別長官が監視する法令である、と力説した。

軍隊がフィレンツェ都市部に危害を加えるとすれば、それは二つの場合しかないであろう。叛乱を起こし、外国軍と合流するか、あるいは、役人か、有力市民の道具となるかである。農村に分散して暮らす兵士が、あるイニシアチブのもとに集結するのは不可能であるから、第一の危機はあり得ない。第二の危機は、兵士を共和国の異なる部署に所属させることで取り除くことができる。命令を下し、訓練する部署、戦時下において指令を発する部署、褒賞や懲罰を与える部署をそれぞれ別にするのである。

マキァヴェッリは、年に一〇回か、あるいは一六回を超えない程度、軍隊を召集し、一年の残りの期間は、兵士は《行きたいところへ行き、好きなことを》すればよいと考えていた。訓練や閲兵、戦闘のために召集をかけるとき、役人は、正当な理由があって残りたい者を《家から引き離す》ことがないように注意しなければならない。各部隊（《同一の旗の下で戦う部隊》）の隊長は、《カゼンティーノ出身の兵士はムジェッロへ、また、カゼンティーノへはムジェッロ出身の兵士を》というように、兵士の出身地ではない場所から徴募されなければならない。この措置の理由は、兵士と隊長との間に、特定の利益に基づく関係が生じるのを阻止するためであった。マキァヴェッリは、言い換えれば、共和国に対してのみ忠実である軍隊を欲していたのである。

農村部において軍隊が確立されれば、都市部においても徐々に軍隊を形成することができるだろう、というのが、ニッコロの大計画の核心だった。古代の歴史書、特に古代ローマ共和国の歴史書の中で読んだ、模範とするべき市民軍をフィレンツェに再生させる。彼がそう語るとき、文体は威厳に満ち、感情を揺さぶるものになった。自らの自由意志による市民軍を持つことと、買収された軍隊との間にある違いをどうかお考えいただきたい。今日では、売春宿で育った不道徳な若者が父親の権威から逃れるために兵士となっているが、明日は、《正しい学校で、よい教育を受けた》若者が兵士となり、《自分自身と祖国に名誉を与えること》ができるようになるだろう。

軍隊創設案を実現するために、マキァヴェッリは、都市フィレンツェの空気とその歴史的特徴を考慮した。だが、旅の途中で学び考えたことを結実させた『資金調達の提言』を書いたときに、基本原則においてすでにそうであったように、いかなる形態であれ、統治の基本は公正さと武力である、という着想を持っていた。ところが、フィレンツェは、特に領民に対してはほとんど公正ではなかったし、軍隊はまさに欠落していた。マキァヴェッリは、公正さと軍隊の両方を有するためには、《公けの決議を得て軍隊を設置し、それを規律に基づいて維持すること》(46)(『全集』)が必要であると書き記した。

歴史家たちは、後知恵で考えると、マキァヴェッリの軍隊には数多くの欠陥があることに気づいた。まず、部隊がどのように武装され、組織化されるのかが明確ではなかった。たとえば、歩兵は三〇〇を超える数は徴集されなかったから、それ以上の人数を要する隊列を組む訓練はまったく行なわれなかった。各部隊の隊長は、たびたび交替したから、兵士との間に忠誠ある関係を作り出すのは不可能だった。

すべての欠陥は、自分たちが徴募した兵士をフィレンツェ人が信頼していないことにその原因があった。

共和国の周辺領域の住民に対する徴税は厳しかったが、その見返りに、同等の市民の権利を与えることはなかったし、地方の領主が権力を乱用しようが、敵軍が侵入しようが、本当の意味での保護を与えることもなかった。まさにマキァヴェッリが、正規軍に関する文書の最初で言ったように、ひと言で言えば、フィレンツェは不公正だった。このことが、フィレンツェが安全で強力な軍隊を持つために解消しなければならない問題だったし、マキァヴェッリはそれを知りながら、自分では解決できなかったのである。

マキァヴェッリの友人であるフランチェスコ・ヴェットーリは、《正規軍》と呼ばれた新しい軍隊に関するフィレンツェ人の意見をまとめた非常に象徴的な資料を残している。フランチェスコ・ヴェットーリはこう語っている。ドイツへ向かう旅の途中、バルベリーノの近くで、アンセルモ・ディ・セル・バルトロとかいうフィレンツェ市民の男が営む宿屋で休憩をとっていた。食事が終わった頃に太鼓の音が聞こえてきたので、あの音は何だと宿屋の主にたずねると、あれは正規軍の集団ですよという返事だった。ひどい暑さをやり過ごそうと暇つぶしも兼ねて、新しい軍隊はフィレンツェにとって役に立つと思うかね、それとも災いとなるかね、とその主にたずねてみた。

すると、主はこう言った。《この集団が武装し訓練されるのであれば、よい歩兵と同様の働きをすることでしょう。しかし、だからといって、私たちフィレンツェ人が安全であるかどうかはわかりません。武器を持ち、訓練された者が、どのようにすれば武器を持たない、訓練が不十分な者に従うようになるのか私にはわかりません。それに、今まで従者だった者が支配者になれるのです。私の話を信じていただきたいのですが、毎日彼らの様子を見ておりまして、彼らは私たちを愛してはいないし、愛する理由がありません。私たちは彼らを抑圧し、支配しているからです。私たちが国外からの攻撃を案じるのであれば、この者たちが攻撃してくるのではないかと毎日怯えるよりも、私たちのために戦う者たちに四年か六年に一度金を払う方がましです。私たちが彼らを即座に召集することができるのなら、彼ら自身が私たちを滅ぼそうとして自分たちで召集をかけることができるでしょう。彼らを使って、近隣諸国を恐れさせようとすることが、私たち自身に恐怖と危害をもたらすことになるのです》

それにもかかわらず、一五〇六年二月十五日、マキァヴェッリは、《白い胴着、左右が紅白の靴下、白い帽子、鉄製の靴と胸当て》に身を包み、槍か火打ち銃（携帯用の小さな銃）で武装した、ムジェッロの農民四〇〇人を整然と行進させることができたし、民衆は《フィレンツェの町で整列した、かつてない最高の美》と称賛し、彼らを迎えた。

仕事の立て役者として、民衆の一人として、マキァヴェッリは二重に喜んだが、町の有力者たちは、共和国の軍旗に続いて整然と行進するその軍隊を、屋敷から不安な眼差しで見つめていた。

第一〇章　フィレンツェ人の嫉妬、戦う教皇

人の人生とは、心情や思考や夢の無限の連なりである。そして、それらは時間という、底知れぬ暗い淵の中に消えていく。私たちにできることは、手元に残った書簡や文書、資料や証言の助けを借りて、忘却から救い出したい人物の人生のひとかけらを見つけ出す努力をすることである。一定の感覚的リズムにしたがって取り出された物語に正確な意味がなくても、しかたがないとしよう。時間の中から現れた人生のささやかな瞬間にも、計り知れない価値があるのだから。

この観点に立ってニッコロの人生を語るために、彼の心の状態や思考に的を絞って詳細に観察することにしよう。マキァヴェッリは、軍隊創設の計画に携わった頃は幸せだった。カゼンティーノから馬を駆り、村から村へと歩兵の徴募に向かうとき、彼は《喜びに満ちあふれた手紙》を書いたし、ムジェッロでは、冷たい北風を笑い飛ばした。克服すべき最大の障害は、共和国に対する農民の不信感であることを十人委員会にわからせようとして、彼はこう語った。若者たちは進んで入隊します。しかし、中には、私が新税を課すための調査に来たのではないかと心配する者がおります。何か策略があるのではないかと恐れる者もおります。その懸念がなくなれば、入隊にはせ参じるでしょう。彼は必ずそうすることができると信じ

ていたのだった。もし、《村を改革する》という、きわめて重大、かつ重要な仕事に、私たちが配慮と賢明さを用いれば、当地の皆が私を手助けしてくれると《これまで以上に考えております[47]》(『使節報告書』)。彼がやろうとしたのは、政治的、軍事的措置ではなく、民衆の顔を変えることだった。

彼は非常に重大な仕事を手がけていると自覚していた。計画に没頭し、奔走し、それが刺激となって彼の肉体と精神のエネルギーを倍加させた。村から村へ飛び回り、武器の調達が遅れると、《時間の無駄になる》と言って腹を立てた。兵士を選ぶ際は大変に厳格で、妥協を許さなかった。特定の同郷人が死刑判決を受けたときに、共和国にその無効を求めた者たちを徴募リストから除外した。フィレンツェは、旗の下に集結することを誰にも強要しないが、旗はすべて同じ色でなければならないと彼は答えた。フランチェスコ・ソデリーニが彼に言ったように、軍隊創設の経験を、称賛と栄光を得る絶好の機会ととらえていたが、それと同時に、その案は星が用意した悲しい運命からイタリアを救うことができると考えていたのだった。

この時期の彼が、イタリアを残酷な運命の犠牲者と考えていたことは、一五〇四年十一月に書かれた『十年史』からわかる。ヴァレンティーノ公の危機のときにフィレンツェを賢明な道に導いた貴族、アラマンノ・サルヴィアーティにあてた献辞の中で、彼は、一四九四年から一五〇四年の十年間に、イタリアが味わった苦労は運命の必然から生じたことであり、その力に逆らうことはできないと書き記した。さらに意味深長であるのは、詩を書いて、イタリアの幸福に敵対する星について語り、フィレンツェ人に軍隊の設立を勧める言葉で終わるところである。

マキァヴェッリは、軍隊はイタリアの軍事的再生の端緒となり、悪い星の働きによって始まった外国支配の終結をもたらすはずだと考えていた。彼は星の力に挑戦しようとしていた。だから、人間が天の作用から逃れられるかどうかを、パドヴァの占星術師バルトロメーオ・ヴェスプッチに相談した。占星術師は彼に、人生の歩みの中で得るさまざまな経験を活用し、特に、新しい環境に順応することによって、人間は自分自身を変えることができるから、彼の意見が《まったく正しい》と答えた。フィレンツェとイタリアが、一四九四年のシャルル八世の侵入によって引き起こされた新たな政治的、軍事的状況の中で生きのびるために、自らを変え、順応しようとしないのなら、軍隊の創設には何の意味があるのだろうか？

友人たちもまた、軍隊の創設はイタリアの運命を変えるだろうと主張した。そのことは、一五〇六年三月初旬に書かれたフランチェスコ・ソデリーニの書簡からわかる。枢機卿は彼にこう書き記した。《この計画は、祖国の安全と尊厳を切に願う私の思いとまったく同じだし、貴君の最後の手紙で、軍隊の仕事がうまく進んでいることを知って大変に喜んでいる。われわれの歩兵隊は長期間にわたって適正な訓練をなされてこなかったけれども、今日の外国人歩兵隊がわれわれの隊に比べて優秀であるとは思えない。ソデリーニはさらにマキァヴェッリの喜びようが想像できるような言葉を書き加えている。《これほど価値ある仕事の主導権を握っているのだから君の喜びはひとしおだろう。精進して、望みどおりの目的にまで達してほしい》。

この書簡からは、マキァヴェッリが枢機卿の兄である正義の旗手ソデリーニに、共和国が都市部、農村部に対して等しく公正であるようにと強く働きかけていたことがわかる。彼は公正さが市民軍の成功に不可欠であることを理解していたから、共和国当局を説得する努力を惜しまなかった。枢機卿の言葉を読んでみよう。《この計画には特に、都市部と農村部の双方に対する公正さが求められる、と貴君は賢明に記している》。私もこの仕事を成功させるには公正さが必要であると考えているから、貴君の言葉を今後も心に留めておくようにしよう、と付け加えた。

マキァヴェッリは、自分の計画が抵抗に遭うことをわかっていたから、特に、自分がフィレンツェを留守にして直接監督できないことを案じていた。新たな任務でローマに到着するとすぐに、その任務についてはこれから話すことになるが、正規軍に関することが順調に進んでいるかどうかを知りたがった。ビアージョは、彼が喜ぶことを知っていたので、ヴァルダルノから徴募した隊長バスティアーノ・ダ・カスティリオーネが、実働可能な兵を《四時間で七〇〇名》召集できると言って皆の称賛を博したことを知らせている。マキァヴェッリは、このようなよい知らせを受けて、大切な友人たちから多くの支持を得るうちに、辛抱していれば、そのうちに皆を説得できるのではないかと思うようになった。彼は、共和国随一の隊長であり、自分が心底感服しているアントニオ・ジャコミーニ・テバルドゥッチにあてた九月二十三日付書簡で、この考えを打ち明けている。私がこの考えを指摘するのは、マキァヴェッリが期待や楽観主義を示す言葉を用いることは稀であり、それは宝物にも匹敵するからである。

しかし、夏の終わりには、彼は大切な軍隊の仕事を中断して、複雑で華々しさに欠けるイタリアの政治的策略を扱う仕事に戻らねばならなかった。十人委員会が彼に与えた任務は、教皇ユリウス二世の宮廷へ行き、当面のあいだ時間を稼ぐことだった。彼はそのような駆け引きを好まなかったが、すでによく心得ていたにちがいなかった。教皇ユリウス二世は、フランス軍の助勢を得て自信を強め、教皇領を完全に掌握する決意でローマを出立していた。ペルージャからジャンパオロ・バリオーニを、ボローニャからジョヴァンニ・ベンティヴォリオを追放するためだった。教皇は、フィレンツェ共和国が金で雇っていた傭兵隊長のマルカントニオ・コロンナとその軍勢を借り受け、ベンティヴォリオ一族に攻撃を仕掛けるつもりでいた。

フィレンツェ国は、諸処の理由から決心がつかないでいた。まず第一に、その傭兵隊長と軍勢はピサ戦役に就いていたし、それと同時に、激昂しやすい教皇の機嫌を損ねてヴェネツィア側の術中にはまることは避けたかった。ヴェネツィアは、教皇のボローニャ討伐に助勢する引き換えに、ファエンツァ、リミニの権益を要求していたのだった。だから、美辞麗句や約束事を並べて教皇の機嫌をとり、事の推移を見きわめる必要があった。

この任務を遂行するために、一五〇六年八月二十五日の夜から二十六日未明にかけて、マキァヴェッリは馬を駆った。二十七日にはネーピに着いたが、今上猊下は《執務中にあらず》という理由で教皇に話をすることはできなかった。彼が精神的な問題を考えていたはずはないのだから、おそらくお楽しみに興じていたことだろう。その翌日、チヴィタ・カステッラーナで拝謁を賜ると、十人委員会の指示にしたがって、よく練り上げた話を教皇に上奏した。

政治的価値から判断すれば、その派遣任務にはそれほどの意味はなかった。だが、輿に乗るのを嫌い、自ら馬を駆って陣頭に立つ教皇の相手をするのは容易なことではなかった。それは、片手に剣を、もう一方の手に聖ペトロの勺を持つ、希有な君主の行動を学ぶ唯一の機会だった。マキァヴェッリは、些細なことも漏らさず、洞察することを繰り返し、その任務から重要なモザイクの一片を見つけ出して、徐々に政治というモザイク画を完成させようとしていた。さほど高尚でない事柄の中にも重大で意味のあることを見い出したい、知りたいという飽くなき情熱に突き上げられたからだった。

戦う教皇に関する任務について、マキァヴェッリが残した最初の宝物は、彼自身が大切にしたテーマ、つまり、政治という舞台に登場する人物がとる行動の理由と意味である。九月十三日付十人委員会宛の書簡の中で、マキァヴェッリ自身が語っているが、事実は比較的単純である。ジャンパオロ・バリオーニとの協定に意を強くした教皇は、《当地ペルージャに荘厳に》入場した。注意深く見つめるマキァヴェッリの目は、教皇が自分の軍勢をペルージャの城外に残したことを見逃さなかった。ジャンパオロが教皇の裁量に従うように取り決めたのではなく、教皇が《ジャンパオロの裁量に》従ったのである。ジャンパオロ・バリオーニは、なぜ教皇が犯した誤ちを利用しなかったのだろうか?

彼がその機会につけ込まなかったのは（マキァヴェッリは、同日このように書いているから、結末は知らなかったはずである）、《彼の人品のよさのため》だろう[48]（『使節報告書』）。バリオーニは武力で自国を守ることをやめたのだ、ウルビーノ公の助言に従って謙遜の道を進むことにしたのだ、と付け加えている。うわべだけの謙遜は容易かもしれないが、ジャンパオロ・バリオーニに《人品のよさ》という言葉を当てるのは、行き過ぎというものである。マキァヴェッリが誰の話をしているのか知らないわけはない。前年の四月に直接会って長く話をしたのだから。

この話は彼の心に深く刻まれた。数年後に『ディスコルシ』の中で回想し、二人の俳優、教皇とバリオーニの心理を支配した感情を分析し、それに基づいて二人にまったく異なる役柄を与えた。彼はこう書いている。教皇が武装せずにペルージャに入城し、このように敵の手中に飛び込んだのは、彼の行動をたびたび支配した《激情》に突き動かされたからである。バリオーニが教皇の過ちを利用しなかったのは、彼が善人で人間味があるからではなく、臆病だったからだ。事態が展開したとき、教皇の知性ある側近たちは、バリオーニが良心の呵責ゆえに攻撃を断念したという話を真っ向から否定したとマキァヴェッリははっきりと述べている。自分の父親を殺害し、姉妹を愛人にするような男が、慈愛という感情を持つはずがない。それに、聖職者に倣って、ごくわずかの思慮を用いて国を治めても尊敬されないことを、聖職者自身に勇気を持って知らしめることができた最初の人物になれたはずであるのに、自分が未来永劫称賛され、《永遠の記憶》に残る絶好の機会を逃した。とにかく、バリオーニは、悪人であろうとも、内面に《偉大さ》、いわゆる《寛容さ》を兼ね備えた行動をとる機会を逸した。バリオーニは悪人だったが、寛大でも偉大でもなかったし、彼の悪業はけちなものだった[49]（『ディスコルシ』）。マキァヴェッリは、一人の君主の感情の機微を精密な筆致で描きだし、一五〇六年のその日曜日、ペルージャで事情に接近し、側近らと密に連絡をとって最初の下絵を完成したのだった。

おそらくその日に、『君主論』に見られるもう一つの重要な思案が形成されたのだろう。《聖職者が支配する国々》、つまり、教皇や高位聖職者によって治められる国について話しながら、実はこう書いている。この国々はキリスト教の古い秩序に支えられているから、その秩序は堅固であるゆえに、統治者がたとえどのように振る舞おうとも、国は維持される。宗教の支えがあるおかげで、聖職者である君主は、他の君主ならば国家の滅亡を引き起こしかねない二つの事柄、すなわち、臣民を治め、守る必要がない[50]（『君主論』）。マキァヴェッリがペルージャで見たのは、まさしくそれに等しかった。ジャンパオロ・バリオーニは、父親を殺害し、他の残虐行為をなすことができたのに、彼と歩く教皇や枢機卿たちを八つ裂きにするよう兵士に命じる度胸はなかった。この話を思い返しながら、マキァヴェッリは、ユリウス二世の命を救ったのは、おそらく、バリオーニの臆病さよりも、宗教に対する特別な擁護の気持ちだと考えた。

ペルージャの出来事はいくつかの種となって、彼の心に蓄積され、やがて時を経て芽を出したが、中にはすぐに育ち、すばらしい実をつけたものもあった。教皇の行ないは、彼が長年抱いていた考え、つまり、この世における人間の行動のあり方について、特に、その行動がどのように異なっていても、たとえ、それが正反対の行動であっても、ときには同じ結果に至ることが正しいことを裏付けた。

マキァヴェッリは、彼の考えを正義の旗手の甥であるジョヴァン・バッティスタ・ソデリーニ宛の長い手紙の中に書き記した。最初に、《教皇様の行為とその結果》[51]（『書簡集』）によって彼の疑念が晴れたことを認めている。そしてそのすぐあとに、古代の歴史を例に挙げて、自分の考えに注釈を加える。スペインでは、慈愛に満ち、誠実で宗教を大切にしたスキピオが人々から称賛されたが、イタリアでは、不誠実で残忍で、宗教を侮蔑したハンニバルが称賛を得たのはどのように説明すればよいのだろうか？　そしてさらに続ける。ロレンツォ・デ・メディチは、フィレンツェの人々に武器を持たせないままで自らの権力を保持することができた。ジョヴァンニ・ベンティヴォリオは、ボローニャの人々に武器を持たせることで同じ目的を達成した。同様に、ミラノのフランチェスコ・スフォルツァやウルビーノ公は、自国を守ろうとして、一方は砦を造り、一方はすでにあった砦を破壊した。だから答えはこうである。人が成功するか否かは、その才能や想像力、つまり、その使い方を時流と事の推移に合わせられるかどうかに左右される。だから、異なる場所で、異なる時機になされた異なる行動が、同じ結果をもたらすことが生じるのである。

問題は、時間と事の流れは変化するが、人は自分の考えや行動をあまり変えたがらないことにある。だから、同じ人間が、あるときにはよい運に恵まれるのに、そのあと悪い運に遭うことが生じる。もし、人間が、時間と事象の自然を理解することができて、自分の行動を変えることができたとしたら、そのときは、賢者が星や運命を指図することが本当にできるかもしれない。だが、人間は近視眼的で、自分の気性や行動を変えることができないから、ほとんどの場合起きるのは、それとは反対のこと、つまり、《変わりやすい運が人間を支配し、そのいたずらに左右される》ことである。もちろん、それは、マキァヴェッリが二年前に占星術師バルトロメーオ・ヴェスプッチ宛に書いたこととはまったく逆である。

ペルージャのあと、マキァヴェッリは、討伐の最終目的地であるボローニャへ進軍する教皇に随行した。だが、彼の思いはフィレンツェの軍隊に向けられていた。九月五日、チェゼーナにおいて教皇軍の閲兵式に立ち会ったが、すぐに、その機会を利用して十人委員会宛に新生軍を褒め称える書状を書き送った。もし政府諸兄の皆様方が当地の歩兵をご覧になりましても、《正規軍の歩兵を恥じることはございませんし、必ずやお褒めになることでしょう》[52]（『使節報告書』）。少しくらいの自己宣伝なら害を及ぼすこともない。だが、軍隊はほぼ全面的な賛同を得て、一五〇九年十二月六日に、軍事のみを限定的に統括する新しい司法組織である「フィレンツェの軍規と軍隊の九人委員会」が設置された。軍隊はフィレンツェ共和国の体制を補完する役割を持つことが公けに認知されたのだった。新しい組織の長官は、もちろん、ニッコロ・マキァヴェッリだった。

　だが、称賛と敬意のまっただ中で、マキァヴェッリと、その擁護者であるソデリーニに、言葉で表せないほどの嫌悪の目を向ける者がいた。看過できる者たちではなかったし、アラマンノ・サルヴィアーティは有力者「集団」の首領の役割を果たしていた。十月六日付書簡で、ビアージョがそのことを知らせている。夕餉《ゆうげ》の最中、多くの若者がいる前で、アラマンノは君のことを《悪党》と呼んで、十人委員会の一員として、君が書記官の任務に再び就くのを阻止するつもりであることをわからせようとした。有力者たちがニッコロを憎悪した理由は、これから見てゆくことになるが、マキァヴェッリが『十年史』を捧げたアラマンノ・サルヴィアーティの敵意は、直接は大事には至らなかった。時がまだ味方していたし、すさまじい嵐をもたらす雲が地平線上に現れていたとはいえ、享受すべき栄光はもう一つあったのである。

第一一章　皇帝のもとでの任務とピサ征服

正確に言うならば、アラマンノ・サルヴィアーティと他の富裕市民らの敵対心がニッコロの邪魔をしたのだった。一五〇七年の春、ハプスブルグ家の皇帝マクシミリアンが、ロンバルディーアからフランス人を追放し、教皇ユリウス二世の戴冠を受ける目的でイタリアに下るという噂が流れた。フィレンツェは、一方にフランス国、もう一方に皇帝という二つの火種に挟まれていたが、その状況をさらに複雑にしたのは、正義の旗手の支持者らと、正義の騎手と民衆による政治に反対する貴族階級との敵対関係だった。ソデリーニら前者は、フランス軍がガリッリャーノでゴンサロ・デ・コルドバ指揮下のスペイン軍に大敗を喫したにもかかわらず、従来のフランス寄りの政策を続けようとしたが、皇帝側に立つ後者は、皇帝と公式に同盟関係を結ぶことを考えていた。

何らかの決定を下す前に、マクシミリアンのアルプス越えが真実かどうか、もしそうならば彼の軍勢の数と陣容はどうであるのかを把握することが急務となった。それはまさにマキァヴェッリに打ってつけの任務だった。六月十九日、彼は、ドイツ領、フィレンツェ風に言うと《トデスケリア》と呼ばれる土地にある皇帝の宮廷へ出発するよう命じられた。

富裕市民らはマキァヴェッリに横やりを入れた。フィレンツェには国家の諸問題で実践経験を積む必要がある《出自のよい若者》がたくさんいるのだから、皇帝の下にはその中から一人行けばよい、小賢しい庶民であるマキァヴェッリが行くことはない、と口をそろえて言った。激しいつば迫り合いのあと、六月二十七日、その人気の高い任務は、マキァヴェッリではなくフランチェスコ・ヴェットーリの手に渡った。

マキァヴェッリが採用されなかったのは、ソデリーニに対する政治的反発からだったが、その理由はまったく無礼なものだった。《出自のよい》若者、つまり、フィレンツェの有力家系の若者が優遇されたのは、これまでにも彼らが内政と、特に外交を支配する特権を有していたからだった。マキァヴェッリが、共和国の利益を考えて、きわめて献身的に務めてきたことは重要ではなかった。政治の解釈において卓越した能力を発揮したことなどどうでもよかった。彼は《よい出自》ではなかったから、排除されるしかなかったのである。これ以上、屈辱的で腹立たしい理由があるだろうか。

マキァヴェッリは憤慨し、苦しんだ。苦労を重ね、多くの犠牲を払って記した輝かしい報告書は、皆を驚かせたはずであるのに、すべては、出自の問題によって退けられた。裏切られた思いだった。というのも、友人だと思っていた人間が、実際には最も冷酷な敵となったからだった。彼は、友人の肩で泣くようなことはしなかったはずだが、真の友人には自分の苦い思いを打ち明けた。七月三〇日、友人の一人であるフィリッポ・カザヴェッキアは彼に長い手紙を書き、友情がすさまじい敵意に変わってしまった話をたくさん例を挙げて聞かせた。マリウスとスッラ、カエサルとポンペイウス、フィレンツェならば、ジュリアーノ・デ・メディチとフランチェスコ・デ・パッツィ。そして、ドイツ行きを阻んだ連中の勝利は長くは続かないと思うと言って、慰めの言葉で手紙を締めくくった。

同じ日、友人の一人であるアレッサンドロ・ナージは、《心優しい、不運続きのマキァヴェッリ》という書き出しで手紙を書いた。《トデスケリア》へ馬を走らせるよりフィレンツェに残る方が、結局は君のためになるのだから気を落とさないようにと言って、彼もマキァヴェッリを励ました。手紙は問題の核心に触れる言葉で終わっている。よい心の持ち主で、公正で信心深く、公共の利益に尽くす者は、信頼を得るべきであり、《裕福であるか貧しいか》、名望家の出か庶民の出であるかということは重要ではないと。だが、フィレンツェはそれには当てはまらなかったし、この件は予兆にすぎなかった。マキァヴェッリは、裕福でも名望家の出身でもなく、広い心と自由な精神を持ち合わせていたために、将来苦しむことになるのである。

結局、マキァヴェッリは《トデスケリア》に行った。ソデリーニは、ヴェットーリの書簡を信用できなかった。というのも、ヴェットーリは、無知からか、それとも政治的計算からか、マクシミリアンの出発は近いと予測し、その兵力を過度に評価した。ソデリーニは、書簡が紛失した場合を考えて、口頭で報告する者を遣る必要があるという口実で、信頼を置くマキァヴェッリを皇帝の宮廷に送り込んだ。彼の役割は、公式には伝令に毛の生えたくらいのものだったが、実際には、フィレンツェへ送られる書簡の内容が、正義の旗手の敵方に利用されることがないように精査することだった。

マキァヴェッリは十二月十七日に出発し、ロンバルディーア、サヴォイア国、ジュネーブ、ボルツァーノ、コスタンツァを縦断した。ロンバルディーアではフランス兵に入念に調べられた。フィレンツェの意図が露見するかもしれなかったから、書簡を破棄した。フィレンツェは、さんざん迷った挙げ句、皇帝のイタリア進軍を金で援助しようとしたからである。ジュネーブでは、スイス人の共同体の動向を把握することに努め、フランスと戦う皇帝を手助けする意志は彼らにはほとんどないとの結論に達した。コスタンツァでは、半日をかけてできるだけ多くの者と話をし、皇帝のイタリア戦略の情況について情報を得ようとした。大聖堂では、二人のミラノ人に会い、そのあと、音楽家のハインリヒ・イザークを訪ねた。最後に、サヴォイア公の《大使》と夕食をともにし、しつこく質問を浴びせかけたものだから、大使殿は《貴君は、私が何か月もかけてわからなかったことを、二時間のうちに知ろうとしている！》(『使節報告書』(53))と言って音を上げたほどだった。

だが、私たちは、マキァヴェッリが、話をした者たちの言葉を素直に信じたと考えるべきではない。彼は言動を注意深く吟味し、自分の目で見たことと照らし合わせた。それは一月十七日付ボルツァーノ発の書簡からよくわかる。《きわめて慎重である》と考えられている人物、ヴィリーの領主は、皇帝の戦略は《和平か、あるいは戦争》のいずれかという重大な結果をもたらすことになるだろうとお考えであると指摘したあとで、《国じゅう何マイル見渡しましても、小生は歩兵一人、馬一騎見ませんでした》ので、皇帝がスイスの共同体と個別に交渉するには時間がかかり、金がいくらあっても足りないだろう、と手紙を締めくくっている。

ボルツァーノに着くと、フランチェスコ・ヴェットーリと旧交を温めたが、二人を取り巻く情況からは、敵意と後悔が生じてもおかしくなかった。ヴェットーリは、マキァヴェッリの代理として、フィレンツェ有力市民の要請で当地にいたのだし、マキァヴェッリは、ソデリーニの要請でヴェットーリを監視する任務のために当地に来たのだった。ところが、当の二人のフィレンツェ人は仲良く力を合わせて働いた。諸問題を話し合い、正確に言えば、マキァヴェッリが書いて、ヴェットーリが署名したのだが、互いに了解したことを書簡に記した。マキァヴェッリは、自分が大使と呼ばれないことが苦々しく、腹立たしく思ったが、それで恨みを抱くような男ではなかった。それに他にやることがたくさんあったし、まったく未知の人々の政治体制や軍事組織を理解する仕事があった。秘密主義で優柔不断な皇帝の意図を読み解かねばならなかった。だから、二人は互いに理解し合い、評価し、尊重し合った。

ドイツ領訪問について彼が残した最もすばらしいものとは、一五〇八年六月十六日、フィレンツェへ帰国してすぐに記した文書である。六月十日インスブルックを発ったが、十四日にはすでにボローニャに入っていた。ドイツ人やスイス人に辟易して、フィレンツェの洗練された空気を吸いたいと思った気持ちの表れである。荷を解くとすぐに、『ドイツ事情報告』の執筆にとりかかった。おそらく十人委員会に宛てたのだろう。その中に皇帝と民衆についての考えを記した。

私たちがこれまでに見てきたように、マキァヴェッリにとって政治とは、情熱と気性、そして創造力を持つ人間の所業である。だからこそ常に彼は、出会った君主の気性を理解することに重きを置き、その仮面と策略の裏側を見て、彼らの心を奥深く入念に調べることに打ち込んだ。マクシミリアン皇帝のことを彼は、《気が優しく、よいご気性》であるから、側近ならば誰でも騙すことができると書いている。あるとき、宮廷の者が、側近なら誰でも、一度くらいなら陛下に気づかれぬように騙すことができる、と言ったことがあった。マキァヴェッリは、それが事実であるならば、臣下の数も懸案事項も多いのだから、陛下は毎日騙されることになってしまうではないかと答えた。その返答を聞いたとき、宮廷の者がどう感じたかは察するに余りあるが、マキァヴェッリがどれほど冗談好きであったかは、私たちがすでに知るとおりである。

彼の『報告書』を読み進もう。《陛下は際限ない徳の持ち主である》と判断している。完璧な指導者であり、国を見事に公正に治められ、拝謁を進んでお許しになり、人々に慕われておられるから、たとえ優しくよいご気性を曲げられても、《完璧なる人物》でおられることだろう。つまり、もし気性を変える術を心得ておられれば、立派な君主となられて、どんな計画も達成されるであろう。

しかしながら、人間が気性を変えることは非常に難しいし、マクシミリアンとてその例外ではなかった。だから、大きな可能性を秘めていながら平凡な君主のままだった。彼は皇帝だったかもしれないが、民衆は《自由かつ裕福》であったから、その責務はさらに重くなった。ドイツ社会は大きな自治権を享受していた。マクシミリアンが軍勢を集めるには、まず共同体の関係当局の承諾を得て、即座に金を十分に支払わねばならなかった。三〇日以内に金が届かなければ、兵士たちは去り、皇帝が懇願しようが脅しをかけようが、押しとどめることはできなかった。それに加えて、共同体が兵を送るのは、彼らにとって都合のよい期間だけだった。そういうわけで、ある共同体から兵士が到着すると、別の共同体の兵士が家に帰ってしまうことが起きた。だから、皇帝軍は数字上は多かったが、現実は少数だった。その少ない軍勢で、ヴェネツィア国を手助けしようとしたが、最初は味方であると明言していたヴェネツィア国も、やがて背を向けてしまった。彼が手に入れたのは手痛い敗北だけで、フリウリ全土を失うことになったのである。

マキァヴェッリが最も衝撃を受けたのは、ドイツのすばらしい軍組織と、豊かな共同体と自由都市だった。より正確に言えば、最も印象に残ったことは、市民が貧しい暮らしであるから町が裕福であるという事実だった。彼は、ドイツの人々は《貧乏人にひとしい暮らしぶりである》と書いている。建物を造営せず、衣服に金を使わないし、家に食糧の蓄えもないと『ドイツ事情報告』の中に書いている。彼らは、パンと肉と《寒さをしのげる暖炉》があれば満足している。衣服には、多くても《十年間に二フィオリーニ》使うくらいである。不足する物を案じる者はなく、必要な物を気に懸ける。《だから、彼らが必要とするものは、われわれに比べてまったく少ない》。これが、金が国から流出せず、共同体の金庫に納まる理由である。

マキァヴェッリは、ドイツ人たちが満足している《質素な》暮らしを特別うらやましく思ったわけではない。彼が称賛したのは、彼らが質素であることではなく、彼らの自由、それも、スイス人の《開放的な自由》と同様に、市民と公職に就く者という関係以外に、いかなる階級の格差も認めないことだった(54)(『全集』)。国の金庫を潤すために倹約主義に徹したことには賛同したが、現地のドイツ人やスイス人の様子はあまりにもひどかった。というのも、パンと肉、それに暖炉だけいうのはあまりに粗末だったし、生活するには、ワインが、それもうまいワインと、彼が最近仕立てさせた生地だけで値が四ドゥカーティ半するビロードの衣装も必要だった。

だが、軍隊の組織については、フィレンツェ人とイタリア人は、ドイツ人とスイス人から教わることがたくさんあった。彼らの制度はまったくすばらしいと書いている。彼らが有する《武装し、訓練された》兵士は、彼がフィレンツェの新しい軍隊に望んだことだった。各都市には、常時調達の可能な武器や軍用品を収めた大きな兵器庫があった(ピサ攻略の際、火薬を調達するために四方八方回らねばならなかったことを、彼は思い浮かべたにちがいない)。さらに彼らは、攻撃を受けた場合のことを考えて一年分の食料と薪を蓄えていた。《質素な》生活ではあったが、奴隷のようなありさまではなく、一方のフィレンツェ人は、君主のように傲慢で洗練された暮らしをしていながら、彼らの共和国は外交文書の送付に要する金を大使に送ることすら渋ったのである。

マキァヴェッリは、さらにいく度も、皇帝マクシミリアンのことと、スイス人、ドイツ自由都市の慣習を思い返した。しかし、そのとき、急を要する問題が迫っていた。ピサは長期にわたる包囲攻撃に消耗し、譲歩する兆しを見せ始めていた。フィレンツェ国は、気乗りがせず反対したフランス王とアラゴン家のフェルディナンドを金でなだめて、長い戦争を終結させ、長年望んでいた国を征服しようと動いた。

その攻略作戦に軍隊が初めて投入された。新しい軍隊には、フィレンツェ人の信用を得られるかどうかが、そして、軍隊創設のために尽力したマキァヴェッリの威信がかかっていた。彼は、いつもどおりに戦略の渦中に飛び込んで、軍事作戦に直接関わり、疲れも見せずに隊から隊へと移動した。仕事をこなせばそれだけ権限が大きくなったから、共和国の名において軍事作戦を監督できる者は彼以外にいないように思われた。ビアージョ・ブオナッコルシは、一五〇九年二月の書簡で、彼を《偉大なる総隊長殿》と呼んでいる。もちろん、それは冗談だが、マキァヴェッリが軍事作戦を指揮する基本的な役割を果たしていたことがわかる。

そのような名声が広まると、再び嫉妬と恨みが渦巻いた。手紙を書いて、気持ちを和らげ、鎮める必要があったのだろう。ビアージョは、二月二十一日付書簡で《頼むからそうしてほしい》と頼んだ。だが、ニッコロには、気持ちを和らげたり、鎮めたりしようと思う時間も余裕もなかった。彼は作戦の中心にいたかった。十人委員会が、ニッコロ・カッポーニに指図されて、彼をカーシナ近くの静かな陣営に移動させようとしていることに気づくと、自分がピサ戦略にどれほど情熱をもって取り組んでいるかを書いて知らせた。その言葉には注釈の必要もない。《その陣営では危険が少なく、苦労も少ないことでありましょう。けれども、もし小生が危険も苦労も望まないのであれば、フィレンツェを出立してはおりません。ですから、政府諸兄におかれましては、小生をこれらの陣営に留められ、これらの軍官［アラマンノ・サルヴィアーティ、アントニオ・ダ・フィリカイア］とともに、諸事情にあたらせていただきたいのです。当地では何らかのお役に立つことができますが、そちらでは小生は何の役にも立たないでしょうし、絶望のあまり死んでしまうことでしょう(55)》（『ニッコロ・マキァヴェッリの生涯』）。

彼は、自分を必要とする場所、知性と情熱が発揮できるところにいたかった。この手紙を書く一か月前の三月半ばに、ピオンビーノへ行き、ピサの代表者と会って、降伏の可能性について話し合った。ピサ人は、フィレンツェ政府が二人か三人の著名な市民ではなく、ただの《書記官を一人》派遣してきたことに大いに失望して、話し合うことを拒絶したが、マキァヴェッリが著名でなくても、交渉の進め方を熟知していることをすぐに理解した。

最初のうちは、ピサ人はためらっていたが、その後、市民の安全と、都市部と農村部住民の財産を保証することを要求した。彼らは、農村部の管轄権をフィレンツェに譲渡するが、都市部の統治権は保持したいと申し出た。マキァヴェッリは、フィレンツェ政府は、あなた方の生命、財産、名誉のいずれにも関心はなく、ただ《あなた方の服従》を望んでいるのだから、住民の安全は保証されると彼らに答えた。農村部の管轄権を譲渡するという申し出については、そのような申し出は見せかけであろうし、フィレンツェは《ピサが手中に収まり、すべての支配権を手放す》ことを望んでいる、と即座に切り返した。

彼は、フィレンツェに降伏し、服従する以外に道はないことをピサ人にわからせようとしたが、住民の安全を保証する政府の言葉を信用するように説得したかった。最初は威圧的な声で話し、次に言葉をよく選んで《彼らを揺さぶる》ようにした。《農村部の住民の件について小生は話をし、あなた方の単純さを残念に思うと申しました。あなた方は勝てないゲームに興じていただけである、仮にピサがそのゲームに勝ったとしても、彼らが同等の市民ではなく、下僕となることを望むだろうし、そうすれば彼らは畑を耕しに帰るだけです。逆に、仮にピサが侵略されることになれば、それはいつでも起こりうるわけですが、あなた方は財産、命、すべての物を失うことになるだろう》[56](『使節報告書』)。この都市部と農村部の代表者を分裂させる目論見はうまく運んだ。都市部の代表者は恐怖に震えたが、農村部の代表者はマキァヴェッリの言葉をありがたく受け止めた。《大使殿、私たちは和平が望みです。和平を望んでいるのです》、これが彼らの返答だった。

一五〇九年六月四日、ついに和平は訪れた。ピサの降伏を認めた公式文書には、フィレンツェ第一書記官マルチェッロ・アドリアーニと、軍事計画と外交戦略の両方を担当したニッコロ・マキァヴェッリが署名した。さらに、マキァヴェッリは、フィレンツェ軍官のピサ入国に最もよい日時を知るために、占星術師に相談した。占星術師は、よろしいですか、《決して》木曜日の十二時半以前に入城してはなりません、出来るなら《私たちに幸運をもたらす時刻の》十三時を少し過ぎた頃がよいでしょう、と答えた。

一五〇九年六月八日金曜日、軍官らはピサに入城した。歓喜が、いや、熱狂が、フィレンツェを包んだ。アゴスティーノ・ヴェスプッチはマキァヴェッリ宛の手紙に、誰もが喜びに沸き、街中に篝火《かがりび》が焚かれたと書いた。そしてさらに付け加えた。もし君をつけ上がらせることを気にしないでいいのなら、あえて言わせてもらおう、《君の大隊》がこの攻略を可能にしたのだ。《神に誓って言うが、われわれの喜びは大変なものだ》と、キケロにも匹敵する演説文を君に書きたいくらいだ。数日後に、フィリッポ・カザヴェッキアは手紙をよこして、二、三日わが家に逗留してほしい、鱒を食べ、うまい酒をともに飲もうと招待し、ピサ戦役の勝利を祝っている。彼の言葉からは、功績の大部分はマキァヴェッリに拠るところが大きいとフィレンツェで理解されていたことが分かる。《この高貴な町が得た多くの物から、君が多くの恩恵を得てほしいと思っている》。《高貴であられる軍官殿》からいかなる名誉も奪わずに、寄与したのは《君自身》であると、実際に言ってよいだろう。だが、君の考えは一部の賢者に好まれるだけであるから、今は慎重であるべきだ、と付け加えた。

カザヴェッキアは正しかった。マキァヴェッリは国にとって実に重大なことを成し遂げた。彼の考えは、カザヴェッキアが書いたように、彼自身を予言者のように見せた。だからこそ彼は、賢明でなく、邪悪で、野心的で、恩知らずな多くの者たちの敵意に注意を払わねばならなかった。おそらく、彼自身もそのことを理解していて、きっと友人の言葉に耳を傾けたことだろう。友人のビアージョが頼んだように、少しは自分の気性を変えて、権力者におもねることが必要だったはずである。言葉を控えめにし、一歩下がり、大事に関わるのをやめることが。ところが、人間というものは、彼自身がそう言っていたように、自分の気性を変えるのは難しい。だから、運命の輪を、あるときは上へ、あるときは下へと気分で回す女神の奴隷になるのである。マキァヴェッリの運命の輪は、そのときすでに最も高い位置に達していた。

第一二章　近づく嵐

善をなし、公共の利益のために誠実に全身全霊で尽くす者は、祖国を蝕む諸悪の原因を理解し、必要な解決策を示すことに努めるのだから、市民に評価され、称賛されるはずである。ところが、人間というものは、その大部分は、嫉妬深くて心が卑しいから、だいたいいつも反対のことが起きる。清廉に知性をもって公共の利益のために働けば働くほど、他の者は疑念と恨みを込めて彼を見つめ、害を加え、仕事の邪魔をしようとする。しかも、名誉と成功は、権力者に迎合し、奉仕する者の手に渡るのだ。

ピサ攻略からまだ六か月しか過ぎていなかったが、マキァヴェッリに対する喝采と賛辞は消え、敵意が徐々に形を現し始めた。今度も、ビアージョ・ブオナッコルシは友人に警戒するように促した。一五〇九年十二月二十八日付書簡に、今から八日前のことだが、顔を隠した男が役人の前に現れて、《君が訳ある父親の子であるから、今の職務を遂行してはならない》と告発したと書いている。

匿名の告発者は、おそらく、ニッコロの父ベルナルドが、町から金を借りて返せない債務者であったから、その息子が公けの職務に就くわけにはいかないと言いたかったのだろう。ビアージョが急いで手を打ったおかげで、法律や前例はマキァヴェッリに有利に働いた。だが、町でも、ニッコロが足繁く通っていた売春宿でも、彼を誹謗、中傷する者がたくさんいたから事態は憂慮された。

　ビアージョは、事が沈静化するまでマキァヴェッリがフィレンツェを離れて、その留守の間に自分が事を収めた方が得策だと考えた。仮にマキァヴェッリが町にいたとしても、このような場合にすべきこと、つまり、相手をなだめ、こびへつらうことができないことを知っていたから、そうアドバイスしたのである。それに、このままだと自分の立場を傷つけることになるかもしれなかった。ビアージョは言った。《人は皆、認められ、名誉を与えられ、請われることを望んでいる。たとえ事情が明白であっても、役に立ってくれる者には感謝、懇願し、感謝する方が望ましいのだ。それを君が行動に移すかどうかは、君の判断に任せよう》[57]（『書簡集』）。

　ビアージョに危機を誇張する傾向があったことは否めないが、彼の言葉からは、マキァヴェッリが、自分の権利と功績で得たことには、自分から頭を下げたり、礼を言うことがまったくできなかったことがわかる。また同時に、フィレンツェには、彼をよく思わない者が多くいて、彼を手助けする者は《きわめて少ない》ことがよくわかる。苦労の末にフィレンツェに軍隊を創設し、ピサを与えた者に対して、あまりにも素晴らしい報酬ではないか。

　ビアージョが警戒を促すようにこの書簡を書いていた頃、ニッコロは、マントヴァとヴェローナでの任務から戻る途上にあった。十人委員会から託された任務とは、皇帝マクシミリアンのもとに行って、フィレンツェがピサ戦役の際に支払うことになっていた二回目の分割金を皇帝に手渡し、皇帝とフランス王がヴェネツィアに展開していた戦争の動向を探ることだった。彼が上機嫌で、フィレンツェの策略など気にも留めなかったのは、実は、少しの金を貯めて、一度フィレンツェに戻り、珍しいというより変わった《ちょっとした商売》ができればいいと思っていたからだった。小さな鶏小屋を建てようと考えていて、ルイジ・グイッチャルディーニに、ピエロ・ディ・マルティーノとかいう者にその世話をしてくれるかどうか聞いてくれと頼んでいる。

鶏のことを考える一方で、彼の言葉を見る限りにおいて、名誉からはほど遠い場に自分を追いやった。ルイジ・グイッチャルディーニは、自分の愛の冒険談を手紙に書き、その美しい婦人にまた会いたくて仕方がないと伝えた。マキァヴェッリは、似てはいるが、まったく逆のとんでもない自分の話を返事に書いた。グイッチャルディーニは、またそんな経験に出会いたいとしきりに思ったが、マキァヴェッリの話は、当分その気が萎えてしまうような経験だった。グイッチャルディーニは誇らしげに語ったが、マキァヴェッリは、自分が粗忽者、彼の言葉を借りて言い換えれば、《うぶな男》のふりをした。

そこで現実に戻ろう。《夫婦生活の不足》のために分別を失ったニッコロは、洗濯屋の《客引き婆》の誘いに乗って、その商売を試してみる気になってしまった。商品は女で、家の薄暗い隅に座っていて、客が来ると手ぬぐいで顔を隠した。ぞっとする話だから身構えておかないといけないが、ここでニッコロに登場願おう。


小生、気が小さいもので、ひどく肝をつぶしてしまった。だが、その女と二人、暗がりの中に残され（老婆はすぐに家を出て行き、戸を閉めてしまった）、要するに事を終えた。女の腰は皺だらけで、あそこは湿っていて、息が少しにおったが、ずっと欲求を抑えてきたものだから、事に及んだ。その後、この女の顔を見たいと思い、暖炉の燃え木を一本とって、上に置いてあったカンテラに火をつけた。やっと火がついた途端に、明かりが手の中で倒れそうになった。なんてことだ！　あまりに醜女だったので、気絶してひっくり返りそうになってしまった。最初、白と黒の混じった前髪、つまり、白髪が見えた。頭のてっぺんは禿げていて、その禿げたところをシラミが這っているのが見えた。さらに、少なくてまばらな髪の先端が、シラミの列といっしょになって眉毛のところまで伸びていた。小さくて皺だらけの頭の真ん中に火傷の痕があり、市場で杭につながれた跡（市が立つときに動物に押される焼き印）のように見えた。目の方へ流れる眉毛の先には、シラミの卵がびっしりとついていた。目は、片方が下を向き、もう片方は上を向いていて、一方がもう一方より大きかった。目頭は目やにでいっぱいで、目の縁に睫毛《まつげ》はなかった。鼻は、額の下にめり込んだようについていて、上向きで皺が寄っていた。鼻の穴の一つは切れ込んでいて、鼻汁を垂らしていた。口はロレンツォ・デ・メディチの口に似ていたが、一方の端が曲がっていて、そこから少し涎《よだれ》を垂らしていた。というのは、歯がなく、唾液を溜めておけなかったからである。上唇のところには少し長い髭がまばらに生えていた。長くとがって、少し上を向いた顎からは、皮膚が少し垂れ下がり、喉元まで届くほどだった(58)（『書簡集』）。

それはニッコロの手の込んだ遊びだった。友人は手に入れた女の美しさを吹聴して手紙に書いたが、彼は身の毛もよだつような女の醜さを書いて答えた。そのような出会いが本当にあったかどうか、彼が語っているように事が運んだかどうかは、まったく別問題である。話の核心は、ニッコロが、誇らしげな様子の友人を笑う一方で、自分自身については、冗談どころか、肝をつぶすような状況に出くわしたことを笑い飛ばして、楽しんでいることである。

いわゆる艶話はさておき、マキァヴェッリは、フランス王と皇帝による対ヴェネツィア戦争が複雑に展開し、先が読めない状況にあったので、その把握に努めていた。マントヴァには十一月十五日に到着したが、たいした情報は得られなかった。イザベッラ・デステ公爵夫人は、ヴェネツィア国の捕虜となった夫フランチェスコ・ゴンザーガに代わって国を治めていたが、十一月十八日まで拝謁は叶わなかった。彼を待たせたのは、夫人の悪意や傲慢によるのではなく、朝起きるのが遅くて、昼食より前に謁見を受けなかったからだった。フォルリのカテリーナ・スフォルツァのもとに任務で赴いて以来、女性の君主に見《まみ》えるのは二度目だった。イザベッラ・デステについては、彼を《非常に人間的に》迎え入れ、軍事作戦に関して彼女が持つ不確かな情報を与えてくれたとだけ語っている。その宮廷は《嘘が潜み、さらには雨となって降る》[59](『使節報告書』)ような場所だったから、彼女の側近から得た情報はいっそうあいまいだった。

より正確な情報を得るために、彼はヴェローナに向かい、十一月二十一日に到着した。そこですぐに気付いたのは、貴族階級は皇帝の側に立つが、民衆や《下層民》はヴェネツィアに味方することだった。十一月二十六日付書簡にこう書いている。皇帝軍は、特に農村部において、盗み、略奪の限りを尽くしている。そのため農民は飢餓に見舞われて、死ぬか、復讐する方がましだと思っている。彼らは、ユダヤ人がローマ人に抱いたよりもはるかに大きな憎しみをヴェネツィア国の敵に対して抱いているから、《ヴェネツィアの名》を拒否されるくらいなら、殺される方を選ぶだろう。彼らの一人が捕らえられ、皇帝の使節であるトレント司教の前に引き出されたが、自分は聖マルコに忠誠だったのだから、聖マルコのために忠誠を尽くして死んでもよいと言った。命を救ってやるという約束も、他に代償を与えてやるという甘言にもその決意を変えなかったので、司教は彼を縛り首にした。

マキァヴェッリは、いつものように、これらの観察から得た重要な予測と政治分析を急いでフィレンツェに知らせている。戦争の展開については、増幅する民衆の敵意を前にして、フランス王は軍事行動を早く終結させることに全力を尽くすだろうと指摘している。しかし、二人の王が軍の指揮官であるから、互いの同意に基づいて行動するのではなく、《互いに監視し合っている》。フランス王は《戦争することは可能であるが、やりたくはない》のに対して、皇帝は《戦争はやりたいが出来ない》。このような状況であるから、ヴェネツィア国に奪取された領土が早々に以前の君主の下に戻るだろうと考えるのが妥当である[60](『使節報告書』)。

おそらく、農民の忠誠心は、占領軍が残虐だったからではなく、ヴェネツィアに統治される方が、少なくともフィレンツェに統治されるよりはずっと耐えられるものだったから生じたのだろう。だが、マキァヴェッリは、その問題には触れず、国家はどのように統治され、保持されるべきかという、最も大きな問題のみに焦点を合わせている。この点について彼は、ヴェネツィア国は、書物を持つ従来の聖マルコではなく、剣を持つ聖マルコの紋章を、征服した場所すべてに描かせたと指摘している。ニッコロは、国家を保持するためには、《勉学と書物だけでは不十分である》[61](『使節報告書』)ことを彼らが理解した証であると論評している。

彼は、この言葉で十二月七日付書簡を終えているが、すでに何年も言い続けてきた決まり文句、つまり、国家を保持するためには、巧妙な外交操作だけでは不十分であり、適正な軍隊を配置する能力が必要であることを再度主張したかったのである。彼の言葉は、さらに別の警告も含んでいた。伝統的な聖マルコ像が持つ書物は福音書だった。マキァヴェッリの見解によると、ヴェネツィア国が福音書を剣に置き換えたのは、国家を保持するためには、特に戦争中は、キリスト教道徳の原則を脇に置いておく必要があることを理解していたからだった。

このような考えを抱きながら、クリスマスの直後、彼は帰国の道を辿った。フィレンツェには、一五一〇年一月二日に到着した。ビアージョ・ブオナッコルシが知らせてきた例の匿名の告発者による一件は、マキァヴェッリが正義の旗手の全面的な支援を得たこともあって、そのうちに片が付いた。新年の最初の数か月は、家族の面倒を見たり、さほど重要でない任務や、軍隊の歩兵を新たに徴募するための旅に出るうちに過ぎていった。

その間に、イタリアの政治の目盛りは悪い方向へ振れ始め、恐ろしい嵐がフィレンツェに近づいていた。教皇ユリウス二世は全力を傾けてイタリアからフランス人を追放しようとし、そのためには戦争も辞さない構えだった。教皇が勝利すれば、フィレンツェの自由は終焉を迎えることになる。フィレンツェが教皇領に周囲を囲まれていただけでなく、教皇はメディチ家に与していて、そのメディチ家は、ソデリーニを追い出して、民衆の政府を打ち倒し、支配者の座に戻る策略を諦めてはいなかった。その脅威をさらに大きくしたのは、メディチ家筆頭の枢機卿ジョヴァンニ・デ・メディチの存在で、彼は宮廷で慈愛深く人間的に振る舞い、兄ピエロの旧敵も含む多くのフィレンツェ人からうまく歓心を買う術を身につけていた。それに、フィレンツェは、フランス王と、特にミラノの国王代理シャルル・ダンボワーズに要請されても表立って国王の味方になり、援軍を派遣することはできなかった。フランス国の要請に応えれば、フランス軍が手薄になって、フィレンツェの近傍にいる教皇軍の危険に晒されることになるかもしれなかった。

唯一の道は、フランス王と教皇の間に何らかの合意を働きかけて戦争を回避することだった。国王ルイ十二世に、戦争を最後まで続行しても、フィレンツェに防備軍を撤退させるよう求めても、彼の益にはならないことをわからせる必要があった。賭け金は高いが、困難な任務だった。フランス宮廷に精通し、どう動けばよいかを知る者が必要だった。

私たちの書記官以外に選択肢はなかった。彼は、いつものように十人委員会の訓令書ともう一通、このデリケートな局面におけるフィレンツェ外交の基本方針が読みとれるピエル・ソデリーニからの私信を携えて、一五一〇年七月七日、リヨンに到着した。ソデリーニは次のように書いている。私の名代として、王に《私はこの世に三つのこと以外に望むことはございません。すなわち、神の名誉と、私の祖国の益と、フランス王陛下の益と名誉であります》[62]（『使節報告書』）と伝えて欲しい。イタリアで権力を保持する最善の方法は、ヴェネツィア国を弱体化させ、皇帝とよい関係を保つことであることをわからせてほしい。特に《教皇様との関係を壊さぬために、あらゆる》努力が必要であることを王に理解させてほしい。《なぜなら、教皇様を味方ではなく、敵とみなしてしまうようなことをすれば、教会の後ろには名声があるのだから、教皇様は必ずや危害をもたらすであろう》。それに、この世に敵を作らずに、教皇に公然と戦争を仕掛けることは不可能である[63]（『使節報告書』）。

だからこそ、外国勢力を一掃しイタリアの統一を！　それが、自らをイタリアの自由を擁護する者と称したユリウス二世の言葉だった。彼は、ヴェネツィア国と、ナポリ王国を治めるスペイン人、そしてスイス人の力を借りて、野蛮なフランス人をイタリアから追放するのだと高らかに宣言した。彼の計画は、イタリアで、そしてフィレンツェで支持されたが、フランチェスコ・グイッチャルディーニのように、現実の政治を近くでよく知る者は、《美名に幻惑される》ことはなかったし、激情にかられた教皇がイニシアチブをとることで、外国勢力によるイタリア支配が進行し、複雑化するのではないかと案じた。

教皇とヴェネツィア国に、フランスやスペインをうち破る力はなかった。フランスかスペインのいずれかがイタリアの専制君主となり、やっとの思いで自由を保持していたイタリアのわずかな国々さえも傘下に収めてしまう可能性がずっと高かった。取るべき政治手法は、状況がよくなるまでは、ナポリ王国の宗主国であるスペインと、ミラノを治めるフランスとの間を、あるときは一方を、またあるときはもう一方を支持して、流れに応じて対応することだった。

マキァヴェッリはこの意見だったし、フランス宮廷には同じ見解を持つ者がいた。《当地では皆が教皇のこのような動向に失望しております。キリスト教世界を破壊し、イタリアを食い尽くそうとしているかのように思われるからです》と七月二十六日付書簡でフィレンツェに書き記した。教皇の使節であるカミッロ・レオニーニ枢機卿もまた、同じ考えだった。マキァヴェッリは、彼のことを、《実に誠実で思慮深く、事情に精通しておられる人》で、特に、《貧しき民衆》やイタリアの弱小国にとって悲惨な戦争を避け、和平を成すために出来る限りのことをするのにやぶさかでない人物であると語っている。レオニーニ枢機卿と話すうちに、マキァヴェッリは、フランス王と教皇との間に和平をもたらす外交交渉の可能性を見出し、そのことについて公けに働きかける。《善良で権威ある方から、小生は政府諸兄の皆様方に次のことを伝えるよう依頼されました。自信を持ってこの事態を進めるように、そして権威を持って、賢明なるお考えをすべて教皇様に説いていただきたい。なぜなら、当地のこのお方は、十分な裏付けがあることでないかぎりお信じになりません[64]》(『使節報告書』)。

マキァヴェッリは、この仲介役が成功する可能性は十分にある、なぜなら、教皇は、フランスからジェノヴァを取り戻すことに失敗した後、おそらくかなり腰が引けて恐れているし、一方のフランス王は、相当に腹を立てているものの、正面から教皇を攻撃すれば《世界中》を敵に回すことになると承知している、と説明する。だから、彼は、フィレンツェが《仲介役》をすればよいと公然と助言し、自分の任務を逸脱していることをわきまえて、理由付けをする。《小生は、この最後の箇所を書き記し、政府諸兄の皆様にお知らせしたいと考えました。この宮廷で見聞きしたことを記すのは、私の任務を逸脱するものではないと思うからです[65]》(『使節報告書』)。

マキァヴェッリは、これが死の罠から抜け出す絶好の機会だとわかっていたから、フィレンツェ政府が、これまでそうだったように、時間が味方してくれることを願って事を先延ばしすることはせずに、その機会を利用するよう望んでいた。八月三日、彼は外交的仲介役の話を繰り返す。フランス王と教皇との間に戦争が始まれば、フィレンツェはすべてを失うことになるが、事が和平へと進めば、すべてを得られるということは、盲者でも聾者でもわかることである。敵対する両者の間に協定を結ぶことができれば、悲惨な戦いを回避することができるし、それと同時に、教皇からもフランス王からも多大な信用を得られる。もし教皇が拒絶して協定が不首尾に終われば、ユリウス二世の責任を天下に問えるから、フランス王は、その試みをありがたがることだろう。一方の教皇は、フィレンツェが和平工作に失敗して、王の側について戦争を始めることになっても、腹を立てる理由がない。そして彼は再度、自分の職務を逸脱したことを詫びている。《諸般の理由から、小生はこの方策が好ましいと考えるに至りました。政府諸兄の皆様方に、ご賛同いただけるようであればありがたいと存じます。そうでない場合は、ご容赦くださいますように。当地の事情からは、これ以外の判断はできませんでした[66]》（『使節報告書』）。

仲介役を果たそうという試みは、数週間もたたないうちに失敗に終わった。ユリウス二世は和平交渉のためにやってきたフィレンツェの使節に耳を傾けようとはしなかった。それどころか、怒らせたのは彼らだと言わんばかりに激昂し、使節を脅迫した。不運な使節たちは、教皇に和平案を真剣に取りあげてもらうように説くことも、怒りを静めることもできなかった。フィレンツェに帰還する前に最後の拝謁を賜ったときには、教皇から、イタリアをフランス人の手から取り戻そうと働きかけていたが、フィレンツェ人があらゆる手を用いてその計画を阻もうとした、だから相当額の代償を払ってもらうつもりであると言われた。フィレンツェの使節は、教皇の憤激を煽っただけだったが、それでもまだサヴォイア公の使者に比べれば、運のよい方だった。和平交渉のために送られてきたその使者は、気の毒なことに内通者だと疑われて投獄され、拷問を受けたのだった。

和平の申し入れが失敗に終わったことは、フィレンツェに損害を与えた。フィレンツェ十人委員会は、フランスの常任大使に着任するロベルト・アッチャイウオーリに、王に事の次第を報告するようにとの訓令を与えた。それは、計画を率先したマキァヴェッリの敗北でもあったが、それほど後悔する必要はなかった。和平への努力は悪い結果に終わったが、中立のままでいるより、また、どんな決議も先送りして、ある日はフランス王の味方となり、またある日は王の敵方に味方するような行動をとるより、ずっとましだった。

マキァヴェッリは、フィレンツェの統治者たちに、あらんかぎりの知性と情熱を注いでそのことを説明する。八月九日付ブロワ発書簡で、昨日の朝、小生は、王とイタリアの事情について長く話をいたしましたが、王は皆様方を信用しておられませんし、皆様方が王の味方であることを《ともに武器を手に携えて》明確にしないかぎり、信用されることはないだろうとわかりました、と書き記している。そしてさらに続ける。《政府諸兄の皆様方は、まるで福音書をお信じになるがごとく、教皇と王の間に戦争が始まったとき、他方の諸事情を考えるあまり、一方に味方しないでいることは不可能であるとお考えです》。彼は、《誰が皆様に厚意を寄せているか》を判断して、自分の考えを隠したり、誇張する旧い外交トリックを駆使しながら、《政府諸兄の皆様方は、時が満ち、必要に迫られるのを待つのではなく、今必要であるすべてのものを手に持って、それを駆使できる場所へ奔走し、あらゆる事態の解決を目指す》(67)（『使節報告書』）ことが必要だと書き記している。

和平協定が成立しないかぎり、そして、イギリス国王と皇帝がフランス王を止めないかぎり、フランス王は大軍を率いてイタリアに下り、散歩でもするようにローマまで進軍してしまうだろう。マキァヴェッリは、神が教皇様の身体に巣くう《悪魔のような魂》を除いてくださり、フィレンツェと彼自身が破滅するのを阻止してくださるのを私たちは願っている、たとえそれが、《そこにいる司祭たちまでこの世の辛酸を味わう》(68)(『使節報告書』)ことになろうとも、と心情を吐露する。彼は舌鋒を緩めようとはしない。宗教を富と権力を増す道具に使って君主のような暮らしをする、退廃しきった聖職者たちを、彼ははなはだしく軽蔑する。イタリアを解放するという口実で、フィレンツェをメディチの、イタリアをスペイン国の従僕にしようと画策するユリウス二世を、彼は激しく憎悪する。

だが、いずれにしても、人は自分で自分の身を助け、速やかに決断を下し、それを守らねばならない。和平か、それともフランス王の側に立って戦争するか。マキァヴェッリにとって中庸の道はない。選択し得る二つのうち最善の道は和平である。だから、教皇と彼の同盟国を相手に戦火を交えるのは賢明ではないこと、教皇軍がいつどの方面からでも攻撃できることを考えれば、フィレンツェがミラノに援軍を送るのはさらに賢明ではないことを、高慢なフランス人に説く必要があった。彼は、たとえフランス国が戦争を始めても勝つことは難しいし、もし力のある同盟国とともに戦争を始めれば、イタリアを分割することになって、また戦争をしなければならなくなる、と王の出納官ロベルテに説いた。彼は、教皇軍はフィレンツェ領を包囲しているから、フィレンツェが国外に軍勢を派遣すれば、町はあっという間に略奪されるかもしれません、と国王議会の前で説明した。

彼の言葉はフランス高官たちの怒りを買ったが、徐々に理解を得られるようになった。一五一〇年八月二十九日、彼は王に拝謁を願ったが、王は病気で《王妃と部屋に籠もっておられた》(69)(『使節報告書』)ので会えなかった。ニッコロほど心と感情の動きに敏感な者はいなかった。彼は王と王妃を煩わせることはしないで、国王議会がいつも召集される書記官の屋敷へ赴いた。著名な高官たちの前で彼は、フィレンツェの軍勢がトスカーナに留まれば教皇への《先手封じ》になるから、国外に兵を送らない方が国王の大事のお役に立てると説いた。その話に彼らは《皆注意深く》耳を傾け、最後には、彼が大変賢明に話していたことに気づいた。九月五日になってようやく彼は、国王はフィレンツェ軍がトスカーナに残留すること、共和国を守るために軍勢を送ってくださることを決断されたとフィレンツェに書き送っている。

彼にはそれ以上のことはできなかったし、今のところ他に打つ手はなかった。ピストイア商人のバルトロメーオ・パンチャーティキから借りた金で馬に乗り、フィレンツェに帰ることができた。その金がなければ、馬を売って、歩いて帰らねばならないところだったと十人委員会に書き記した。

第一三章　共和国が死せるとき

遠くから眺めてみると、共和国の死や民衆の自由の終焉という重大な歴史ドラマは、その裏に際限ない個人の悩みや苦痛を伴う、時代が求めた逃れがたい結果であるように思われる。登場人物たちは、幸運や運命、天佑と呼ばれる、自分たちよりもはるかに偉大な者が手織った布の横糸に絡まり、もがいているようである。だが、その偉大な者たちは、それぞれの手法を守りながら、大物・小物、高貴・下賤、賢者・愚者、勇者・臆病者の違いに関わりなく、すべての登場人物に慈悲深いベールを広げてくれる。

近くから見ると、それは、数多くの偶然や、摑んだり、摑み損ねた機会や、まったく偶発的に生じた出来事の所産であるように思われる。大きなドラマは、個人の物語、たとえば、支配者たちの分別のなさ、勇気や恐怖、同じ人間に内在する感情の相克というものの中に分解されてしまう。歴史という川の流れは、いつ何時でも、こちらに、またあちらへと向きを変えるようである。登場人物たちは、まるで生きているようだし、私たちは、舞台で歴史が演じられているかのように、彼らの表情を想像することができる。彼らのドラマに参加し、話に耳を傾け、誰かをひいきにし、誰かをこけ落とし、最後には、私たちの一人ひとりが、自分で判断を下すことになる。その裁断がどのようなものであれ、おそらく最も重要な問題について、私たちは何かを学びとることができるだろう。私たちがわかろうとしないか、あるいは、忘れようとしている賢明さを。どのようにして、いかなる理由で、人は自由を失い、隷属者となるのかを。このことを歴史は私たちの頭にたたき込もうとして、頑迷に示し続けているのである。

マキァヴェッリがフランスからフィレンツェへ帰還したのは、十月に入ってかなり過ぎた頃だった。フィレンツェの田園と町は、秋のトスカーナだけが映し出す、うっとりするような景色を見せていただろう。残念なことに、自然の風景を前にして、彼が抱いた思いや感情を語る言葉は一行も残されていない。いや、美に対する感受性は鋭敏だったから、生命に対して抱く詩的な感情も、同じくらいに強かったはずである。彼が追いかける政治の出来事はめまぐるしく推移し、共和国と彼の力が及ばないまま、決まって悪い結末へと向かうのだった。常に馬を駆って忙しく奔走し、政治の出来事を追いかける彼には、多分、そんな時間はなかったのだろう。あるいはまた、おそらく、彼の考えや視線が、哀れさに満ち、偉大さを欠く人間の世界にばかり向けられていたからだろう。

もちろん、妻のマリエッタや子供たちとともに過ごせて彼は幸せだった。フランスにいた頃には、家族の近況を知らせるように書記局に何度も頼んだのに返事がないので、友人や同僚に腹を立てた。やっとマルチェッロ・アドリアーニが返事をくれたが、心配する彼をからかった。《こちらで君の奥方は生きているよ。子供たちはあちこち歩き回っているし、家はまだ建っている。ペルクッシーナの収穫はよくないらしい》(70)(『書簡集』)。フランスでは女がいたことだろうし、ジャンヌとかいう女性が、あの恐ろしいヴェローナの老女よりもずっと優しく彼の孤独を紛らわせてくれたはずだ。だからといって、それで妻子のことを忘れたわけではなかった。彼は広い心の持ち主だったから、様々な愛情や情熱が入る余地があっただけのことなのだ。

フィレンツェでは、彼が旅立った頃よりも闘争が激化していた。メディチ家の支持者たちは、ローマにいるジョヴァンニ・デ・メディチ枢機卿から惜しげもなく恩恵を与えられて、日毎に勢力を伸ばし、ピエル・ソデリーニを町から追い出そうと考えるようになった。また、フィレンツェの貴族たちも、自分たちの意見が十分に取り入れられず、既得権だと信じていた公務の重要ポストに就けないことを非難して、正義の旗手への敵意をむき出しにした。そのときマキァヴェッリは、教皇とフランス王の間で近く戦争が始まることを知って、そのような分裂や対立は共和国に弔いの鐘を鳴らすようなものだと考えていた。一つに団結した共和国をもってしても、教皇とその同盟者を相手にして勝ち目はないだろう。分裂した共和国に、それも、富と名声を望む有力者たちが自由のためと称して、民衆政治の終わりを待ち望んでいる国に、どのような手段が残されているというのだろう。

川が増水して町が水浸しになりそうだったから、今ある堤防を急いで補強し、新しい堤防を造らなければならなかった。フィレンツェ的政治方針に従って、時間が解決してくれるのを待つのは、自殺行為に等しかった。マキァヴェッリは、それがわかっていた数少ない人間の一人だったが、力はなかった。重大な決定は他者が下した。彼にできるのは、軍隊や砦、兵隊のことを案じるだけだったから、疲れもみせず情熱を注いだ。教皇軍の進路となるはずのピサ、アレッツォ、ポッジョ・インペリアーレの城塞を調査し、軽騎兵を徴募する計画に取り組んだ。軍隊の中心は歩兵にあると考えていたが、騎兵がいなければ勝てないこともよくわかっていた。彼はキアーナ渓谷に出向いて兵を徴募し、復活祭後の日曜日には、フィレンツェの通りで新生の騎兵隊を行進させた。ようやく国は、独自の歩兵隊と騎兵隊を得たが、それは一度も戦かったことのない軍隊だった。いく度か行進して、わずかな訓練を受けただけだったし、戦争がどんなものであるかを知らなかった。規律を正し、士気を鼓舞し、的確な命令を下すことができる、熟練の指揮官はいなかった。

時間があれば、フィレンツェの統治者たちは、この経験不足と指揮官の不在に対して策を講じることができたのだろうが、共和国の敵は待ってはくれなかった。教皇とフランス王の敵対関係は、新たな、決定的な局面を迎えていた。対立する両者は、精神と物質の両方の武器を用いて戦っていた。フランス王は、数人のフランス人とスペイン人の枢機卿を説き伏せて、教皇の行為を糾弾し、教会を改革するために一五一一年九月にピサで《公会議》を開くことを布告した。それに応えて、ユリウス二世は、刃向かった枢機卿らを破門し、ピサの動議を無効にするために一五一二年五月に新たな公会議をローマで開催した。

精神的な戦いは、当初からの予想どおり、教皇側の勝利に終わった。教会を改革しようという反主流派の枢機卿たちの声は、誰の心も動かさなかった。枢機卿たちが教会改革という高潔な口実を掲げて煽動したのは、フランス王の政治戦略に乗って個人の野心に動かされたからだというのは誰の目にも明らかだった。それに、グイッチャルディーニが書いたように、《教皇になる願望を抱いていた枢機卿たちにこそ、改革を突きつけた相手以上に改革が必要だっただろう[71]》(グイッチャルディーニ『イタリア史』)ということが明白となった。

ピサ公会議は教皇には害を及ぼさなかったが、フィレンツェは重大な被害を被った。ピサはフィレンツェの管轄下にあったから、教皇が聖務停止令を行使すれば、教会の処罰が下され、国、あるいは当該地域において、聖務に関する祝賀も、宗教的葬儀も、秘蹟を行なうことも禁じられた。フィレンツェに聖務停止令が行使されるのは、これが初めてのことではなかったが、国を治める者にとってまったく深刻な問題を引き起こした。問題の核心は、政治が絡んでいたことにあった。フランス王は、フィレンツェにピサで公会議を召集するように要求を突きつけて、フィレンツェをさらに金トコと鉄槌の間に追い込んだ。要求を拒否すれば、唯一の同盟国を怒らせることになるし、要求を呑めば、かつてないほど教皇の憎しみを煽ることになる。

奇跡が起きて、ひょっとして教皇自身が崩御されるようなことが起きるかして、不憫なフィレンツェを救ってくれるようにと祈りながら、フランス王と枢機卿たちが公会議そのものを断念するか、あるいは、ピサ領以外で開催するか、開催を二、三か月先延ばしするように説得しなければならなかった。この問題の解決の糸口を見つけるために、十人委員会はニッコロをミラノへ向かわせ、ピサへ南下する途上のサンタ・クローチェ・イン・ジェルザレンメ教会のベルナルディーノ・カルバハル枢機卿、ナルボンヌの司教ギョーム・ブリソネ、コゼンツァの司教フランシスコ・ボルジアに面会するよう命じた。続く任務は、フランスへ赴き、王に拝謁を賜ることだった。彼は、ピアチェンツァの近くで、この枢機卿たちとともにフェデリーコ・サンセヴェリーノ枢機卿とも面会した。彼の提案に答えるまで何時間も待たせるような輩で、いっそのこと教皇とともに地獄に堕ちてくれたらいいと思うほどの者たちと交渉することを、彼はどれほど楽しんだことだろう。ピサ公会議の開催は神とすべてのキリスト教信者の御ために果たされるのだと言って正当化し、フィレンツェはキリストの愛と教会の益のために、公会議を開催する責務を果たすべきだ、ともったいつけて主張する彼らを相手に、彼はどんな顔をしただろう。

ともかく、事態は何とかまとまった。ピサの住民や聖職者たちの敵意に怖じ気づいたのか、フィレンツェの冷淡な態度を危惧したのか、彼らの秘密会議を他の場所で開く方が得策だと説いたマキァヴェッリの言葉に従ったのかはわからないが、十一月には彼らは荷をまとめてミラノへ引き返し、その地で誰の関心も引かぬまま名ばかりの会議を開いた。

だが、問題が一つあった。精神世界の戦いにおいてフランス王が敗北したあと、悪名高い教皇は、政治的、軍事的な戦いに決着をつける準備を始めた。教会世界の統一を守り、ボローニャに教会の権限を復活させ、手向かいする者、つまり、フランス王をイタリアから追放する目的で、十月初旬に、ヴェネツィア国、フェラーラ公、アラゴン王フェルディナンド・イル・カットーリコと神聖同盟を結んだのである。軍隊の指令官には、ナポリ副王ライモンド・ディ・カルドーナが任命され、十一月十七日には、イギリス王ヘンリー八世も同盟に加わり、その後、事実上、マクシミリアン皇帝も加わった。フランスは孤立し、包囲され、またフィレンツェも孤立し、包囲され、無防備となった。

だが、軍事面においては、少なくとも最初のうちは、フランス軍が優勢だった。勇猛果敢で有言実行の優秀な指揮官ガストン・ド・フォワ率いるフランス軍は、ブレッシャを征服し、略奪にかけた。一五一二年四月一日には、ラヴェンナ近くでスペイン軍、教皇軍に手痛い敗北を負わせたが、その勝利はむなしかった。戦闘の最中、整然と退却するスペイン歩兵団を追撃する途中で、ガストン・ド・フォワは命を落とした。指揮官を失った国王の軍隊は混乱し、ローマへ進軍することなく、撤退に転じた。

軍を撤退させたのは、ルイ十二世自身だったが、その理由は、最後になって教皇側に味方することを承諾した、残忍なスイス人歩兵隊が参戦するのを危惧したからだった。スイス兵は、いつものように金と戦利品を目当てに南下したが、それは、スイス兵よりドイツ兵を好んで使ったフランス王を深く憎悪していたからでもあった。マクシミリアン皇帝が、ドイツ人歩兵団にフランス王との戦闘をやめて、ドイツに帰還するように命を下したことで、軍事バランスは教皇の有利に動いた。フランスは敵対するのをやめるしかなかった。ミラノは、表向きは神聖同盟が所有したが、スイス軍の手中に収まった。ボローニャ、ピアチェンツァ、パルマは教皇庁のものとなった。ジェノヴァはフランス人駐留軍を追放した。ユリウス二世は誰もが認める勝者となり、五月三日にローマにおいてラテラーノ公会議を華々しく開催することができた。グイッチャルディーニによると、《豪華で荘厳な儀式》であり、《この舞台を演出した者たちの思惑や目的が、その言葉どおりに運ぶものと考えたならば、心を打つものだったであろう[72]》（『イタリア史』）。

あとはフィレンツェをどうするかだった。国の運命は、六月にマントヴァで行なわれた神聖同盟の代表者による秘密会議に委ねられ、ピエル・ソデリーニが正義の旗手の職を辞すること、共和国政府を廃し、メディチ家を復辟させることを決定した。ラヴェンナの敗北からかろうじて逃げ延びたスペイン軍は、ライモンド・ディ・カルドーナ指揮の下、フィレンツェに向けて進軍し、アペニン山脈を越え、バルベリーノ・デル・ムジェッロに陣を布いた。

市の城壁からほんの数キロのところにスペイン軍が駐留する中で、フィレンツェがどんな状態にあったかについては、ビアージョ・ブオナッコルシが、プラート近くの正規軍の陣営にいたマキァヴェッリに書いた八月二十七日付書簡からわかる。ビアージョはマキァヴェッリに次のように記している。ピエル・ソデリーニは、《君にそちらで急ぎ何らかの措置を講じるよう伝えてほしいと私に言っている。今夜カンピに敵軍が到着し、宿営することが不快であるし、驚いているのだ。では達者で。君はできるかぎりのことをしてほしい。諸手続に手間取っている時間はない[73]》（『使節報告書』）。

共和国の最も権威ある者たちは、神聖同盟の代表者らがフィレンツェの将来を決めてしまったことにはまるで知らぬ顔で、スペイン軍がカンピに駐留したことに驚いている！　だから、何か手を打つようにとマキァヴェッリに頼んだのだ。一度も戦ったことのない、指揮官も大砲もない、百姓からなるただの正規軍歩兵隊がいれば、共和国を救うために奇跡を起こせるとでも思っていたのである。ビアージョは、マキァヴェッリに出来ることをせよと忠告はしたが、このことをよくわかっていた。この《達者で》という締めくくりの言葉は、共和国の終焉と悲劇の前触れだったのだ。何年もともに働き、時を過ごし、悩み、冗談を言い合った二人の友人が、ヴェッキオ宮の部屋に永遠の別れを告げなければならないという悲劇の。

しばらくして、軍勢の弱体化を知った副王カルドーナは、われわれはフィレンツェから自由を奪うつもりも、政府を変えるつもりもない、ただ、ピエル・ソデリーニが職を辞し、メディチ家がフィレンツェに帰還して、共和国の法律と行政の下で、他の一般市民と同じように暮らすことを認めてほしい、と取り引きを申し出た。

その申し出はフィレンツェを二分した。賛成派は、一人の人間を守るために一国を危険に晒すのは間違いだ、一般市民として帰還したメディチ家に共和国の自由を脅かす力はないかもしれないが、フランス王から見放されたフィレンツェには、神聖同盟に抵抗するだけの力はない、と自分たちの立場を述べた。反対派は、スペイン軍が動いたのは、単にソデリーニを追い出し、メディチ家を一般市民と同じ扱いで帰還させるためだと考えるのは馬鹿げていると言って反対した。ピエル・ソデリーニが解任されれば、フィレンツェは、羊飼いのいない羊の群れのようになってしまうだろうし、スペイン軍の助勢を得たメディチ家にとって、共和国の敵を率いて大評議会を解散し、フィレンツェの自由を奪うことは簡単だろう。スペイン軍には大砲も食糧もないが、都市が最初の攻撃に抵抗すれば、副王はうまい口実を作ってやってくるだろう。だから、取るべき最も賢明な手段は、最後通牒をはねつけ、都市の自由を守る準備にかかることなのだ。

ソデリーニは大評議会を召集し、記憶に残る演説を残した。フランチェスコ・グイッチャルディーニが『イタリア史』で伝えている。(74)

副王の要求が私自身の進退のみに関わることであると判断しておれば、私は自らの覚悟にふさわしい決断を下していたでありましょう。私は、皆様方の利益のために命を捧げる覚悟でおりましたから、戦争による損害と危険を回避するために、たとえ皆様から与えられた職務を辞することになろうと、そうすることはきわめて簡単であります。また、長年、この職で多くの労苦と骨折りを重ね、心身ともに疲れ切っております。しかしながら、この要求には、私の問題以上のことが関わっているはずですから、敬愛する同胞諸氏と私は、一人ひとりの利益に関わる事柄を、公けの承諾なしに決定すべきではないと考えました。このように皆様に関わる重大な事柄を、他の事柄を取り扱うのを常とする決められた数の市民が決定すべきではありません。重大な決定を下す権利は、この国の主である皆様方にあるのです。私は、個々の問題について皆様にご助言申し上げるつもりはございません。皆様がどのようなご忠告とご判断を下されようと、決定されたことを私は称賛し、それに従うつもりでおります。私は皆様から頂戴した職務だけではなく、この身と命を皆様に献上いたします。そうして皆様方の安全のためにお役に立てるのであれば、望外の幸せでありましょう。副王の要求が皆様の自由に何をもたらすのかをお考えいただきたいのです。神のご加護により、皆様方がよい解決策を見出せますよう、お心が明るく照らされんことをお祈りいたします。メディチ家が、皆様方の法と行政官の決定を遵守し、一般市民としてこの町に暮らす心づもりがあるのならば、ともに祖国を一とするのですから、彼らの帰還は喜ばしいものとなるかもしれません。しかし、彼らの意図するところが別にあるときは、皆様は危機を警戒しなければなりません。自由を保持するために支払う代償や困難は大きいとお考えではないようですが、自由がどれほど貴重であるかは（口にするのもおぞましいのですが）、空しくも奪われたときにはじめてよく理解することができるのです。諸事情の形態、基盤が変わっていますから、メディチ家による政府が、追放される以前と同じであると考えてはなりません。当時、彼らはまるで一般市民のように私たちの前で振る舞い、得た地位によって富を増やし、誰にも傷つけられることなく、市民の好意を得て基盤を作り、有力者らと公的な事柄について助言し、自分たちの権勢が顕わになるとすぐさま市民のたしなみを用いてそれを覆い隠すことに努めました。しかし、今は、何年もフィレンツェ国外で過ごし、外国の、利口な習慣に慣れたために市民のことを考えてはおりません。追放され、受けた辛苦を心に刻み、富も乏しく、多くの家系から痛めつけられ、大多数の者が、いや、この国のほぼ全体が専制政治を憎悪することを知っていますから、市民の誰にも信頼を置くことはないでしょう。貧困と疑念にかられた彼らは、厚意や愛ではなく、力と武力を頼みとして、すべてのものを自分たちのものにするかもしれません。そうなれば、瞬く間に、この町はベンティボリオの時代のボローニャ、シエナ、ペルージャのようになってしまうでしょう。私がこのようなことを申し上げたいのは、ロレンツォ・デ・メディチの時代と政府が、厳しい状況で、ある種の専制政治であったとしても（他の専制政治より穏健であったかもしれませんが）、現在と比べれば黄金時代であったと称賛する人々に対してであります。今、皆様方は、祖国の安全を左右する賢明なる決定を下さねばなりません。私は、変わらぬ決意で満足してこの職を辞するか、皆様方が違う決定をなさった場合は、自由を保持し、守ることに邁進する所存であります。

大評議会は、メディチ家が一般市民として帰還することを承認したが、終身制正義の旗手ピエロ・ソデリーニを解任することは否決した。そして、出来うるかぎりの手段を講じ、必要とあらば命にも代えて皆の自由と祖国を守ると決定した。死に瀕した共和国が、市民としての最後の権威を見せたのだった。

しかしながら、高潔な志とは裏腹に、賢明な政治が伴わなかった。ソデリーニは、フィレンツェに重装騎兵三五〇、石弓と鉄砲で武装した騎兵五〇〇（マキァヴェッリの徴募による）、一万四〇〇〇の歩兵隊からなる軍勢を集結させることを決定し、スペイン軍が進軍する先であるプラートには、ルカ・サヴェッロ率いる正規軍歩兵隊約三〇〇〇と重装騎兵一〇〇騎を守備隊として派遣した。そして、国内の反乱から共和国を守るために、三〇人ほどのメディチ派をヴェッキオ宮に監禁した。

八月二十九日、重装騎兵二〇〇、歩兵五〇〇〇、大砲二門からなるスペイン軍は、プラート城門下に達した。だが、副王は、攻撃を仕掛けるどころか、食糧の不足を心配して、たったの大砲二門で城塞都市を攻略するのは困難だと考えたから、フィレンツェに新たな協定を申し出た。ソデリーニ解任は不問とし、メディチ家が一般市民として帰還することと、自分に三万ドゥカーティの金を渡すことを要求したのだった。返答を待っていたのは、腹を空かせた兵隊にパンが欲しかったからだった。それが共和国を救える最初で最後のチャンスだった。ところが、ソデリーニは講和を拒否し、交渉を先送りし続けた。いずれスペイン軍は退却するだろうと考えて、パンを送らなかった。

それは重大な過ちだった。八月三十日、飢えが極限に達したスペイン軍は、使用できるわずかな大砲を用いてプラートの城壁を攻撃し始めた。何時間かして六メートルほどの裂け目が開くと、軍勢は、守備隊の格好をした百姓たちに、憎悪と侮蔑をむき出しにして襲いかかった。空いた穴のそばには、小型の火縄銃と槍で武装した歩兵団が待ちかまえていて、城壁を降りてくる敵を阻止するはずだった。だが、そうはならなかった。フィレンツェの歩兵隊は、城壁の上に敵を見ると驚き混乱し、武器を投げ捨てて一目散に逃げ出した。なだれ込んだスペイン軍は、慈悲を請うフィレンツェ兵を文字通り八つ裂きにした。家屋に押し入り、暴行、拷問、殺害、略奪、放火の限りを尽くしたのだった。

プラート劫略で四〇〇〇以上の人々が虐殺された。当時の年代記作家は、スペイン軍のあまりの残虐非道ぶりに、それを目にするのを避けるために《明るい太陽は輝く顔を隠してしまった》と伝えている。マキァヴェッリ自身が、ある貴婦人に宛てた九月十六日付書簡に次のように書いている。《そこでは四〇〇〇人以上が死に、捕らえられた者たちは様々に代償を払うこととなりました。聖なる場所に身を隠した女たちも例外ではなく、暴行、陵辱されたのです》。

プラート劫略は共和国の終焉を意味した。殺戮を逃れた者たちがフィレンツェにたどり着き、自分たちが見た恐怖を語ると、町はパニックに陥った。自由を守るためには命も財産も惜しまないとソデリーニに約束した者たちは、今では、プラートを無防備にし、講和を拒否した彼こそ諸悪の根元であると糾弾するようになった。ソデリーニは孤立し、恐怖と罪の意識に苛まれた。彼の敵方はそれを見て取ると、攻勢に転じた。メディチ派の若者たちはヴェッキオ宮に入り、邪魔されずに正義の旗手の部屋へと進むと、ソデリーニに命を保証するかわりにヴェッキオ宮を立ち去るように申し渡した。ソデリーニは、最後のときにマキァヴェッリの方を向いて、フランチェスコ・ヴェットーリのもとに行き、自分の命を守ってくれるよう頼んでほしいと言って送り出した。すぐにヴェットーリはヴェッキオ宮にやってきたが、そこで見たのは《一人で恐怖に怯える》正義の旗手だった。ヴェットーリはソデリーニを自宅まで連れ帰り、その夜にフィレンツェから出立させて、シエナ方面に逃がしてやった。主を失った共和国は、再び昔の主人の支配下に戻ることになったのである。

第一四章　悲劇と笑い

運命は、時として癒しようがないほどの傷を与えるものだ。人生という物語は、それ以前とそれ以降とに引き裂かれる。そのような目に遭った者は、ある日を境にして、自分がもはや以前の自分ではないことに気づき、それまでに味わったことのない苦悩に苛まれ、自分自身の中に存在するとは思いもしなかった資質を発見し、世界や人間を冷ややかな明かりに照らして見るようになる。以前に比べてずっと強い自分がいる。あるいは、ずっと傷つきやすい自分がいる。いずれにせよ、違う自分がそこにはいるのだ。

大きな痛みは、生命の根を完全に枯らしてしまわないかぎり、小事をまるで風のように吹き飛ばし、大事を受容する心を残す。何よりも大切にした物を失った後もなお、笑える者がいる。それは挑戦の微笑だ。心を締めつける罪の意識を和らげることもない、温かさもない、口元で消える笑いなのだ。

これが、一五一二年十一月七日に政府から、もはや第二書記局の書記長でも、自由の十人委員会の書記官でもないという簡略な申し渡しを受けた悲しい日のあとに、マキァヴェッリが見せた微笑だった。同じ運命がビアージョ・ブオナッコルシの身にも訪れた。二人にとって一つの時代が終わり、その時代とともに、二人の友情も終わりを告げた。ビアージョは、それでもニッコロの便宜を図ってやり、最初に『君主論』、その後に『戦術論』の写しをとって、意地の悪い批判から彼を守ってやった。だが、ニッコロはその後はもうビアージョについて語ることはない。彼らの背後でヴェッキオ宮の扉が閉じられたとき、ニッコロが、書記局や家庭のことでいく度も助けてくれた友人に対して感謝と慰めの言葉をかけたことだろう、と私は思いたい。

マキァヴェッリを書記局から排除する決定は、ピエル・ソデリーニ追放後のフィレンツェに生まれた新しい政治体制の措置の一つとしてなされた。終身制ではなく、一四か月任期の正義の旗手として大評議会が選んだのは、有力者のジョヴァンバッティスタ・リドルフィで、彼は、当時のフィレンツェの歴史家たちが修道会の長と評価したサヴォナローラの支持者だった。

だが、フィレンツェの政治は、修道会の支持派ではなく、メディチ家によって支配された。彼らは、一般の市民と同じ立場であるという立て前で、一八年の亡命生活から祖国へ戻っていた。しかし、大評議会でピエル・ソデリーニが最後に行なった演説で予言したように、彼らに一介の市民の立場にとどまるつもりはなかった。九月十六日、広場を埋め尽くしたメディチ派支持者と兵士たちは、《集会を》と叫び、民衆による全体集会を要求した。

集会が開かれ、国の制度を改革する権限を有する約五〇人の市民からなる会議の設置が認可された。選ばれた市民は皆メディチ家ゆかりの者か、あるいは、「メディチ党」と呼ばれる者たちで、数日のうちにフィレンツェの自由を守る基盤を骨抜きにしてしまった。九月十八日には、軍事九人委員会を廃止し、マキァヴェッリが苦労して創設した常備軍を解散した。そのあと、ピエル・ソデリーニの流刑を宣告し、大評議会の解散を宣言したのである。

九月のこの数日の間、ヴェッキオ宮から追われる前に、マキァヴェッリが何を考えていたかを想像することは簡単である。新しい支配者たちが自分に何の仕事も与えてくれないので、することもなく椅子に座りながら、共和国が崩壊するまでの出来事と、統治者の地位にあった男、すなわち解任された正義の旗手ピエル・ソデリーニの責任について、思いをめぐらせたことだろう。彼の判断は辛辣である。九月十六日のメディチ政権成立の翌日に、前にも触れたが、ある貴婦人に宛てた書簡の中で、金を積めば副王ライモンド・ディ・カルドーナを満足させることができたものを、ソデリーニは和平提案を受諾しなかったと叱責している。マキァヴェッリは、ソデリーニが不幸な決断を下したのは、《賢明なる》人々の忠告よりも、《大多数》の気分に従おうとしたからだと強調する。

それから数年の時が過ぎても、彼の厳しい判断は変わらなかった。ソデリーニが、事の重大さが途轍もないことを察知できなかったのは、彼の善良な心と深い誠実さゆえである。人間としては尊敬と名声に値するけれども、彼が下した決断が共和国を崩壊させたのだから、政治家としては極刑に値する。マキァヴェッリは、『ディスコルシ』でそのような判断を下している。共和国の終焉について苦々しい思いが込められた注目すべきページである。

マキァヴェッリは、こう記している。ピエル・ソデリーニは、《自分が辛抱し、善意をもってすれば、ブルートゥスの息子たち（メディチ家の支持者たち）の旧体制に戻りたいという欲心を抑制できると考えていたが、その目算ははずれてしまった。彼は慎重であるから、この必要性を認識していたし、敵対する者たちの境遇や野心は彼に敵を排除する機会を与えてくれていたにもかかわらず、その心づもりはなかった。というのは、忍耐と善意をもってすれば、悪意を消し去ることができるし、敵の誰かに報償を与えれば、敵対心を減じることができると考えていたからである。そればかりか、（信頼を置く友人にはいく度となくそう断言してきたのだが）反対する者に激突し、敵対する者を打倒しようと思えば、自分が絶大な権限を有し、法律で市民の平等を壊す必要があるだろう、と判断したからである［……］。しかし、彼の考えは最初から誤りであった。人の悪意は時間によって抑えられるものでも、某かの贈り物で和らげられるものでもないことを彼は知らなかったのである》。こうして、ソデリーニは、共和国の敵に対して確固たる手段を講じることができないまま、《祖国を追われ、地位も名誉も》失ってしまったのだ(75)（『ディスコルシ』）。

マキァヴェッリは、ソデリーニの邪気のなさ、つまり、共和国を救うために必要だった悪をなす能力がなかったことを叱責する。ソデリーニが亡くなった日の一五二二年六月十三日にも彼を非難し、のちに有名になった詩を書いた。

ピエル・ソデリーニが死んだ夜
その魂は地獄の門にやってきた
冥王が声を上げた。地獄だと？　馬鹿な奴だ、
赤ん坊らといっしょに辺獄へ行け(76)（『文学作品集』）

それは冗談、いわば悪ふざけだったが、共和国の崩壊によって二人の間にはもはや埋めることのできない溝が生じていたことが察せられる。そしてまた、マキァヴェッリにとって、真の政治家が死後に行くべき場所は地獄であったことがわかる。しかも、それは罰ではなく、ご褒美なのであり、天国よりも地獄の方がずっと面白いというのが彼の持論であったし、あるいは、少なくともそう言って楽しんでいたのだ。

しかし、一五一二年の秋は、天国や地獄を笑う気にはならなかった。先頭に立つ貴族たちは皆、彼をソデリーニの《手下》（道具、仲介人）とみなしていて、ヴェッキオ宮から追い出そうとしていることはよ

くわかっていた。唯一の希望があるとすれば、それはメディチ家の庇護を仰いで、自分を貴族たちの魔の手から守ってもらうことだった。自分の政治的体験が彼らの役に立つことを知ってもらわねばならなかったから、彼は自分が持つ唯一の事柄、つまり自分が賢明な助言者であることを伝えようとする。九月二十九日、ジョヴァンニ枢機卿に書状を書き、一四九四年に共和国に没収されたメディチ家の領地を回復する諸策について、穏便で寛大な方法を助言したが、感謝されることはまるでなかった。再び十一月初旬には、近年の編集者が『メディチ党に告ぐ』とタイトルを付けた長い文書を執筆して、ピエル・ソデリーニの所業と名を憎むことは何の利益にもならない、そのような戦略は《有力市民》の力を増大させ、自分たちの力を弱めることになるとメディチ家に説いた。

今度は返答が届いたが、それは十一月七日付で彼を書記官から解任するという決定だった。十一月十日にもう一通の返書が届き、フィレンツェ領内に留まる期限は一年であることと、保釈金一〇〇〇フィオリーニの支払いが通告された。さらに、十一月十七日にもう一通が届き、一年間のヴェッキオ宮への出入り禁止が命じられた。処罰の程度が予定通りのものだったかどうかはわれわれにはわからないが、もちろん、これ以上に残酷な仕打ちはなかっただろう。命であった書記官の仕事を彼は奪われてしまった。旅をし、新しい地平線を眺めることをこよなく愛していたのに、領内に閉じ込められたのである。ヴェッキオ宮は彼の本当の家だったのに、眼前で扉は閉ざされたのである。

ところが、軍隊の給与支払いに要する莫大な金の管理法を説明するために、彼はヴェッキオ宮に戻らねばならなかった。かつて書記局で彼の補佐役だった者たちが、手紙や冗談でいく度も死ぬほど笑わせてやったその彼らが、今では、ヴェッキオ宮の中で先に立ち、一フィオリーノずつ説明することを要求するのだ。その中にいたのが、後任のニッコロ・ミケロッツィで、ずっとメディチ家の従者だった彼は、国の新しい主人に報告するために調査していた。その調査は十二月十日まで続いたが、不正な行為は何も見つからなかった。マキァヴェッリは大金を預かりながら、非の打ち所がないほど正直に共和国に尽くしていたのだった。一四年が過ぎて、その見返りに彼が得たものは、これまでにない貧困だった。悪いことはそれで終わらなかった。

憎悪と疑惑が渦巻くフィレンツェで反メディチの陰謀が発覚した。首謀者はピエトロ・パオロ・ボスコリ、アゴスティーノ・カッポーニ、ニッコロ・ヴァローリ、ジョヴァンニ・フォルキだった。共謀者の結束がそれほど堅固でなかったからか、仲間の一人、おそらくボスコリが、二〇人に及ぶ反メディチ派全員の名前が書いてある紙片を紛失してしまった。そこにはマキァヴェッリの名前も書いてあった。八人委員会は彼を捕らえるために警備隊を家に遣ったが、誰かが知らせたのか、それともただの偶然かはわからないが、自宅に彼の姿はなかった。その後、彼の居場所を知る者は一時間以内に通報すること、さもなくば、叛乱の罪に問われ、財産を没収するとの通達が出された。

八人委員会に出頭したニッコロは投獄された。監獄の中は湿気がひどくて、暗く寒かった。人間の排泄物や膿んだ傷口の不潔な匂い、そこらにいるシラミやねずみ、扉の鍵が閉まる音、手錠や足かせの鎖が擦れる音、拷問に苦しむ囚人の悲鳴。彼の命はまさに風前の灯火だった。捕えられた他の誰かが一言言えば、彼は監獄で命を失うか、死刑執行人の手斧の下に送られることになるのだった。ジョヴァンニ・フォルキは、マキァヴェッリと何度か正義の旗手ピエル・ソデリーニの行為について話をしたが、それは国政の問題よりも戦争のことについてだったと明言した。そして、マキァヴェッリの考えでは、新体制は大変な苦労を伴えば維持することができるだろう、《舵を取る者がいない》し、メディチ家をフィレンツェに復帰させた神聖同盟が《おそらくいつかは崩壊するかもしれない》からだ、と付け加えた。

これらの証言は、マキァヴェッリが謀反に直接加担したことを証明するには不十分だった。だから、彼らは拷問によって自白を引き出そうと試みたのだった。彼の両手を後ろ手に縛って、天上に固定した滑車で体を吊り上げ、それから突然に落とし、地面の際で止めた。それは関節を脱臼させるための拷問で、綱の拷問、あるいはつり落としの刑と呼ばれた。彼は六度つり落とされたが、自分の命を危険に晒すことは何も言わなかった。当時の裁判の手続きにおいては、たとえ拷問によって得られたものであろうと、自白は証拠の女王とみなされていたからである。自白がなければ、裁判官は有罪を確信することはなかった。

マキァヴェッリは、謀反人の罪状が真実であれ、嫌疑だけであれ、新体制が情け容赦ない処罰を下すことを他の誰よりもよく知っていた。メディチ政権もその例外ではないことを、二月二十三日の未明、絞首台に向かうピエトロ・パオロ・ボスコリとアゴスティーノ・カッポーニに手向けた葬送の歌を独房で聞いたときに悟ったのだった。

ピエトロ・パオロ・ボスコリは、ルカ・デッラ・ロッビアとポンタッシエーヴェの修道士チプリアーノに慰められて、その夜を祈りを捧げて過ごした。彼はキリスト教徒として死ぬことを望み、謀反を企てる動機となった美しき君主謀殺案を、頭から消し去ろうとした。アゴスティーノ・カッポーニは、最後まで無実を叫んでいたが、神の加護にすがった。そのあと二人は、黒装束隊が葬送歌を歌う中を死刑執行人の前へ引き出された。執行人はピエトロ・パオロ・ボスコリの首を一撃ではね落としたが、アゴスティーノ・カッポーニには二度斧をふり落とした。

葬送の歌と、死んでいった二人の若者への思いが、マキァヴェッリに敬虔な気持ちを抱かせることはなかった。それどころか、その日の夜か、少し後に、辛辣な言葉を残している。《……明け方眠り覚めぬときに／聞こえた歌は「あなたのために祈りましょう」／さあ、行くがよい、このよきときに》[77]（『文学作品集』）。

なぜ彼は、このような伝記作者たちをぞっとさせるような皮肉に満ちた言葉を書いたのだろうか？　この言葉を書いたときのマキァヴェッリは、たった数か月の間にヴェッキオ宮の行政を司る部屋からバルジェッロ監獄の独房へとすべり落ちていった男だった。両手両足を鎖でつながれ、拷問で関節をはずされて、自分がボスコリやカッポーニと同じ運命をたどることになるのか、それとも、謀反に巻き込まれた他の者のようにフィレンツェ領内のどこかの塔に幽閉されることになるのかわからなかった。これらすべては、フィレンツェを独裁から解放することを願い、支持を取り付けられそうな者の名前を書き残してしまうくらいに軽率な、一部の若者たちの短慮から起きたことだった。彼らの行動は、マキァヴェッリにとっては一顧するだに当たらなかった。彼らの理想や感情には何の意味もなかったし、その先彼らの命がどうなろうとどうでもよかった。彼が気になったのは、修道士や黒装束隊の面々だけだった。

だから、《さあ、行くがよい、このよきときに》という冷たい言葉を、ジュリアーノ・デ・メディチに宛てて慈悲を請い、窮地にある自分を助けてくれるように願って書いたソネットの中に記したことを忘れてはいけない。自分への慈悲を請いながら、ジュリアーノ殺害を企んだ者に同情する言葉を書けるわけがないではないか。現にその言葉のあとにこう続けている。《あなたのお慈悲を私に頂戴できますように》。彼の言葉の意味するところは、あなたのお慈悲がいただけるなら、ボスコリとカッポーニは死んでもよいということである。死に直面し、わが身を救うためになりふり構わず立ち回る男なのである。

この言葉よりもさらに驚かされるのは、メディチ家に助けを請うために彼が二つのソネットを書いたことである。牢獄で人が物を書くのは、受ける罰の意味や理由を探すためか、あるいは、自分自身を再発見したり、心の奥底に抵抗する力を探すためである。特に、マキァヴェッリのような場合には、助けてくれそうな者に手紙を書くものである。けれども、その場合は、自分自身の惨めさや、牢獄や拷問を笑うソネットではなく、真面目な手紙を書いて同情をひくよう努めるものだ。

ところが、マキァヴェッリは、こう書くのである。足に二本の太縄、《肩に六度のつり落としを受けた》私、《他の悲惨なこと》については申しますまい。ともかく、詩人ならばこんな風には言わないはずだが！私の独房の壁には、蝶のように大きなシラミがいる。死体で覆われたロンチスヴァッレの戦場や、捨てられた動物の死骸が腐ったままのアルノ川よりもひどい臭気だ。そして皮肉を完結させるために、自分の独房のことを、鍵や掛けがねの陰鬱にきしむ音と拷問される者たちの悲鳴が聞こえる《上品な宿舎》と呼ぶのである。

彼は涙を見せずに、口元に微笑を浮かべて慈悲を請う。恐怖を感じ、苦痛を味わい、不安に苛まれ、心は憎悪で溢れんばかりであるのに、それでも微笑んでいる。まず自分自身とその立場を笑うが、他にどうすることができたというのだろう？　だが、自分を責め立てる権力者たちのことも笑う。立場上許されないから、あからさまには笑うことはないし、あざけり笑うこともしないが、牢獄も、拷問も、他のどんな懲罰も彼を屈服させたり、あるいは彼を謙虚で、従順で、敬意を払う男にはできなかったことを見せつける。要するに、彼を別の人間にすることはできなかったのだ。彼がソネットで言いたかったのは、自分が以前と同じ人間のままで、まったく変わっていないことだった。自分はまだ、皆が知っている冗談好きの、不遜で、人を小馬鹿にした《マキァ》である。私は《ダッツォ》、つまり、フィレンツェで大流行したぱっとしない文学者のアンドレア・ダッツィではなく、《私なのだ》と、ジュリアーノ・デ・メディチに宛てて書いた二つめのソネットに書いている。私はニッコロ・マキァヴェッリである、だから自由放免に値するのだ。そのソネットは、よく読んでみると、慈悲の嘆願書というよりも、どんな代償を払ってでも自分自身でありたいと願う男の、唇に微笑を浮かべた要望書である。

予期せぬ運命のおかげで悪夢は終わりを告げた。あの恐ろしいユリウス二世が亡くなり、一五一三年三月十一日にジョヴァンニ・デ・メディチ枢機卿が教皇レオ十世として選出された。フィレンツェ人は、これでローマと存分にうまい商売ができる、新教皇が同胞に便宜を図ってくれるとばかりに歓喜に沸いた。たった一日で皆がメディチ家の信奉者となった。今や自身の権力に安んじたメディチ家は、寛大な措置を行ない、謀反の罪に問われた者たちに恩赦を施したが、ニッコロ・ヴァローリとジョヴァンニ・フォルキは例外で、ヴォルテッラの塔に幽閉されたままだった。

三月十一日か十二日に、ニッコロも釈放された。フランチェスコ・ヴェットーリ宛の三月十八日付書簡に、自信と勇気あふれる精神力で多くの刑罰に耐え抜いたことに自分自身が驚いていると書いている。見せかけの謙遜ではなく、自分自身を評価している。《幸運の女神に顔を向けることができるなら、私の苦悩を喜んでもらいたい。私は素直にそれを受け入れたから、自分を誇りに思っている。だから、自分は考えていた以上の人間だと思う》。

牢獄から出てきた男は、そこに入ったときと変わらない、怖ろしい経験でさらに強くなったマキァヴェッリだった。おそらく彼は、待っていた友人らを安心させようとして、いつものふざけ笑いで自分が変わっていないことを見せたことだろう。他の皆とともにメディチ家への賛歌を唄わないで自分を待っていてくれた友人が、たとえ数人しかそこにはいなかったとしても。

第一五章　生きていると思えること

牢獄を出たマキァヴェッリは、自分は何を置いてもかつて共和国書記官だった男なのだと実感した。だから、一五一三年四月付の書状に《元書記官》と署名した。元書記官というその新しい肩書きは、もう一枚の皮のようにまとわりついた。彼は、そのことに心の奥底から苦しみ悩んだが、あの生きている充実感と、国の当局から与えられた大きな仕事をするあの歓びを、もう一度味わってみたかった。少なくともその一部ならば、限りなく美しい文面を綴るときに、どちらも味わえるはずだった。しかし、そのページを書く前から、そして書くほどに、苦悩はどんどん大きくなって、自分をさらけ出すことに躊躇する思いを凌ぎ、時折、彼に愛情や不安や恋愛を語らせた。だから私たちは、書記官という仮面の裏に隠れた男を傍らで理解することができる。私たちは、彼の手を借りて、あの不可解な微笑の謎をさらに読み解くことができる。

牢獄から出た彼は、すぐにでもヴェッキオ宮に戻るつもりだった。そのことを友人のフランチェスコ・ヴェットーリに打ち明けたのは、ソデリーニ時代の元共和国書記官に何か政治的な任務を与えてくれるよう教皇レオ十世に口添えしてくれることを期待してのことだった。だから、頼み事としてではなく、自分の能力をわかってもらえるように自分のやり方で依頼した。三月十八日付ヴェットーリ宛の書簡に、もし現在の私たちの新しい主人が私を野に放つことはしないと決めてくれれば《私はうれしい》し、彼らにも益となるように振る舞うつもりだが、たとえ私に何も与えないとの決定がなされても、《私は貧しい生まれで、楽しむことよりもまず苦しむことを学んできたのだから》、この世に生まれ落ちたときと同じように生きていくだけだと書いている。

その一方で、彼はフィレンツェが持つ例の明るい雰囲気に染まりながら、日々の生活を楽しむことに努めていた。友人たちとともに、《活力を得るために若い女が何人か》いる家へ毎日通ったと言っている。牢獄での苦しみを味わったあとは、まるで夢のように、生きる歓びこそ素晴らしいと思えたことだろう。だが、友人たちは変わってしまった。四月十六日付ヴェットーリ宛の書簡に、《遊び仲間》は《ばらばらになってしまったようだ》と書いている。私たちが集まる場所はもうないし、皆気持ちが離れてしまった。たとえば、トンマーゾ・デル・ベーネは、《変人で、がさつで、怒りっぽくてみすぼらしい》から、君がローマから戻ってきたら、《別人》に思うだろう。マキァヴェッリは続ける。彼はけちになってしまって、七リッブラの子牛肉を買うのに使った金を取り返すために、友人たちに自分の家に食事に来るよう頼むくらいだ。同情もあって、その招待を受けたマキァヴェッリは、具体的に言えば、友人二人と連れ立ってトンマーゾの家へ食事に行った。食事が終わって代金を支払う段になり、支払いは一人あたり一四ソルディだった。ニッコロは、一〇ソルディしか持ち合わせてなかったから、四ソルディの借金が残った。この金のことについてニッコロはヴェットーリに、トンマーゾは毎日私を悩ませるんだ、昨日もヴェッキオ橋の上で催促されたと書いている。

そのあと、彼は、ある友人のことを語り出す。妻を亡くしたその友人は、打ちのめされた魚のようだったが、やがて元気になり再婚することになった。新しい店を開いた別の友人、ドナート・デル・コルノは、元の店と新しい店の往復に一日を費やしていて、《馬鹿みたいなことをしている》。また別の友人、フィリッポ・カザヴェッキアは、仲間の一人ジュリアーノ・ブランカッチがローマのある計画を邪魔したからといって仲違いしている。彼は、人間的な喜劇がいつも自分を楽しませてくれるから、自分の感情や気分を交えて笑いながら物語る。すべてを失った今は、それが彼に残された唯一の逃げ場なのだ。

けれどもそれは、涙を隠した笑いである。最後に、二人の友人のあさましいもめ事を語ったあとすぐに、ペトラルカの詩を引用しながら、彼自身がそう告白している。

だから、いかなるときも私が笑い、歌うのは
そうする他にしようがないから
辛い涙を隠すには

笑う一方で、彼の心は苦悩と怒り、希望と恐怖に締めつけられる。涙は、笑いよりも彼の苦しみを和らげるかもしれない。日付のない詩の中でそう語るが、それはペトラルカの詩と自然に融合したように見える。

私は望む。されば希望は苦悩を増す
私は泣く。涙は哀れな心を癒す
私は笑う。されど私の中に笑いはない

私は燃える。されど炎は外から見えない
私は見るもの、聞くものすべてを怖れる
すべては私に新たな痛みを与えるから
こうして望み、涙し、笑い、燃えるのは
聞くもの、見るものすべてを怖れるから(78)(『文学作品集』)

心に響くことのない、涙を隠した笑いである。これがマキァヴェッリの微笑である。冷笑でも嘲笑でもない、むしろ、涙を覆い隠すための仮面であり、この世の悪意や卑劣さに直面し失意にある、あきらめた彼を周囲の視線から守るための覆いである。それはほんの休息にすぎないが、一日をやり過ごすにはほどよいのだ。

笑いだけで足りないときには、情熱や欲望を抑える必要がある。ニッコロは、牢を出てから数か月のうちにその術を身につけた。ヴェットーリ宛四月九日付書簡で打ち明けている。私は《もう何事も情熱的に望まない》ことに慣れてしまったし、この先自分の欲するものが手に入らなくても、《いかなる苦痛も感じない》。彼にとっては情熱的に物事を望んだりしないことに慣れる方がよかったのである。教皇付き大使のフランチェスコ・ヴェットーリは、それほど狡猾でなく、イニシアチブの取れる人間ではなかったし、彼の置かれた立場を客観的に考えても困難だったから、マキァヴェッリのことも、他の者も助けてやることができなかった。ヴェットーリが、自分で意識しないまでも、ニッコロに対してできたおそらく唯一の手助けとは、その希有な頭脳を明晰にしておくように、そして国家の諸事情を引き続き熟考するようにと言って慰めてやることだった。ヴェットーリは、三月三十日付書簡で、世の中が自分の理論をあざ笑うかのように別の道を進むことばかり続いたので、《冷静に論争すること》、つまり、政治的諸事情を予測し、理性的に推測することに嫌気がさしたと打ち明けている。ニッコロは、次のような言葉を返信した。

論争や意見を重ねても、それをよそに物事が進むのを繰り返し見て、貴兄が論じることに嫌気がさしてしまったとしても、それは正しいのです。同じことを私も体験しました。だから、貴兄に話せることが私にあるとしたら、（架空の）城の話をして貴兄の頭を満たすことくらいでしょう。幸運の女神がそうされたのですから。私は絹織物組合や毛織物組合、また、収益や損失のことに明るくありませんから、国の諸事情を論じたいと存じます。私には、沈黙を守るか、それとも、国を論じるかのどちらかしかないのです[79]（『書簡集』）。

ニッコロは、政治の世界から排除されてしまった悲しさをヴェットーリに吐露する。友人に、そして私たちに、国家の諸事情に最も大きな情熱を傾けていたことを露わにする。それなのに我慢し続けて、行なわれたばかりの教皇選挙に関する友人の考えに返答しようとはしなかった。彼が我慢したのは、行動することも、助言を与えることもできないまま政治について話すのは、苦痛でしかなかったからである。けれども、一五一三年四月一日に、スペイン王が、一見したところスペイン側に何の利益ももたらさない休戦協定をフランス王と結んだ理由について、再度、友人が彼に説明するよう求めてきたときには、その誘惑に屈した。それ以上黙っていることができずに、再び政治について話すことを受け入れた。まだ当分の間は、自分が政治の職務に戻ることはできないだろうと悟ったからである。そんな状況でフィレンツェに暮らすことは耐えられなかったから、父ベルナルドが田舎に残してくれた、ペルクッシーナのサンタンドレアにある家に移り住むことを決めたのだった。《どんな輩からも》離れているからだった。だから、力を込めて《生きていると思えるから、貴兄に耳を傾けてのことだ》と答えた。

手紙の中で、君主や皇帝、教皇、領民たちの行動の目的と結果を論じるとき、ニッコロは生き返った。次々と彼が書き記した、力強さと苛立ちや怒り、重い戒めに満ちた文面からは、彼の頭脳がどう働いているかが、まるで手で触れるかのように伝わってくる。彼は外見をまったく信用しないし、ましてや、どんな権威もなおさらのこと受け入れようとはしない。目に見えるもののみを信じ、相応の理由に裏付けられると考えた意見のみを自分のものとする。ヴェットーリは、政治学の第一の書物であるアリストテレスの『政治学』を引用して、スイス人はミラノ公国の統治者となって以来、イタリアを支配したが、その勢力を怖れることはない、と説こうとした。それに対してニッコロは、同盟共和国についてアリストテレスが言ったことなんて知らないし、自分に関心があるのは、《理性に照らして存在するかもしれないと思われる事柄と、現に存在する事柄と、過去に存在した事柄》だけであると論駁した(80)(『書簡集』)。

《過去に存在した事柄》とは、つまり、歴史の教訓である。彼はヴェットーリに、古代エトルリア人の例が示すように、同盟共和国であっても広大に領土を拡張し、アルプス山脈に至るイタリア全土の支配者となったことを歴史は教えている、と説いた。共和国や元首が、領民を武装させただけで偉業を成し遂げてしまったことも、歴史は教えている。だから、スイスは領民からなる軍隊を持っているが故に、スペインやイタリア以上に強力になるかもしれないと考える必要があるのだ。

マキァヴェッリは、歴史と経験に自負心があったが、真実を独断的に言い張るつもりはなかった。ヨーロッパ諸勢力の間で和平協定を交わす可能性について論争するとき、頑なにならずに理性に耳を傾けるマキァヴェッリの姿勢を、ヴェットーリ自身が認めている。それは、彼の性格というよりも、彼の中に、政治の諸事情を論じる者は、誰でも必ず個人的感情に左右されたり、あるいは規定されるという自覚があったからだった。このことは、政治における判断や予測とは、論駁できない真実ではなく、おおよそ起こりそうな事柄の推測にすぎないことを意味している。真実を手に入れたいと切望するのは、ニッコロとは違って、書物のみで政治を学んだ者のすることなのだ。

ヴェットーリとの政治論争は、ある意味、国の大事にまだ関わっているという幻想を与えてくれたから、彼は生きている実感が得られた。その一方で、自分はサンタンドレアの田舎に隔絶され、どうしようもないくらい遠くにいるという気持ちが強まって、それが彼を苦しめた。東方との商売に携わる甥のジョヴァンニ・ヴェルナッチに、《私は身体は元気だが、他はすべて最悪だ》と書いている。マリエッタは、その八月に女の子を産み落としたが、その子は生後三日で亡くなった。幸運は彼の傍にはなかった。

そんなひどい年の一五一三年に交わされた書簡の中で、ニッコロとヴェットーリは、政治の他に自分自身のことを話し、一方はローマ、もう一方はペルクッシーナのサンタンドレアで過ごした日々のことを語った。ヴェットーリは退屈で疑い深く、失望し、夢を諦めた男だった。政治にあるのは《儀式、虚偽、作り話》だけで、卑劣さに満ちた世界だと考えていた。教皇庁にいるとき、教皇様と多くて二十語、ジュリオ・デ・メディチ枢機卿と十語、ジュリアーノ・デ・メディチや、レオ十世の私設書記官ピエトロ・アルディンゲッリとは六語ほど言葉を交わすだけだった。大使と面会するときは、さして重要でない情報を交換し、フィレンツェには、四日毎に新しい情報をいくつか断片的に書き送るだけだった。任務を帯びたマキァヴェッリが十人委員会宛に書き送った報告書と比べて、なんという違いだろう。

ヴェットーリは宗教心に篤い男だった。祝日には、《私はミサに参列する。時折さぼる君とは違う》とマキァヴェッリ宛十一月二十三日付書簡に書き記している。彼は古代の歴史家が著したローマの歴史書、特に、皇帝の恐怖について書かれた物を好んで読んだ。読書をしては、《世界を震撼させた町》、ローマが歴史の中で耐えた数々の苦難に思いをはせた。だが、憤りの感情も、偉大な古代ローマを復活させたいという意欲も、彼の中に生まれることはなかった。

読書以外に、政治の退屈さを紛らわせてくれる気晴らしは、ローマ郊外へ馬で出かけたり、ジュリアーノ・ブランカッチやジョヴァンバッティスタ・ナージと馬鹿話を交わしたり、高級娼婦たち、特に《ほどよく美しく、話が楽しい》女とつきあうことだった。彼には何人かそういう女性がいるのが常だったが、夏のローマの空気が体に悪くて《自重した》とマキァヴェッリに語っている。彼は友人を客人としてローマに招こうと思い立ち、《君に気に入ってもらえそうな女性が近くに暮らしている。貴族の家筋だが、用を足してくれる》と書き加えている。

ヴェットーリの美しい隣人との関係を想像して、ニッコロは喜んだかもしれないが、すぐにそんな考えは打ち消した。あまりにも危険だった。ローマには、フランチェスコ・ソデリーニも、ピエル・ソデリーニもいたし、ピエルはしばらくの間に完全に許されて、名誉を回復していた。もしローマに行けば、彼らのもとを訪れることになるだろうし、そうすれば、フィレンツェに戻ったときに馬から下りるのは自分の家ではなく、すでに経験済みの牢獄ということになりかねない。たとえメディチ体制が盤石であったとしても、まだ新しい体制であるから何でも疑ってかかる。あのような体験をしたあとは、過ちを犯さないように十分に注意しなければならない。

だから、ローマへの招待を断ったのだが、ヴェットーリが手紙の中でそれとなく、ペルクッシーナにあるサンタンドレアの田舎で過ごす一日を話してほしいと仄《ほの》めかすので、その催促を受け入れた。そうしたのは、自分の立場が《もし貴兄が自分と立場を替わってもいいと思うなら、私は喜んでそうしたい》くらいにきわめて悲しいことを、友人にわかってほしいからだった。また、それだけではなくて、自分の不運に対する思いを打ち明けるため、自分の頭の中は今でも国の事でいっぱいで、政治の大舞台で再び役をもらう用意ができていることを友人にわかってもらうためでもあった。

というわけで、彼は自分の一日を語ったが、ヴェットーリの話とはまったく対照的だった。ヴェットーリの一日は、富と名声を背景に展開するが、退屈で、目新しさに欠け、お決まりの見せかけの敬意に満ちていた。ニッコロの一日は、田舎の貧しさと、孤独、敗北を背景に展開し、激しい感情や壮大な考え、何かを成したいという欲求、常套句や蔓延する卑劣さに挑みたいという気持ちに溢れていた。ヴェットーリの物語は、単調で陰うつな調子で始まった。マキァヴェッリの話は、森で過ごす一日の描写から始まり、居酒屋での賭け事の話になると穏やかな調子から一転活気づき、家族との粗末な夕食の話になるとまた元気がなくなった。そして、古代の偉人たちと偉業について対話しながら過ごした夜の思い出を綴り、堂々と締めくくった。彼らこそ、真実の話ができる、本当の自分を理解してくれる唯一の人々だった。

《私は山荘で過ごしている》。そうニッコロは語り始める。当時の、いやそれ以前から、一般のフィレンツェ人にとって《山荘で》暮らすことは、仕事や町の喧噪から離れて、静かに勉学や瞑想にふけり、田舎でのんびりと過ごすことを意味した。だが、ニッコロは、自分が愛する生活を仕方なしに諦めたのだった。田舎の文学逍遥や、哲学や宗教の瞑想、平穏な田舎の生活には何の興味もなかった。彼は、街路や、広場、アーケードやベンチのある町が好きだった。誰かといっしょに、日々の出来事を笑い、国の大事に関わることが好きだった。

田舎暮らしが自分にどれほど不釣り合いかを友人にわかってもらおうとして、少しでも時間があると、鳥もちを使ってツグミを《捕えに》行ってては暇つぶしをしていると話す。鳥もちを塗ったニレの小枝に鳥がかかり、もがけばもがくほどからみついて動けなくなる。《夜明け前に起きて、鳥もちの罠を仕掛け、鳥かごを背負って歩く私の様子は、まるでアムピトリュオンの本を持って港から戻ってくるジェータみたいだった》と書いている。ほんの数か月前まで共和国書記官だったマキァヴェッリが、ツグミを獲るために夜明け前に家を出て、十五世紀の物語に出てくるアムピトリュオンの召使いジェータのような格好で鳥かごを背負って歩くのである。これほど馬鹿馬鹿しくて滑稽で、それでいて胸の痛むことを想像するのは難しい。マキァヴェッリ自身が、《煩わしくて奇妙》なその暇つぶしのことを、腹いせにやっていることだし、自分の仕事ではないから不自然で、なじめないと言っている。だが、その暇つぶしは《煩わしくて奇妙》かもしれないが、ツグミの渡りが終わってしまうと寂しいとヴェットーリに打ち明けている。これほどたわいのない、これほど自分の気性に合わない遊びでさえ、今ではニッコロの暮らしの中で価値を持つのである。彼の毎日が無意味なものであったことを、友人に、彼自身に、そして私たちに知らせるには、それが一番よい方法だった。

それに加えて、あるのは人間の卑劣さだった。書記官だった頃に彼を悩ませたその卑劣さが、田舎暮らしの中でも彼を苦しめる。もうツグミ獲りには行かなくなったから、《日が昇ると起床し、森へ行って木を切らせる》とニッコロはいつもの一日を書き始める。当地では、前の日に木こりのした仕事を確認しないといけないし、毎日、仲間内や近くの森で働く別の木こりとの間で起きる諍いやけんかの仲裁に時間を無駄にしないといけない。ニッコロは、もちろん、自分が使用する分と、特に、売るための木を切らせたのだが、さらに面倒でやっかいな問題が生じた。ニッコロの話では、フロジーノ・ダ・パンザーノが《私に断りもなしに薪を取りにやってきて、代金を一〇リラにしてほしいと言うのだ。四年ほど前にアントニオ・グイッチャルディーニの家で仲間と賭け事をして彼が私からせしめた金額だ》。もっとけちなのはトンマーゾ・デル・ベーネで、フィレンツェで北風が吹き始めた頃、薪を取りにやって来た。彼は薪を手に取ると、場所をとらないようにまとめて積み上げて、ニッコロが考えていた値段の半値にするように言った。ニッコロの話では、トンマーゾは木を積み上げるのに、《女房、子供、下働きの者》総出で働かせて、その姿はまるで、フィレンツェで有名な肉屋の《ガッブッラ》が、《木曜日に人を使って牛一頭さばいているように》一生懸命だった。薪を売っても稼ぎにならないことを知ったニッコロは、その商売をやめる決心をして、もう売る薪はないと皆に言った。

彼はさらに手紙を書き続ける。私は森を後にして《泉に向かう》。そして、そこからツグミ獲りにはもってこいの場所へ行く。木こりたちや木を欲しがる友人たちとのいざこざに辟易した彼は、人里離れた場所に逃げ込み、家を出たときから持ち歩いている本を読む。ダンテ、ペトラルカ、あるいは、ティブルス、オウィディウスなどのラテン詩人の書物である。《私は彼らの情熱的な恋愛物語を読むと、自分のことを思い出して、しばしの間幸せな気分に浸る》。彼の慰め、楽しみは、恋の詩を読み、自分の恋愛を思い起こすことだった。どの恋愛のことだろう？　ポンテ・デッレ・グラツィエの近くに暮らしていた女、リヨンで出会ったジャンヌかジャンナとかいう女、リッチャと呼ばれたルクレツィアのことは私たちは知っている。だが、どの女との関係も、本物の、これぞ愛だと言えるものではなかったのだろう。今にその痕跡は残っていなくても、他にも恋をしたことはあったはずだが、それほどのことでもなかったのだろうか。あるいは、時間の経過とともに、恋の思い出が心を揺さぶるようなものでなくなったのかもしれない。ところが、あばら屋と呼んだ隠れ家で、また新たな愛が生まれたのである。これからその話をすることにしよう。

だが、まずは、ニッコロが見せてくれた心の大切な面を胸に留めたまま、手紙の残りの部分に戻らねばならない。彼にとって愛とは、文学的想像ではなく、心を揺り動かし虜にする情熱を育んでくれるもので、人生の淋しさや人間の悪意に対抗するための一種の解毒剤だった。マキァヴェッリは、不敵な笑いで固めた冷酷な心の持ち主として描かれてきたが、人生の最も暗い日々においては、自分の恋愛を思い出し、詩人の恋愛物語を読むことに歓びを見出したのだった。

手紙に書かれた次の場面は居酒屋で展開し、そこで彼は貪欲なまでに好奇心を見せる。《私は居酒屋へ向かって歩いて行き、道行く者たちと言葉を交わし、土地の情報をたずね、様々な事情を知り、人間の嗜好や想像力が多種多様であることを発見する》。親しみを感じる場面である。彼は、世界をまわっていたときに同じことをして、この世が多様で変化に富むことを知り、理解し、楽しんだのだった。

そのあと家に戻り、《私の仲間》と呼ぶ、妻と子供たちとともに食事をとる。《君も知ってのとおり仲間たちは、ばらばらになってしまった》と四月十六日付書簡に書いた、遊び仲間を言うのに充てた《仲間》という言葉を自分の家族に使っているのは面白い。自分の家族は、社会階層に従って組織化された集団ではなく、貧しく苦しい暮らしの中で結束した小さな友人の集まりだとでも言いたいかのようである。残念なのは、食事について、食卓の食べ物は《粗末な山荘》と非常に貧しい家長が供せるものだとしか言っていないことである。彼が父親としての片鱗を見せてくれるまでに、私たちはまだ何年か待たねばならないらしい。

昼食のあと再び居酒屋に戻り、今度は、店の亭主、肉屋、粉ひき屋、れんが職人二人とバックギャモンの一種である《すごろく》に興じる。その場面は実に面白い。すごろく盤についたマキァヴェッリは、他の常連たちと《何度も言い争い、腹いせに罵声を繰り返し》浴びせかけた。銅貨一枚を賭けて交わされる大声は、静かな冬の午後だから、サンタンドレアから二マイル離れたサンカッシアーノまで聞こえたかもしれない。そう想像するのは楽しいが、彼にとってはさほど面白くない経験だっただろう。確かに、賭け事に興じ、口論することで、《頭に生えたカビ》を拭い、憂さを晴らすことができたが、それは愚かしく、品位を貶める気晴らしだった。自身の心情を表すのに、《私は役立たずになる》という動詞まで作って、ごろつきに成り下がり、下劣さにまみれ、気を紛らわせていると言っている。自分の立場に対して感じる怒りを吐き出すためにそうするのである。幸運の女神が、彼の運命の輪を下に回したのに満足して、最後にはそれを恥じて、上に回すよう決めてくれることを彼は望んでいたのだった。

居酒屋に夕闇が迫る。家に帰る時間である。だが、ここにニッコロの言葉を残しておこう。

夕方になると帰宅し、自分の書斎に入る。入口で泥まみれの百姓着を脱ぎ、礼装用の衣裳に着替える。威風堂々とした姿で、古代の偉人たちの宮廷へ入るのである。そこで彼らに丁重に迎えられ、私一人だけの食べ物を食べる。私はそのために生まれてきたのだから。そこで私は臆することなく彼らと話し、彼らの行動の理由をたずねる。すると彼らは心を込めて答えてくれる。四時間ものあいだ飽きることなく、あらゆる憂いを忘れ、貧困など気にならず、死をも恐れない。私は彼らのことに没頭するのだ。

このきわめて素晴らしい数行の中に、マキァヴェッリは自分の心情と、内面に隠れた偉大さのすべてを見せる。書斎に入る前に、森や居酒屋へ行ったとき身につけていた衣服を脱ぎ、自分の仮面も取る。もう自分自身でいることができないときや、気まぐれな幸運の女神が残酷なゲームに飽きてしまうことを願って女神の望みどおり下品でみすぼらしい姿でいるときに付けていた仮面である。だから、書斎に入る彼は、王や君主、皇帝や教皇に拝謁を賜るときに着用していた《礼装用の》衣裳を身につける。別人となる。それが真実のニッコロである。ようやく彼は、彼の技術、つまり、国を築き、保持し、救う術を論ずることができるのである。

机に向かい、古代の偉大な政治家たちと論じ合うとき、歴史家たちがその決断と行動について書き記した事柄を推考するとき、マキァヴェッリはようやく自分を取り戻す。想像力と空想力を働かせて、詩の中へ入るために俗界から遠ざかる。退屈さや苦労、貧困、それに死さえも、彼が今、対話する者たちの偉大さに比べれば小事になってしまう。些細な、遠い事柄になってしまえば、もはや怯えることも、傷つくこともない。ニッコロが手紙の中で私たちに語るのは、まさに偉人たちの持ち物である想像力という魔法である。その魔法のおかげで、ニッコロは、ひとり心穏やかに、田舎の冬の夜を静かに、パチパチと音を立てる暖炉の火を背にして、実に平和な四時間を楽しむことができるのである。そっとしておこう。彼にはそれが必要なのだから。

第一六章　『君主論』と恋愛

政治に関する偉大な作品は、冷徹さと、感情に翻弄されない理性の冷静な光から生まれると多くの者は考えるが、それは、学者が造り出した馬鹿げた考えである。真に偉大な作品は、きわめて数が少なく、著作に溶け込んだ痛みから生まれ、並みの人間が定める境界線や慣習をうち砕く力と生命力がみなぎっている。作品が偉大であるのは、著者が逃れたいと願う苛烈な人生が凝縮されているからである。もちろん理性は関わりを持つが、それは感情から切り離された理性であり、その理性は、詳細な分析だけでなく、読者の心を惹きつけ、魂に染み入り、そこで生き続ける人間像や隠喩、訓戒といった内容の豊かさから得られるのである。

それがまさに『君主論』であるが、おそらく、マキァヴェッリ自身があばら屋の孤独の中で書いた冊子をそう呼んだのにならって、『君主というものについて』と言った方がいいだろう。その作品に記されているのは、古代の歴史を勉強した成果と、書記官として政治を近くで見ることができた時代に学んだことのすべてである。十二月十日付ヴェットーリ宛書簡の締めくくりに、それを読めば、《一五年間、私が惰眠をむさぼることなく、国家の策について学び続けたことがわかるだろう。他人の金で経験を積んだ者が人の役に立ち、歓ばれるのだから》と書いている。

彼は自分の著作を、メディチ家の者たち、つまり、教皇レオ十世を筆頭にローマを、ロレンツォを筆頭にフィレンツェを牛耳る権力者に読んでほしかったのだ。特に、教皇庁にいるジュリアーノ・デ・メディチに献じることを考えていたのだった。これを読んだ彼らに、君主がなすべきこと、特に一五一三年のメディチ家のような《新しい》君主が権力を固めるために何をするべきかを、自分が他の誰よりもよく知っていることをわかってほしい、そう望んだのだった。要するに、大して重要でない、たとえ《石を転がす》ようなことであろうと、自分に某かの任務を与えてくれるかもしれない、と期待したのである。

ローマへ行き、ジュリアーノに直接その冊子を献呈するのがよいのか、それとも、ヴェットーリを介して渡してもらうのがよいのか、彼にはわからなかった。それで再び、ローマで教皇とジュリアーノ・デ・メディチの傍にいるフランチェスコ・ヴェットーリに助言と手助けを求めた。頼み事をするのは気が重かったが、そうせざるをえない状況にあったのだ。努めて何もしないでいることに、彼は疲れ果てていた。貧しさゆえに自分自身や他者にとってつまらぬ人間に成り下がってしまうのではないか、家族にとって自分が支えではなく重荷となってしまうのではないか、と恐れていたのである。

ヴェットーリは、相変わらずはっきりしなかった。悪意があってのことではなかったが、権力者たちを前にして、その抵抗に打ち勝つだけの能力はなかったし、それに、友人にちょっとした便宜を図ることで自分の名声を危険に晒したくはなかった。十二月二十四日になってようやくマキァヴェッリに返信する。《国に関する作品を著した……とのことだが、私に送ってくれるのならば、うれしい》し、私にはその資格がないかもしれないが、中身を判断させてもらおう。それから、ジュリアーノに献呈する云々については様子を見てみよう。彼の判断は一五一四年一月十八日付書簡に記されている。《貴君の著書の章を見せてもらってこの上なく気に入った。だが、全部を見たわけではないから、きちんとした判断を下すつもりはない》。

フランチェスコ・ヴェットーリは、これまでに例を見ない最高傑作である政治の書を、こんなにも冷たい、形式的な数語の言葉で論評したのだった。当然のことながら、ジュリアーノにも教皇にも読まれることがないように注意を払った。その後、この件については一言も触れていない。自分の努力が無駄であったこと、ローマにもフィレンツェにも、他のどの場所にも、自分に扉は開かれないことを知ったニッコロは、一五一四年六月十日付書簡で、挫折感に満ちた失意の念を吐露する。同情を求めるためではなく、あらゆる希望を葬り去るために。

だから、私の果たした任務を記憶にとどめていてくれる者、あるいは、私が何かの役に立つと考えてくれる者を見つけられずに、こうしてシラミにまみれているしかない。だが、ずっとこうしているわけにもいかない。私は疲れ果ててしまったから、神が私に恩恵を与えてくださらないのなら、そのうち家を出て、誰か位の高い人［指揮官、傭兵隊長］の家で家庭教師か秘書でもするしかないだろう。自分にできることと言えばそれくらいのことだ。それとも、どこか人里離れた場所に潜り込んで、子供に読み書きを教えるしかないだろう。それで、ここに家族を残して行くことになっても、私のことを死んだも同然に思うくらいだ。いや、私がいない方が家族の暮らしはずっとましかもしれない。私は金を使ってばかりで、金を使わずにはいられない質《たち》なもので、金の苦労をかけてきたのだから。貴兄にこんなことを書くのは、面倒や心配をかけようと思ったからではなくて、こんな、これほど嫌な話を貴兄に再び書き連ねることがないように、ただ吐き出しておきたいからなのだ。

『君主論』の手写本が出回り始めたとき、そして印刷本が出たとき、その価値を理解したのは、知性を備えたごくわずかな読者にすぎなかった。ところが、多くの敵は、悪魔に魅入られた悪の著作だと考えた。というのは、君主が権力を奪取し、保持するには、吝嗇、残虐、奸計という手段を用いればよい、領民を恭順に治めるには、皮肉にも宗教を用いればよい、と不信心な著者が教えていたからである。また、それを風刺文学だと考える者もいた。著者は、君主に国家を保持する方法を教えるふりをしながら、実は、君主の権力が力と残虐さと欺瞞に基づくことを領民に示すことによって、君主を憎むことを教えていたからだった。だが、そう考えた者は少数だった。多くの者にとって、『君主論』は悪の作品であり、その著者は、最も愚かな批評家の一人が書いたように《悪の権化》であるとされた。

　マキァヴェッリは、一体何を書いてそのような物議をかもしたのだろうか？　君主に助言を著し、その論題の権威とされた彼以前の思想家たちの考えが間違いであったと、より正確に言えば、その考えは限定された場合にしか価値を持たず、それ以外は無価値だったと彼は説いた。その思想家たちは、君主が自分の権力を保持し、栄光を手に入れたいと望むのであれば、常に美徳の道を進まねばならず、賢明、公正で力強く、穏健であるべきで、君主が有するべき美徳の資質、すなわち、慈悲深さ、寛大さ、誠実さを持たねばならないと主張したからだった。

　それに対して、マキァヴェッリは、君主がそのような教えに従えば、どのような状況にあろうとも、権力を保持できないどころか、それを失い、笑い者となり、忘れ去られるだろうと主張した。何世紀にもわたって守られ、当時の高名な作者たちが人生訓とした伝統的な考えに真っ向から対立するものであることを彼はよく知っていた。彼は、この論題について多くの先人が書き残した理論から逸脱しているとしても、

《僭越である》と思われたくはない、と一五章で書き記している。そして、自分の目的は、《理解してくれる者に有用であることを書き記すこと》であるから、想像ではなく現実に基づいた助言を与えなければならないのだと付け加える。君主が有するべき資質について著した者たちは、《見たこともないし、現実に知りもしない共和国と君主国》を想像し、よき君主がいかに生きるべきかを教えたが、常によき君主であろうとする者は、《よからざる》多くの君主の間にあれば、必ずや国を失うことになるかもしれないのに、そのことを忘れていたのだ。彼の議論の結論には説得力がある。君主が国の保持を望むのであれば、《よからざる君主である能力を身につけること》と、《必要に応じて》その能力を使い分けることが《必要である》[81](『君主論』)。

マキァヴェッリは、偉大な思想家だけが持ち合わせる勇気と無礼さで一般論を展開し、既存の説を次々とうち砕いていった。何世紀もの間繰り返された古代の教えにおいては、よき君主は、残酷で獰猛なライオンや、狡猾で人を欺く狐を真似てはならず、美徳をもって治めねばならなかった。領民から恐れられるのではなく、愛されるように努めねばならなかった。結論として、領民の愛に包まれた君主の座ほど安全なものはないとした。ところが、マキァヴェッリによると、君主は、特に、まだ権力が堅固でない君主は、《野獣と人間の使い分けをよく知る》必要があり、模範とするべき野獣とは、《狐やライオンである。なぜなら、ライオンは罠から自分の身を守ることができないし、狐は狼から自分の身を守ることができない》。だから、《罠を見抜くためには狐となり、狼を狼狽させるためにはライオンとなる》必要がある[82](『君主論』)。古代の人々、特にキケロに着想を得た作者たちが言っていたこととは全く逆である。

同様にして大胆にも彼は、よき君主は寛容であり、友人に恩恵を与え、便宜を図り、ぜいたくに暮らすという説も排除する。そのような助言を聞き入れて《鷹揚である》という名声を手に入れたいと願う君主は、わずかな者に恩恵を与えるうちに、自分の全財産を使い果たすことになってしまうだろう。自分の名声を守ろうとすれば、そのときは領民を税金で（《重税で》）苦しめなければならないだろう。このような手段は憎しみを買い、尊敬されなくなり、君主国は大きな危機に見舞われる。だから、《鷹揚であるという評判を得ようとして、必然的に貪欲であると言われ、憎しみを込めた悪評を生む》よりも、《けちだ［質素である］という評判で》憎しみのない悪評を得る方がより賢明である、と結論づける[83]（『君主論』）。

残虐さについても、マキァヴェッリは同様の議論を繰り返す。古典の学説が教えるように、君主は、確かに慈悲深く、寛容に見られることを望むべきであるが、少なくとも、《この慈悲の使い方を間違わない》ように注意しなければならない。たとえば、フィレンツェ人は、残虐であると思われたくないがために、ピストイアを党派争いによって破壊されるままに放置した。反対に、チェーザレ・ボルジアは残忍な人物だと思われていたが、残虐であるがゆえにロマーニャの秩序を回復し、統一し、平和に治めた。したがって、君主たる者は、特に、新君主は、領民から尊敬され、領民の統一を図るためには、必要とあらば、残虐な人物であると呼ばれようとも案ずる必要はないのである[84]（『君主論』）。

マキァヴェッリの論評が、よき君主について書かれた古典的学説に比べてどれほど過激であるかを、さらに裏付けるために、キケロの言葉を挙げておこう。キケロが書き記し、彼のあと皆が表現を変えて繰り返した言葉は、《いかなる残虐さもまったく有益であるはずがない[85]》（キケロ『義務について』）。マキァヴェッリは、ずうずうしくもこう反論し、説明する。残虐さの《よい使い方》と《悪い使い方》を区別する必要がある。《よい使い方と言えるのは、悪のよい使い方について話すことが許されればの話であるが、自分の安全を守らねばならないときに、一気に用いることである。そのあとは、できるだけ領民の益になる場合を除いて、それに執着しない。悪い使い方とは、最初のうちはほとんど使わないのに、時間とともに、その使用をやめずにさらに行使することである》[86]（『君主論』）。

キケロや人文主義者らは、《権力を守り、保持するときに、愛されることほど効果的なことはないし、《恐れられることほど危険なことはない》と主張した。それに対してマキァヴェッリはこう答える。《人は両方を兼ね備えることを望む》が、同時に愛され、恐れられることは困難であるから、《二つのうち一つがない状態に甘んじる場合、愛されるよりも、恐れられる方がはるかに安全である》[87]（『君主論』）。最後に、公正さについても同様の議論を持ち出す。マキァヴェッリはこう書いている。君主が約束を守り、《奸計を用いず、清廉潔白に生きる》ことが称賛されるであろうことは、誰も否定しない。しかしながら、現代の経験が示すように、信義をほとんど守らず、《奸計を用いて人の頭脳を欺いた》君主の方が《大事をなすことができたし、信義を守る君主らを打ち破ったのである》[88]（『君主論』）。

マキァヴェッリは、力強さと活力、歴史の叙述をちりばめた著書の中で、新しい君主像を描き出し、新君主は《できるかぎり善から離れることなく、必要に応じて、悪に踏み込む》能力を持たねばならないとして、彼が真の手本から知り得た、国を治める術の基盤を説く。大事を成し遂げたいと思う君主は、ユリウス二世のようなライオン、スペインの王フェルディナンド・イル・カットーリコのような狐、あるいは、さらには、そのどちらにもなり得るチェーザレ・ボルジアのような君主と戦えなければならない。要するに、彼は、冷酷であると思われることを恐れて国家も祖国も失ってしまった、あのピエル・ソデリーニではなく、勝ち方を知る君主を欲したのである。

君主が勝ち方を学ばねばならない理由を、最終章の「イタリアを奪取し、夷荻《いてき》から解放することを勧奨する」で説明する。その章は、『君主論』を皆目理解しなかった多くの読者からは付録とみなされていた。マキァヴェッリが夢に描く君主とは、イタリアを、《蛮族の残虐、かつ侮辱的行為》、即ち、外国の支配から解放する能力を持つ、ずば抜けて優れた人間である。古代の偉大な救世主の中で、最も重要なモーゼも、神の助けを頼りにしたではないか。勝つために悪に手を染めねばならないとしても、神は、彼の行動が正しいことをご存じであったから、彼の傍らにあり、味方となったではないか。マキァヴェッリは、決して、目的は手段を正当化するとも、政治家には他者に禁じられた行ないが許されるとも教えてはいない。彼はこう教える。大きな目的、つまり、民衆を解放し、国家を築き、法律を制定し、無秩序と横暴が支配する場所を平和に治め、腐敗した共和国を解放するという目的を達成するためには、残酷、あるいは、吝嗇であるとみなされることを恐れてはならず、事業を実現するのに必要なことをなさねばならない。これが偉大な人物がなすことであり、彼が望む新君主のあるべき姿である。

当初、マキァヴェッリは、以前にも触れたように、『君主論』をジュリアーノ・デ・メディチに献上しようと考えていたが、一五一三年八月から実質的にフィレンツェにおけるメディチ体制の頭領だった教皇レオ十世の甥ロレンツォに献じることになった。一五一五年九月から一五一六年九月までの間に書いた献辞の中でも、本の核心は偉大な人物の行動にあると力説している。《小生の財産の中で、大切に思うか、値打ちがあると思える事柄は、偉大な人々の行動を知り得たこと以外にございません。近年の諸事情に携わり長い経験を積み、古代の事柄について読書を心がけ、自ら学んだことであります》。さらに、この冊子を読む者は、自分が何年も費やし、多大な《苦労》の末に学んだことを《わずかな時間》で学ぶことができるだろうと続ける。しかしながら、そのあとすぐに、主題が重大であるから、文体もまた重大、簡潔であることが肝要ゆえ、美辞麗句や巧言で埋め尽くすようなことはしていないと警告する。

マキァヴェッリは、ロレンツォが、他のメディチ家の者たち同様に、自分に対して強い警戒心を抱いていることを十分に理解していた。その理由の一つは、彼らが名望家であるのに対して自分は庶民の出であること、もう一つは自分がソデリーニの共和国時代の書記官であったこと、さらには、ボスコリ、カッポーニの陰謀事件で告発されたことだった。その警戒心の最初の原因を取り除くために、熟練した言葉の技を駆使する。《風景を描く者は、平地に降りて身を置き、山々や丘の特徴をとらえます。逆に、低地の特徴をとらえるには、山に登り山頂に立ちます。同様に、民衆の性状をよく知るには、君主の身になることが必要であり、君主の性状をよく知るためには、民衆の身になる必要があるのです》。そして、政治的疑惑を払拭するために、ロレンツォに《運命とあなた様のご器量によって約束された、偉大なる存在に到達されますように》と願う気持ちを高らかに謳った。

その頃、フランチェスコ・ヴェットーリは、ロレンツォの最も信頼厚い相談者となっていた。彼からニッコロの会心作を見せられたロレンツォは、一瞥すると、他の誰かから犬のつがいをもらったときよりは大いに関心を示した。だが、ロレンツォは、『君主論』のような著書を読むことにまったく興味がなかったし、たとえ読んだところで理解できなかっただろう。某かの政治的任務に復帰したいというマキァヴェッリの望みは、ものの見事に吹き飛ばされ、幻滅した彼は再び長く苦しむことになった。友人のザノービ・ブオンデルモンティ、コジモ・ルチェライに宛てて、数年後に書かれた『ティトゥス・リウィウスの「歴史」の最初の十巻に関する考察』の序文に、その痕跡を見ることができる。

今度は、苦渋の面持ちではあるが、きっぱりと言い切る。小生の作品は、君主ではなく、むしろ君主として《ふさわしい》多くのすぐれた器量を持ち合わせた方に献じたものである。なぜなら、人は、よき判断を下そうと望むのであれば、《その方法を知らずに国を治める者よりも、その方法をよく知る者を》尊重すべきだからである。だから、今日の問題は、それを知る者は無視されるか愚弄されるだけであるのに、ほとんどの場合、それを知らぬ者が君主の座や権力の座に就いていることである。

悲しみの真っ只中にあった哀れなニッコロは、予期せぬ恵みの慰み事を見い出した。新しい仕事を得たわけでも、『君主論』が認められたわけでもなかったが、その代わりに大きな愛が生まれたのである。ヴェットーリも、一五一四年一月十八日付書簡で《君がいく度か恋をしたのを知っているし、どれほど身を焦がしたかもよくわかっている》と書いているから、それがマキァヴェッリにとって初めての恋ではないことがわかる。彼宛の書簡に出てくる謎に満ちたジャンナかジャンヌとかいう女と、もう一人名前のわからない女のこと以外、そのときまで書簡の中で彼が匂わせたことはなかった。ニッコロが語った唯一の女性が、リッチャの名で知られるルクレツィアである。彼女との仲は、少なくとも十年間続いていた。十月七日付ロベルト・アッチャイウオーリからの書簡が示しているように、彼が栄光の極みにあった年、一五一〇年にはすでに親交があった。すでに五十代にさしかかり、栄光も金もなかったが、フィリッポ・デ・ネルリが《リッチャと私の愛のために》バスティアーノ・ディ・ポッセンテとかいう男がピストイアでよい宿を世話してくれるだろうと彼に約束しているのが本当ならば、一五二〇年には、少なくともまだ彼女とよい関係にあったにちがいない。リッチャは商売女だったが、他の男たちとは違って、マキァヴェッリが幸運に見放されたときも友人であり続けたのだった。

彼女は心が広く、誠実だったが、口は達者で私たちのニッコロを難なく尻にしいた。一五一四年二月四日付書簡で彼自身が書いている。フィレンツェに行くと、ドナート・デル・コルノの店とリッチャの家に立ち寄るが、《私にはどちらへ行くのも煩わしい。店でも、家でも、厄介者と呼ばれるのだ》。かわいそうなニッコロよ！　金も仕事もなく、懐寒い彼が《厄介者》呼ばわりされるとは。まさに、ロマーニャ地方に古くから伝わる格言がいう《文無しにつける薬なし》である。

ドナートには歓待されるように、リッチャには優しくしてもらおうと思って、ニッコロはどちらからも

《相談相手》として頼りにされるように努めた。それが少しばかりうまく行くと、見返りにドナートは《火で暖を取らせて》くれたし、リッチャは《いく度かそっとキスさせて》くれた。けれども、君主の助言者であったときに比べるとずっと状況は悪かった。助言どおりに上手く行かないと、リッチャは悪意を込めて、下女に話すふりをしてこう言った。《この賢い、賢い方々は、家で何をしておられるやら。物事を無茶苦茶にされるようです》。

さあ、あまり腹を立てないことにしよう。ヴェットーリは二月九日付書簡で慰めている。見かけ倒しの賢者だという悪ふざけは、彼女がかっとなって言ったことだ。《だからといって、貴君に愛情を抱かないとか、貴君が望んだとき受け入れてくれないことはないだろう。もしそうなら、今まで彼女を心ある優しい女性だと思ってきたから、恩知らずな女ということだ》。たとえ今、アントン・フランチェスコ・デッリ・アルビピッツィという体軀のよい男が恋人だとしても、彼女はまったくつけ上がることはないとヴェットーリは続けた。

リッチャは、実に広い心を持った女性だった。約一年後にヴェットーリは書簡に書き記している。《だが、貴君の言葉には驚かされた。君がリッチャを大いに信頼し、同情を寄せていたとは。言わせてもらうが、君のために彼女の味方をしたが、今では、私が彼女の信者だ。というのも、たいていの場合、女は、男ではなく運を愛するものだし、運が変わると女も変わるではないか[89]》(『書簡集』)。

このあたりで、私たちは、美人で、心が広く、気さくで、自立した娼婦リッチャにしぶしぶ別れを告げることにしよう。ニッコロの人生で重要な役割を果たしていたこの魅力溢れる女性について、いつか新しい資料が発見され、さらに何かがわかることを期待しよう。しかしながら、そのニッコロとリッチャが当事者として一度登場しているのに、伝記作者たちが黙殺する少々微妙な出来事を見過ごすわけにはいかない。刑事裁判の監督機関である八人警備隊宛に送られた、一五一〇年五月二十七日付の男色性交に関する無名の告発状である。訴状の内容はこうである。《八人会諸兄の皆様方にお知らせいたします。ベルナルド・マキァヴァッリの息子ニッコロは、ルクレツィア別名リッチャの尻に情交しました。彼女に人を遣り、真実をお確かめくださいますように》。

リッチャは何年もニッコロの相手をし、ずっと傍にいたのだから、告発者をけしかけたのはもちろん彼女ではなかった。それはきっと悪意を持つ敵の仕業だった。ただ、その告発が真面目なものであったかについては、当時、男色行為は、罰金、投獄を伴い、公侮罪に問われる犯罪とされ、一五〇二年まで、いわゆる自然に反する性行為の抑止を目的とする《夜と修道院の管理係》という特殊な部署が存在していたことを覚えておかなければならない。実際のところは大目に見られて、ニッコロに対する告発は何事もなく終わった。取るに足らない出来事だったが、マキァヴェッリの人格の重要な一面を露わにしている。衝動や欲望、歓びを得るためには、ただ自然に、彼自身の性格に従い、道徳家や譴責者《けんせき》の意見を気にしなかった。公けの生活や政治の中では法律を重んじ、真面目であったが、それと同じくらいに、欲望と愛においては遊び心十分で、楽しいところがあった。

彼は同性愛の関係も持ったのだろうか?　このような質問をするのは、それに関する二つの意味深長な資料のどちらにも、リッチャに関係する部分があるからである。最初の例は、ヴェットーリ宛一五一三年十二月十九日付書簡に記されたニッコロ自身の文である。フランチェスコ・ダ・モンテプルチャーノとかいう修道士の怖ろしい説教について語ったあと、こう書いている。《昨日のこの話に小生は肝をつぶしてしまって、今朝リッチャのところで過ごすつもりだったが、行くのをやめてしまった。だが、リッチヨと会うことになっていたら、彼と会っていたかどうかはわからない》。次の例は、ヴェットーリからの一五一四年二月九日付書簡の一節である。ヴェットーリは、もし貴君がリッチャに門前払いされるようなことがあったら、《リッチョ・ディ・ドナートのところへ寄るといい。彼は運で態度を変えることはないし、筋骨隆々で、運のついている者よりそうでない者と相性がいい》と助言する。

リッチョは若い色男で、マキァヴェッリの友人の同性愛者と付き合いがあった。だから、二通の書簡からは、ニッコロもその男の魅力を認めているように思われるが、実際には、むしろ逆である。ヴェットーリの書簡は、いわば、リッチャに愛想づかしされるのではないかと悩むかわいそうなニッコロを元気づけるための冗談だった。ヴェットーリはこう言いたいのである。もしリッチャに家から閉め出されるようなことがあったら、君はいつだってリッチョに慰めてもらえるよと。同じことがマキァヴェッリの文についても言えるが、違う点は、今度は、マキァヴェッリ自身が、ヴェットーリにすぐにわかるような嘘を二つばかりついて、かついで楽しんでいるところである。まず最初は、修道士の説教に肝をつぶすほど驚いたという点である（そんなはずがありはしないが、もし本当に聞いていたら、きっと笑い飛ばしたことだろう）。二つ目は、リッチャのところへは行かなかったが、もしリッチョと約束していたら、おそらく彼のところへ行ったかもしれないという点である。約束があったら、暗い修道士の説教は気にならないから、というのがその理由だった。

だが、マキァヴェッリがヴェットーリに書いた手紙を注意深く読むと、それとはまた逆の結論に達する。つまり、マキァヴェッリは、当時のフィレンツェで習慣として広まっていた同性愛の関係を若い男と持ったことを自認している。実際に次のように書いている。《はっきりと言わせてもらえるなら、貴君の厳格な取り計らいで、そちらに立ち寄ったときには「女に手を出して夢中になる」はずでしたから、事に気づいたらこう言うつもりでした。「大使殿、病気になられますよ。あなたが気晴らしをしているようには思えません。ここには若い男もいなければ、若い女もいない。なんたる家でしょうか?」》。マリオ・マルテッリが重要な評論文『マキァヴェッリ　政治家、恋多き人、詩人』(《インタープレス》17, 1998)で示しているように、《手を出す》という語は、若い男性との関係を意味する言葉だった。だから、その文の意味は《私は……男とも女とも関係を持ちました……》となる。

問題は、いや、すばらしいことは、彼は恋に落ちると、その情熱に身を任してしまうことである。女性の美しさは、彼を国や政治のことと同じくらいに自分の世界に、つまり、詩の世界に引き込み、虜にし、夢見心地にさせてくれた。私が語ってきたように、彼の心が挫折感でふくれ上がっているまさにそのときに、最も大切な愛のある生活を送れたのは、運命という奇妙なゲームのおかげだった。彼自身が八月三日付書簡に書き記しているが、彼女との出会いはちょうど一五一四年の夏のことだった。その前の六月十日付書簡では、あまりにも自分は不遇だから、家を出て、家族に死んだと思われた方がましだとヴェットーリに書いていた。

その女性とは、たぶん、ニッコロ・タファーニの姉妹で、「あばら屋」からそれほど遠くないところに暮らし、夫に見捨てられ、そのジョヴァンニとかいう男はローマへ行ったきりだった。詳細については、新しい愛について語るニッコロ自身の話を聞こう。《山荘にいるとき、私は、心優しく、上品で、高貴な方と出会った。気性も、境遇も、彼女に値するほどに褒め称え、愛することは私にはできないだろう》。《この愛が始まったとき、いかなる網が、どこで、どのように私を捕らえたのだろう。アフロディテが編んだ黄金の網が花々を覆うのが見えるだろうか。それはあまりに甘く、優しすぎて、下品な心がそれを破ることができたかもしれないが、私はそうはしなかった。私はしばしの間、抱かれ楽しませてもらったが、柔らかな糸は固くなり、結び目はほどけなくなってしまった》。

今度は自分をさらけ出すことを恐れることなく、心を開く。珍しい瞬間である。《彼女のまたとない優しい面差しを思うとき、私は甘美な思いに包まれ、辛い記憶をすべて遠ざける。たとえこの世のどんなことが自分の自由になるとしても、私はそうしようとは思わない》。彼が知った女性の美しさ、彼女の《またとない優しい面差し》は、魔法のようにニッコロの心から恐怖や不安、悲哀を取り去った。それは、もう一つの美、過去や古代の偉人の行動が持つ美しさが、「あばら屋」で過ごす夜の何時間かの間そうしてくれたのと同じだった。女性への愛は、政治の大きな事業について思考するよりもずっと強く、苦悩を取り除き、政治への思考も忘れさせてくれた。自分が間違いなく男でありたいと願っているかのようだった。《だから私は重大な事業に関する思考をやめた。古代の事情を読書することにも、現代の事情を論じることにも興味を持てなくなった。すべては甘美な思考に形を変えてしまった。愛の女神アフロディテとキプロスの地のおかげだ》。

《もう五十に近い》と言う癖があったが、当時ニッコロは四十五歳だった。愛の神エロスは気まぐれな子どもだから、《目、肝臓、心臓をえぐり出す》ことをよくわかっていた。無限の甘美な思いが苦い涙に変わるかもしれないことを知っていた。だが、物語の最初の頃は、恐れはなかった。むしろ、自分の中に新しい力が漲るのを感じていた。美しい女に会うためには、トスカーナの八月の太陽の下を、あるいは、真っ暗な田舎の夜に、《険しい道》を長い間歩かねばならなかったが、彼には何もかもが楽で《平坦》に思えた。

しかし、一五一四年のその何か月かの間に書かれた詩から判断すると、タファーニとの物語は、安楽でも、平穏でもなかった。長い叙事詩「セレナータ」の中で、《この世に稀なる美の典型》で、《あらゆる美を身に潜める完全なる魂》である女性は、恋する男にその目で《大いに闘争》を挑むと語っている。《男に汚されるのではないか》と恐れるあまり、固くなってしまった美女の心を溶かそうとして、彼は、愛の神イーピスを死なせて石に変えられてしまったアナクサレテの古代伝説を語った。八月の太陽で熟したトマトを好んだから美しいポモーナ（トマト）と呼ばれた女性は、時に恐怖にかられたり、時に心を揺さぶられ、ついに想い人の腕に身を委ねた[90]（『文学作品集』）。

ソネットの中でニッコロは、目的も慰めもない、苦悩と悲嘆を語る。国家、領土の悲劇と、愛に苦しむ男の苦悩を比較し、そこから、国家の大事を思索する喜びと愛の歓びを思い起こす。今度も、大きな苦悩の原因は女の目にある。

あなたが私を信じてくれるならば、私は生きるだろう。
あなたの目から絶えず与えられる苦悩を歓びながらも。
だが私を信じてくれたこの森は
私の嘆きに耳を傾けることに、もう飽きてしまった。[91]（『文学作品集』）

痛みも涙も、この抗しがたい目の奴隷となってしまう恐怖も、もはやニッコロを抑えることはなかった。十二月十五日付ヴェットーリの書簡からは、ニッコロが《靴下用の青い毛織物》をローマで見つけてくれるように友人に頼んでいることがわかる。頭の回るヴェットーリは、その裏にあることをすぐさま察知した。タファーニ家の便宜を図るよう頼むという文面の別の書簡をニッコロから受けとったこともあって、事の次第を悟ったのである。ヴェットーリは紳士であったから、その翌日に毛織物を送ることを約束し、《誰のために君がそうしようとするのか詮索はしないでおこう。君が喜んでくれればそれでいい》と友人に請け負った。

ヴェットーリは、政治的問題についてはニッコロを助ける能力はなかったが、少なくとも、恋愛問題についてはすぐに手を貸してくれた。けれども、二人の男たちの恋愛観は、彼らの書簡から判断するかぎり、まったく異なっていた。一五一四年二月九日付書簡に、ヴェットーリは、近隣に住む女の美しい娘に寄せる苦しい思いを話す。彼は若い女に強く惹かれたが、疑念と恐怖に苦しんでいた。友人にこう説明する。私は四十の既婚者であり、《嫁いだ娘と、年頃の娘がいるから、無駄にする金はない。それに、できるなら娘のために貯えておきたいと思うのは当然だろう。しかし、欲求に身を任せたいと思うのはなんと卑怯なことだろう。彼女がこの近くにいてくれたなら、金を使えたなら、そして毎日頭を思い悩ませることができたならと思う。それだけじゃない、彼女は若くて美しく優雅だから、私が彼女のことを好きになったように、私と比べられないくらい彼女を好きになる男が現れるかもしれないと思うと、心穏やかでいられず、ずっと嫉妬に苛まれている》。

ヴェットーリは、その若い女への情熱を捨て去る決心をした。何とか二日は持ちこたえたが、三日目に母親がやってきて、暖炉の傍に娘を一人残していった。マキァヴェッリに次のように書いている。決意は雲散霧消し、《私は彼女のなすがまま、彼女の思いどおりに導かれようと決めた》。そのとき欲求にしたがい、自分を解き放ったことがうれしかった。《そのあと起きたことを君に話すつもりはない。私にそういうことが起きただけで十分だし、もはや煩わしさも嫉妬も頭になかった》。ところが、後日不安に苛まれてどうすればよいかわからず、ぼかしてはいるが、友人に助言を求めるのである。

ニッコロに迷いはなかった。《貴兄の件については、がむしゃらに愛に突き進むのでないならば、何も言うことはない。今日得る歓びを、明日得ることができるとはかぎらない。それにもし手紙どおりの事情であるなら、私はイギリス王より貴兄のことをうらやましく思う。貴兄は貴兄の星に従ってほしい……私の思うところは、これまでもそう思ってきたし、これからも変わらず思うだろうが、ボッカッチョの言う、実行しないで後悔するよりも、実行して後悔する方がよいというのは真実ではないのか》。この《実行しないで後悔するよりも、実行して後悔する方がよい》という数語の中に、ニッコロの知恵がある。女性の美を前にしたとき、政治の大事の中に置かれたときと同様に、苦しみ、あるいは失うかもしれないという恐怖は、彼を押しとどめはしない。情熱にとらわれるままに身を任せ、大きな夢を追うのである。

愛が逃げ場であり、夢であるという彼の生き方は、今回もヴェットーリとの書簡のやりとりの中に表れる。ヴェットーリは、一五一五年一月十六日付書簡を、再びローマの退屈な日々に戻ったときに書いた。

年のせいか目が弱りあまり本が読めない。誰かといっしょでないと一人で出かけることもできないから、いつもそうするわけにもいかない。私には権威もなければ、楽しめるだけの財産もない。思索にふければ、ますます憂鬱になって、そこから逃げ出したくなる。仕方がないから、楽しいことを考えるしかないのだが、色事以上に考え実行して楽しいことはない。誰でも欲求を哲学的に考えたがるものだが、これがまぎれもない事実なのだ。多くの者はそのことをわかっていながら、それを口にするのはわずかだ。

それに対して、ニッコロは、抗えない愛の力について書いたソネットで応える。色事を称賛する言葉を織り交ぜる友人にこう語る。私を縛りつける愛の鎖はあまりに強く、どうやって解けばよいかわからない。だが、仮にそうできたとしても、《今では甘美で、軽やかで、大切に感じるから》解かれたくはないし、感情が膨らんで《この充実した生活なくして、満足した人生を送ることはできないように思う》。さらに、ヴェットーリに彼の涙と笑いを笑い飛ばしてほしいから、フィレンツェにいてくれればいいと続ける。友人がいないので、彼は自分の苦悩と愛の歓びを、ドナート・デル・コルノと、名前の由来を《以前に貴兄に説明した女友だちである》リッチャに語ることで、自分をなぐさめている。

ニッコロは、女性の中に、自分を虜にする美しさと、永遠なる甘美さと、戯れの心と欲求を見出した。だが同時にそれは、自分だけの秘密の喜びや苦悩を打ち明ける女友だちでもあったのだ。女を嫌い、軽蔑し、決して同等に扱わず常に抑圧し、情熱の虜にならぬように愛から逃れようとした、と彼のことを評した連中の話と比べてどうだろう！　気が滅入るような数々の無知を、ニッコロがそうしたように、私たちはただ笑えばよいのである。

第一七章　人生という喜劇

私たちはようやくニッコロの微笑の意味がわかりかけてきた。微笑が口元で消え、痛みを隠すことはわかった。自らの愚かさに気づかないまま、様々な感情に左右され、動揺する人間たちに、マキァヴェッリは微笑みかける。けれども、高見の見物とばかりに一段上から見るのでなく、自分が人間的喜劇の一役を演じていると感じている。だから、友人たちや友である女といっしょになって、自分自身を、自らの笑いや涙を、笑い飛ばすことができるのである。

そうすることで、日々をやり過ごし、人間の悪意に耐え、情熱ある生活を送り、国家の大事に思索をめぐらせる力を得たのだった。人生という喜劇に加わることを楽しんではいるものの、政治という偉大なドラマにはどうしようもないほどに魅せられたままだった。前者を笑い、後者に情熱を抱きながら、諸事情がどう推移するのかを理解しようとし、君主や王の心中に隠された事柄を推測しようとしていた。

重い事柄と軽い事柄からなる生活を送ることを愛していた。毎日の暮らしには、そのどちらもが存在する場所があるはずだと彼は考えていた。この点については、自然に従うことが彼の考えであり、道徳家や退屈な人間が、人生を常に重要で真面目な事柄に捧げるべきだと唱えても気にしなかった。一五一五年一月三十一日付ヴェットーリ宛書簡で、彼自身がそう語る。

私たちの書簡を目にする者がいたら、高貴なるお方は、内容が実に多様であるのを見て驚愕することだろう。最初のうちは、私たちは大事を思考する偉大な人間であり、正当性や重要性のない考えを微塵も持ち合わせないように見えるが、続けてページを繰ると、その同じ私たちが、不真面目で、気まぐれで、色事が好きで、つまらぬ事を考える人間に思えるかもしれないからである。このような態度は恥ずべきものだと思う者がいようとも、私から見れば称賛すべきことである。なぜなら、私たちは多様である自然に倣っているのであり、自然に倣う者が責められるわけはないからである。

無理に重大な真実を明かそうとするのではなく、また、事を大げさに見せることなく、ニッコロはその手紙で私たちに人生哲学という知恵を与えてくれた。これまでの彼の読者は皆、彼に政治を思索する者としての偉大さを認めたが、彼のことを偉大な哲学者であると言う者は、この何世紀かの間、ごくわずかしかいなかったのだから、これは注目に値する。彼が冗談を交えつつ、教えてくれたのは、各人は他者の判断の奴隷になることなく、自分自身の自然に従えばよいとする考えを私たちが受け入れ、それを讃えることだった。マキァヴェッリはヴェットーリにこう説く。この世には、《馬鹿者以外いない》し、《自分と同じ考えを持つ人間はいないのだから、他人のやり方を真似たところで決して何事も達成できない》。世の中を真に理解する者は、尊敬に値する、価値ある人物であると思われるためには、《気持ちを楽にして、幸せに生きるために》なすことが、当人に非難ではなく名誉をもたらすことを知っている[92]（『書簡集』）。

変化に富む人生を称賛することはまた、人生が人によって様々であると認めることを意味する。ニッコロは、ヴェットーリ宛書簡の中で、そのことを彼流の言い方で納得させようとする。ヴェットーリは、二人の共通の友人で、ローマにいるヴェットーリの客人フィリッポ・カザヴェッキアとジュリアーノ・ブランカッチから非難されて気をもんでいた。フィリッポは、《女たちとのささやかなお楽しみは、話に興じることだ。他の理由ではなくて、もう年だから話をする以外にほとんど何もできないからだ》と言ってヴェットーリをからかった（この作り話を読んだときマキァヴェッリは大笑いしただろう）。一方、ジュリアーノは、同性愛者で有名なサーノとかいう男を招き入れて、お相手のフィリッポを喜ばせたのは節操がないと言ってヴェットーリを咎めた。フィリッポとジュリアーノのどちらに自分を咎める正当性があるか、と友人に問われたニッコロは、二人とも間違っているし、あなたが商売女や同性愛者を閉め出せばさらに悪いことになる、と答えた。

遠く離れていても、彼の眼には、その夜ヴェットーリの屋敷で繰り広げられていた場面が想像できた。それぞれ異なる情熱に突き動かされたこの三人の男たち、フィリッポ、ジュリアーノ、フランチェスコの話は、政治、軍事の叙述に混じって《当代の記録》[93]（『書簡集』）に書き留める価値があるし、君主に語るべきだと彼には思えた。彼らの表情、仕草、言葉が浮き彫りとなる。彼は頭の中で、喜劇の場面を作り出すのである。

下からコスタンツァの顔をよく見ようとして《椅子に腰掛けた》ジュリアーノが、《言葉、仕草、態度、微笑み、口や目の表情に》気を遣い、美しいコスタンツァの言葉、息づかい、視線、香り、《優雅な振る舞い》に籠絡される様子を、彼は想像する。次に、フィリッポが、コスタンツァの息子の曖昧で自信のない言葉を聞いて、この男、また別の男と相手を乗り換える様子を想像する。客をもてなす主人のヴェットーリは、内心はコスタンツァの美しい娘への欲望を燃やし、片方の目を若い男へ向けている。《だからもう一方の目はその若い娘に向いている》。片方の耳は未亡人の言葉を聞いていて、もう一方の耳はフィリッポとジュリアーノに注意を向けている。会話はうわの空で、客たちの言葉に答えるのに精一杯である。

情熱に揺れ動く人間の表情や振る舞いに、彼は魅了される。ヴェットーリ宛に、フィリッポ独特の行動や斜《はす》に物を見る様子、人を馬鹿にしたような態度を《書き表すことができない》から、できることなら、彼の肖像画を描いて送りたいところだ、と書いている。しかし、彼を惹きつけてやまないのは愛の力だった。楽しい夕食に集う友人の間に座り、緑の木も燃やしてしまう炎のような情熱にとらわれたヴェットーリを彼は想像する。酸っぱく抗しがたい思いに打ち勝たねばならなかったから、その情熱はよけいに激しく燃えさかった。彼には、義務と金と、苦しみへの恐怖に抑えつけられても、愛への情熱に身を任せてしまいたいと望んでいる、苦悩する友人の心がわかっていた。彼女から片時も離れたくないから、《彼女に卵を抱かせる白鳥になりたい、いや、彼女の懐に入るために金に、動物に、また別のものになりたいと》望んでいるのだろうとヴェットーリに記している。

人生という喜劇を笑い、恋愛の素晴らしさに身を委ねながら、ニッコロは、一五一四年末から一五一六年の初頭までの数か月の間、苦悩と悲しみに満ちた日々を送る。甥で東方商人のジョヴァンニ・ヴェルナッチに宛てた何通かの書簡には、他のどの書簡にもないくらい露わに心の奥底を語っている。ニッコロがなぜジョヴァンニ・ヴェルナッチに自分自身のことを赤裸々に話せるのか、その理由を理解することは難しい。もちろん、悲嘆にくれる自分の言葉を、助けを求めているためだととられる心配がなかったし、甥を信頼していたからだろう。それにヴェルナッチはヴェットーリではない。何かの役に立つわけではなかったが、せいぜい助言を与えてくれるくらいの叔父を必要としたのは、むしろ彼の方だった。

ニッコロがジョヴァンニ・ヴェルナッチに信頼を寄せた主たる理由は、彼のことを息子、身内として、特に友人のように思い、尊敬していたからだった。一五一五年十一月十九日付で、運命が《私に残してくれたものは、親族と友人だけである》が、私は彼らを大切に思っている、特に《君のように私と関わってくれる者を》と書き記している。二年後、長い間音信がなかったヴェルナッチを安心させようとして、彼への尊敬も愛情もまったく変わりはないと書いている。《人間はその価値に応じて評価されるものであるし、君は価値ある誠実な人間であることを示したから》、私がこれまで以上に君のことを大切に思うのは当たり前のことだ。ニッコロはその甥を育てたのだった。貧しかったが、自分の《粗末なあばら屋》を与えた。ジョヴァンニのことを善良で感謝の気持ちを持つことのできる若者だと考えた。将来、彼が仕事で成功したときに、自分の子どもたちを助けてくれることを期待していた。そのうち、マリエッタにらくだの毛織物の布地とダマスク織りに合う針を持ってきてほしい、良い品であるようにと念押しして、彼にちょっとした頼み事をするのだった。

彼を信じ、尊敬していたからこそ、ニッコロは、簡略に正直に書いた手紙の中で、自分は寂しく厳しい毎日を過ごしているので、自分自身のことをすっかり忘れてしまうことがたびたびある、と打ち明ける。最初にそう書いたのは、一五一五年八月十八日付書簡だった。この日々は《私自身のことを忘れさせてしまうくらいだ》。一五一七年六月八日付書簡で再び繰り返す。私は逆境に苦しんで、田舎暮らしに戻ってしまった。《自分のことを考えもしないうちに一か月という時間が過ぎてしまうことも時折ある》。日々の生活は、彼の性格や夢、気質からあまりにも隔たりがあり、自分自身から遠ざかってしまうかに思えた。

もはやかつての彼ではなかった。彼は書記局の部屋で何年もずっと言い続けていたし、書簡や詩の中で何度もそう書き記した。時間は悪も善ももたらすのだから、時間が私たちの悪に一時の安らぎをもたらすのを待つのは間違いである。ところが、今では、《幸運が訪れるかもしれないから、それを摑めるように時機を待っている。来ないのならば辛抱するしかない》と書くのである。

今度は笑わないし、悲しみや絶望を仮面で隠すことはしない。自分の気持ちを若い友人ジョヴァンニに、そして、おそらく、女の友人であるリッチャにも打ち明ける。できればそうしたくはなかったはずだが、ジョヴァンニに宛てた手紙のほんの数行から、口元に微笑みを浮かべようとしてどれほど努力したかがわかる。うまく笑うことができたとき、彼は自分自身を取り戻し、他の誰よりもまず自分のために、かつて《マキァ》と呼ばれたニッコロになるのである。

自分自身を忘れてしまうほど彼を追い込んだのは、牢獄を出て以来、ずっと期待と失望が連続し、彼を苦しめたことにあった。『君主論』が政治への扉を再び開いてくれるのではないかと期待したが、得たのは数語の、それも冷たい言葉だけだった。ローマの宮廷にいたフランチェスコ・ヴェットーリの助けを期待したが、ヴェットーリ自身が自覚していたように、《見合う結果をもたらさない多弁》(94)(『書簡集』)以外に何も引き出せなかった。

そしてとうとう最後の辛酸をなめることになる。一五一四年十二月、ローマの宮廷に通うフランチェスコの弟パオロ・ヴェットーリは、ジュリアーノ・デ・メディチにパルマ、ピアチェンツァ、モデナ、レッジョを含む広大な国を治めさせる計画を話し、その計画が成功したときには自分に統治者としての責務を任せてもらうつもりだとマキァヴェッリにほのめかした。それはつまり、パオロが統治者となった暁には、哀れなニッコロをカビの生えたサンタンドレアから連れ出し、政治の大舞台に登場させることを意味していた。ニッコロは、当然ながら考え始めた。パオロ・ヴェットーリに助言を与え、その類いの国を治めるには何が必要であるかをよく知っているのは自分であることをわからせようとした。そして、フランチェスコに書状を記して、その計画を知らせるよう、そしてその立案の《地ならし》のためにすることがあれば自分を推してほしいと頼んだ。

それは、ミラノ公と、スイス国、フランス王フランソワ一世の反対以外に、何ももたらさなかった。教皇レオ十世自身にもその熱意はほとんどなかった。だが、たとえその計画がうまく運んだとしても、ニッコロは蚊帳の外だっただろう。すべてを葬り去るには、権力者ピエトロ・アルディンゲッリがジュリアーノ・デ・メディチ宛の書状に記した、墓石のように重いわずかな言葉だけで十分だった。《昨日、メディチ枢機卿［ジュリオ・デ・メディチ］は、猊下がニッコロ・マキァヴェッリを臣下に加えられたという話を知っているかと直截にお訊ねになりました。私はそのような話は存じませんし、そんなはずはございませんとお答えしたところ、こう仰せになりました。私にもそのようなことはないと思う。だが、フィレンツェからそのような知らせが届いたからなのだが、それは彼のためにも、われわれのためにもならぬと思う。これはおそらくパオロ・ヴェットーリの差し金であろう……私に代わって彼に手紙を書いてほしい。ニッコロの世話を焼かぬようにと》[95]（『ニッコロ・マキァヴェッリの生涯』）。

だが、数か月前には、そのジュリオ枢機卿が、フランチェスコ・ヴェットーリの前でマキァヴェッリの政治的判断を褒め称え、その天才ぶりを称賛したのだった。教皇も、ビッビエーナ枢機卿も、同じく感嘆の声を上げたのだった。ところが、また今度も言葉だけだった。彼をなだめるために、ヴェットーリは一五一四年十二月三十日付書簡に、これは不運のなせる技だ、自分には友人を助ける能力がないが、結局、いつかは、権力者たちのよき意見によって君は救われるだろうと書いた。権力者たちの称賛の声が、どんな風に、またどの程度、マキァヴェッリのためになったかは、すでに見たとおりである。政治において非凡なる能力が認められるという、この最後の希望が潰えたことが、彼の心にどのような結果を及ぼしたかについても、私たちがすでに見たとおりである。

《非凡である》というのは、誇張された言葉に見えるかもしれないが、この場合は、まったく合致していると言ってよいと思う。ローマ宮廷で賛辞を得た理由は、彼が記した二通の書状にあった。マキァヴェッリは、その中で、フランス王が、スイス人が守るミラノ公国を手に入れるためにイタリアに南下した場合に、どう対処すればよいかについて、教皇に貴重な助言を与えたのである。このようなデリケートな問題に関する見解を彼に求めたのは、フランチェスコ・ヴェットーリで、十二月三日付書簡のことだった。ヴェネツィア国がフランス王側に付き、その反対勢力が、皇帝、スペイン王、スイス人であると仮定して、教皇はどちらの側に味方するのがより得策であるか、あるいは、中立の立場にいるのがよいのか、それが問題であるとヴェットーリは説明した。すべてを分析した上で、《私は君に天分があることを知っている》し、《君が店仕舞いしてから》二年の月日が過ぎたけれども、《君が職を忘れたとは思っていない》と書き加えている(96)(『書簡集』)。

マキァヴェッリが職を忘れたことがあるはずがない。むしろ、ペルクッシーナのサンタンドレアで、日がな一日、くる日もくる日も読書と思索に耽ってその腕を磨いていた。ヴェットーリ宛の一五一四年十二月十日付書簡に、判断力のあるところを見せている。マキァヴェッリはこう記している。大方のところ、この戦争の勝者となるのは、おそらくフランスだと思うが、教皇様がフランス側にお味方することになれば、勝利はほぼ確実である。それに、フランスが勝利する方が、相手側の陣営が勝利する場合に比べて、教皇様は凌ぎやすい。また逆に、フランスが敗北しても、悲惨な結果にはならないだろうし、スペイン王と皇帝に与して敗北するよりも我慢できるものだろう。したがって、取るべき道は、ヴェネツィアがスペイン、皇帝側の陣営に加わらないかぎりにおいて、中立であったり、フランスに一方的に肩入れしようという考えを捨てることである。

数日後の十二月二十日に、中立策に反対する理由をより明確にするために、再びヴェットーリ宛に書簡を記している。この書状では、すでに『君主論』で展開した論を要約し、もし自分の作品を読んでくれていたなら、今懸命に求めている知恵を得ていたはずだ、と友人やローマの「権力者」たちに言わんばかりだった。マキァヴェッリはこう説く。中立策が最善であると考える者が多いことは十分承知している。しかしながら、それはきわめて危険な選択であり、必ずや敗北をもたらすものであると小生は考えている。私が政治業務において直接得た知識と同じく、古代の歴史が、私の考えが正しいことを示していると。

マキァヴェッリは続ける。ご承知のように、あらゆる君主の主たる義務は、《憎まれたり、あるいは軽蔑されたりしないように注意すること》であり、このことが領民に対しても、同盟国に対しても重要である。ところが、敵対する両者の間で中立であることは、憎まれ、軽蔑されることを意味する。敵対する両者のうち君主を憎む者は、君主が(この場合は教皇様が)従来の友好関係のためか、あるいは、受けた恩義に報いるために相手側に立つ必要があるのだと考える。もう一方の、君主を軽蔑する者は、君主が臆病で決断力に乏しく、したがって《頼りにならない味方》であり、恐れるに足らぬ敵であると判断するだろう。

教皇は常に皆の敬意と教会の権威を頼りにできるから、他の君主らに有効であることも教皇様には効果がないと反論する者に対しては、マキァヴェッリはこう答える。教会の精神的権威がより強力だった時代に、教皇たちが追放され、流刑に処され、迫害を受け、殺害されたことが、過去にあったではないかと。過去に起きたことは、将来も繰り返されるはずだと彼は警告する。

最後に彼は、教皇様に次の事実を熟考賜るようにと求める。もし教皇様が反フランス側に味方してフランスが勝った場合は、スイスへ流されて《飢えで死ぬような》目に遭うか、ドイツで絶望して生きながらえるか、身ぐるみ剝がされてスペインに売り渡されることになるだろう。もしフランスに味方して、フランスが負けた場合は、教皇様は住処に留まり、国は安泰、王との友好は、王が協定に応じるか、あるいはまた新たに戦争を始めるから保たれる。誠の知恵とは、二つの選択肢の中で、事態が悪い方に転じても、最小限に留められる方法を選ぶことである。

それが政治の師の助言であることは、数か月後に事実によって証明された。一五一五年八月、フランソワ一世はアルプス山脈を越え、九月十三、十四日、マリニャーノでスイス軍を撃破、ミラノ公国から手を引かせ、それを奪取した。ところが、教皇はフランス軍と戦うための援軍を送らなかったにもかかわらず、スペインと同盟を結んだ。そうすることで、法外な金を払うことを避けたのだが、マキァヴェッリが指摘した教会権力を強化する機会を逸してしまったのである。

マキァヴェッリの助言がどのような形で報いられたかについては、私たちが見たとおりである。今度もまた失望したあとに、戦う意欲を失い、諦めてしまうが、時機を待って辛抱を重ね、逆のことを続けてきたのは彼だった。運が下降しないことを期待しつつ、自分の境遇と人間の一般的な境遇を思索し、詩に自分の考えを表す。こうして生まれた『愚か者』という短詩は、五十近いニッコロの人生観と世界観を私たちに教えている。

『愚か者』は、まず最初に、この世の人間の境遇に失望したニッコロの一節から始まる。詩では、人間は無防備に生まれる唯一の動物であり、泣きながら人生を始めると言う。《人だけが無防備に生まれつく／皮も、トゲも、羽根も、毛皮も持たず／守りとなる毛も、ウロコもない／人の人生はそれを泣くことから始まる／痛みにかすれた声で／それは哀れを誘う光景だ》。人の人生は短く、環境や物欲から生じる絶え間ない悪に悩み、幸運が約束して反故にする善に失望して苦しむ。人は他のどの動物よりも生に執着するが、同時に、他のどの創造物も《恐怖に混乱》したり、《突き上げる怒り》に苦しむことはない。人ははるかに最も残虐な生き物である。《人間だけが／他の人間を殺し、十字架にかけ、衣服を剝ぐ》。人間は自分が神に似る存在であり、創造物の主であると考えているが、実際は、他の動物よりもずっと不幸である。

ニッコロにとって、人生の浮き沈みは不可避の周期である。幸福、あるいは救済に向かって進むのではなく、むしろ、秩序と無秩序、美徳と悪徳、善と悪が交互に起きる。同じことは一つとしてない。太陽の下に留まるものは何もない。《それは進行し、過去において常に、そして未来においても常にそうである／悪は善に続き、善は悪に続く》し、一方は常に他方の原因となる。これは国家、領民、個人に当てはまる。ニッコロはこの過酷なルールの中に、己れの苦悩の理由を探す。抵抗しても無駄な逆運によって、自分が他の何よりも忘恩の苦しみを味わったことを知っている。天が味方してくれるときにしか、幸福な時間は戻ってこないのである。

人は、時機を待ち、時機に適応することが必要である。苦悩、苦痛、不安の時を、強い心で過ごさねばならない。ニッコロは泣くことを望まない。なぜなら《人の涙は常に見苦しいものであったから／自分の運命の応酬に／涙を拭いて顔を向けよ》。涙を拭き、少なくとも微笑みで覆い隠し、防御し、安堵の時を得る。おそらく、彼の微笑の意味を解く鍵は、まさに『愚か者』に彼が吐露した人生観にある。彼の微笑が苦痛を隠す仮面であったことはすでにわかっていたが、なぜ彼が微笑みで苦痛を隠すことに固執するのかはまだわからなかった。彼自身が『愚か者』の中で答えている。彼は、他人や幸運の女神に、涙と悲しみの跡が残る顔を見せたくないのである。というのは、彼が苦しめば、どちらもまたさらに喜ぶはずだからである。もうどうしようもないときには、私たちが見たように、彼は孤独を探す。私は《人里離れた別荘に隠遁》し[97]（『書簡集』）、《いつか私は人のいない土地に引き籠もることになるだろう》[98]（『書簡集』）。自分の悲しみを友人、もっと正確に言えば、リッチャのような女友だちに打ち明ける。女友だち、いや、男友だちの姿が『愚か者』の詩行に現れるのが意味深い。《しばらく時が過ぎたあとも、私と彼女はなお／多くのことをともに話した／男どうしが語り合うように》。

だが、出来るときになすべき最良のことは、人間の滑稽さ、情欲と卑しさ、想像力を笑い、奇妙なほど多様である人間の考えと生き方を笑うことである。つまり、人生という喜劇を笑い、そして、舞台に登場する人間だけで面白くないときには、新しい人間を書き加えるのである。

彼は、最も真面目な作品を著したその同じ書斎で、一五一七年から一五一九年の間に、まずテレンティウスの同名喜劇の翻訳である『アンドリア』を、次に『マンドラーゴラ』を書く。代表的戯曲であるこの喜劇では、何よりもまず彼を笑わせる人物が登場する。何としてでも父親になりたい、あまり知性のない年老いた法律学博士（ニーチャ）、喜びか恐怖で死にたくてたまらない《卑しい愛人》（カッリーマコ）、いつも夫や母親や聴罪司祭の言いつけに従い、徳があり泣き虫の美女（ルクレツィア）、少しでも金になるなら徳も罪もいとわない《素行の悪い》修道士（フラ・ティモテーオ）、若い頃から欲望のまま生きてきた母親（ソストラータ）、ルクレツィアの夫を説き伏せて、喜ぶカッリーマコをその美しい若妻のベッドに迎える大計画を成功させた、人の弱みにつけ込むのがうまい居候（リグーリオ）。

顎の関節がはずれるくらいに聴衆を笑わせようとして、彼は喜劇を書く。喜劇の前口上で、笑っていただけないときには、ワインを振る舞う所存であります、と謳っている。だが、悲しみを打ち破るために最初に笑うのはニッコロであり、私がこういたしますのは、《悲しみの時を心地よく》するためなのでございます、と前口上で説明する。悪意に満ちた運命によって、《分別のある偉大な》男にふさわしい事業を考えることを邪魔されたから、その喜劇こそが、彼が《顔を向ける》ことができる唯一のものとなった。

もし、喜劇と笑いに顔を向けなければ、悲しみと涙にまみれたままだっただろう。だから、彼はこの満足を、幸運の女神にも、他の誰にも渡したくなかったのである。

第一八章　歴史の香り

　偉大な心を持つ者は、過去の出来事や人物や言葉を、想像力で再現することができる。そして、とりわけ、野心や卑劣さがことごとく現在を支配するとき、未来が嵐を予見させるとき、歴史の中に心の支えを見出す。想像の目で見た過去の偉人たちの行動は、光を得てさらにその輝きと価値を増し、眺める者に真似をしたいという思いを抱かせる。しかしながら、現在の状況は、過去の偉人たちの手本に倣うことを許さず、歴史を師に選んだ者が判断を誤ってしまうことがたびたびある。こうした危険にもかかわらず、歴史を探索できる者は、他者が気づかない思想や行動の可能性を発見するし、自分が見出した事柄を語るとき、頭と心に直接響く言葉を用いる。しかも、歴史は、教訓や訓戒以上に、偉業の傍にいることを許してくれる。人生という喜劇に飽きたとき、それが歴史の出番である。よい生き方とは、一方からまたもう一方へと、生き方を移り渡ることなのだ。

　だが、自分を見失わずに、あるいは、混乱することなくそれができる者は数少ない。ところが、ニッコロはこの術の師であった。『マンドラーゴラ』に最後に手を加えていた頃、『ディスコルシ』はまだ完全ではなかったものの、ほぼ完成間近だった。『マンドラーゴラ』は、一五二〇年にフィレンツェの謝肉祭で上演されて大成功をおさめ、同年のおそらくそれより少し前にローマで、一五二二年にヴェネツィア、一五二五年にフィレンツェ、一五二六年には再びヴェネツィアで上演された。『ディスコルシ』の主題はもちろん歴史であり、正確に言えば、ティトゥス・リウィウスによって語られる共和政ローマの歴史だった。リウィウスのページには、平和時と戦時におけるローマ人たちの政治体制や決定事項、ローマを拡大した立法者や執政官、軍官の行動が描かれている。

マキァヴェッリは、そのページから、現在に適応しうる政治行動の原理を引き出そうとしたのだが、だからといって、彼の『ディスコルシ』がローマ人の政治体制や政治理論の価値についての論考にすぎない、と判断するのは間違いだろう。確かにマキァヴェッリは、そこから教訓を引き出したが、それは特に、読者にローマ人の政治の知恵を説くためであり、それを真似るように書こうとしたからである。この目的のために、論考することをやめないばかりか、洗練された筆致で、情熱のかぎりを尽くして、読者が歴史の意味を理解するように、そしてその香りを味わえるように新しいページを書き綴ろうとする。

彼には、現代の人々が古代ローマの歴史の偉大さを理解せず、偉人たちの足跡をたどる気がないのに、様々な人間模様に惹かれて、単なる好奇心からしか歴史を読もうとしないことが理解できなかった。彼が驚き、悲しみを覚えるのは、現在の芸術家が古代の芸術を模倣することに努め、法律家はローマ人の法原理を使用し続け、医師は古代の医師の経験を頼りに診断を下しているのに、君主も共和国も、《共和国を整え、国を保持し、王国を統治し、軍隊を整備し、戦争を行ない、領民を導き》、領土を拡張することにおいて、古代人の先例に倣おうとしないことだった[99](『ディスコルシ』序文)。

この悲しむべき事態の原因には、謙遜と諦念を好むキリスト教の悪しき教えが広まったことや、当時の国の多くが腐敗にまみれた平和を享受し続けてきたことがあったが、それ以上に重要なのは、人が歴史を理解しなかったことだった。『ディスコルシ』は、少なくとも、古代よりも、現在の卑しさの原因を排除するための取組みを示している。

このとき彼は、特に彼の時代と、次代の若者に向けて考えを記した。一五一七年の夏から、彼はオルティ・オリチェッラーリと呼ばれる、ベルナルド・ルチェライの庭園に通い出した。そこには、フィレンツェの有力家系の若者らが、詩や政治だけでなく、歴史や国のあり方について語り合うために集まった。マキァヴェッリがこの集まりに加わったとき、ベルナルド・ルチェライは亡くなっていたが（一五一四年）、孫のコジモ・ルチェライが家を守っていた。集まりの顔ぶれには、詩人ルイジ・アラマンニ、哲学者フランチェスコ・ダ・ディアッチェート、フランチェスコ・ダ・ディアッチェート・イル・ネーロ、小アッチェートというあだ名のヤコポ・ダ・ディアッチェート、歴史家ヤコポ・ナルディ、フィリッポ・デ・ネルリ、バッティスタ・デッラ・パッラ、ザノービ・ブオンデルモンティ、アントン・フランチェスコ・デッリ・アルビッツィ、アントニオ・ブルチョーリがいて、そして、重要な政治の作品の著者であるマキァヴェッリが直接対話に加わった。

皆、マキァヴェッリより若かったから、昔の書記官が語る古代ローマの国の政治術や軍事的技術の話に喜んで耳を傾けた。その中の多くの者が反メディチで、共和制支持者となった。この話し合いによって彼は人生を取り戻した。すでに五十歳、政治の世界に戻る望みは捨てていた。若者たちと話をし、古代の歴史や現在の政治を論じながら、自分が学んできたことを教えることで、自分がまだ何かの役に立てる、自分が死んだあとも何かを残せるかもしれないと感じた。その若者たちはフィレンツェの貴族階級に属していたから、彼らに教えることは、自分にできなかった偉業を果たしてくれる可能性がある者を教育することを意味した。この考えと感情は彼の力を倍加させた。幸運がこの若者たちに機会を与えてくれるときが来たら、《私の書物を読む若者たちの心が、現代の惨めさから逃れ、古代の偉大さを手本とする備えができる》[100]（『ディスコルシ』序文）ように、古代の偉大さと現在の悲惨さとのコントラストを浮き彫りにしたのである。

だからいつものように、情熱と、大事に夢中になっていたいという気持ちに突き動かされて書いた。だが、今度は、義務を果たすためにも書いた。その義務とは何であるかを彼自身に語ってもらおう。その文は、重く悲しみに満ちた言葉であるがゆえに『ディスコルシ』の中で最も美しい。《人が善きことを行なえなかったのは、時代と運命の悪意のためであるということを、他者に教えることが誠実な人の義務である》から、教えられた者のうち、《より神に愛された》者がそれを実行することができるかもしれない[101]（『ディスコルシ』序文）。

オリチェッラーリ園の友人たちには、まず第一に、専制君主を軽蔑することを教えた。共和国や王国の創設者が称賛に値するのと同様に、専制政治を強いる者は非難に値すると『ディスコルシ』第一巻の第一〇章で書いた。それは書物の中で最も情熱にあふれる章で、声に出して読まれることを想定して書いたように思われる。若い友人たちの眼前に専制政治の恐怖を示すために、良き皇帝と悪しき皇帝の時代をわかりやすく対照させる。《賢帝に統治された時代には、支配者は安全な領民の中にあって安心し、社会は平和で公正であるだろう。元老院は権威を保ち、行政官たちは名誉を守り、豊かな領民は富を享受し、上品さと美徳が高まるだろう。すべてが平穏であり善に満ちているだろう。一方で、憎しみや放縦、腐敗、野心は消え去るだろう。その輝かしい時代には、皆が自分の意見を持ち、それを守ることができるだろう。最後には、支配者は尊敬と栄光に包まれ、民衆は愛と平穏に満たされ、世界は勝利を謳歌するだろう》。

次に、悪い皇帝が支配していた時代のローマを注意深く思い返せば、《戦争によって残虐を極め、暴動のために不和に満ち、平時も戦時も悲惨な時代であるのがわかるであろう。多くの皇帝は剣で亡くなり、内乱や外国との戦いが絶え間なく起きる。イタリアは新たな不幸に苛まれ、その町は壊滅し、略奪される。ローマは焼け落ち、カンピドリオの丘は市民によって破壊され、古い寺院は荒廃し、式典は堕落して、町には姦淫がはびこる。海は流刑者であふれ、岩礁は血に染まる。ローマでは、果てしなく残虐行為が続くであろう。高貴さ、富、過去の名誉、そして中でも美徳は重大な罪と非難される。中傷する者に褒美が与えられ、奴隷は買収されて主人を裏切り、自由民も主人を裏切る。敵がいない者であっても味方に苦しめられる。そのときに、ローマが、イタリアが、そして世界が、カエサルにどれほどの恩義をこうむっているかを十二分に知ることになるのだ》。

マキァヴェッリは、このことすべてを熟考する者なら誰でも、専制君主に対する憎悪と、良き君主を手本にしたいという強い願望を、自分自身の中に感じずにはいられないと書いている。いやむしろ、真の栄光を本当に求める者ならば、カエサルのように、さらに町を破壊させるためではなく、ロムルスがしたように、再び町に秩序を取り戻すために腐敗した町に暮らしたいと望むべきであろうと。

さらに、人民が主権を持つ共和国は、人民が君主よりも賢明で安定しているがために、君主国や王国よりも優れていると説く。その例に挙げるのは、ローマ人民であり、共和国が秩序よく治められている間は、《卑屈に仕えることなく、傲慢に治めることもなく》、社会生活と政治において自分たちの名誉ある立場を守っていた。服従すべきときには服従し、権力に対して抵抗し団結すべきときにはそうした。知恵をもって選ばれた行政官は、共和国の諸問題に決定を下すために招集され、驚嘆するほど慎重に、事の善悪を見極めることができた(102)(『ディスコルシ』)。

《公共の利益》が守られるのは、共和国においてのみである。権力を持つ市民は、たとえその力が一人ひとりの個人である市民を害することになるとしても、公共の利益に貢献する力を有する。そして、傲慢な権力者たちが個別の利益を強要することを阻止し、それによって共通の自由を守る。《奴隷として生きること》に対置して、マキァヴェッリが共和国をそう呼ぶのを好んだように、《自由に生きること》から無限の利益が生まれる。人民は成長する。なぜなら市民は子どもたちに喜んで世界を託すからである。子どもたちが世界を維持できると信じ、《奴隷ではなく自由人として生まれる》ことを知っているからである。つまり、良き市民であり、卓越した器量があれば、共和国で最高の地位に選ばれうることを知っているからである。富は、それが農業からもたらされたものであれ、商業や芸術からもたらされたものであれ、増え続ける。自分の仕事の成果が保証されるとわかっていれば、各自は財産を手にするために自らの努力を重ねるからである。したがって、自由は結果として、公共の利益のみならず、個人の利益も《驚異的に》増やすのである(103)(『ディスコルシ』)。

オリチェッラーリ園の若者たちは、マキァヴェッリが書記官の時代にフィレンツェがそうだったように、共和国は民衆のものであるか、あるいは、ヴェネツィアのように貴族たちのものであることを知っていた。彼らはきっと、重要かつ、論争すべきであるこの点について話すようマキァヴェッリに求めたことだろう。第一巻第五章で書いているように、マキァヴェッリによると、自由の擁護を貴族よりも民衆に託す方がより確実である。なぜなら、民衆は《支配されないこと》のみを、つまり《自由に生きること》を望むのに対して、貴族は支配することを望むからである。だから、民衆が治める共和国の方が、貴族が治める共和国よりも、自由を守ることに適しているのである。

マキァヴェッリの考えの逆の例がヴェネツィアだった。優れた貴族共和国であるヴェネツィアは、ローマよりもはるかに長く自国の自由を守り抜いただけでなく、羨むほどの国内の平和を享受し続けた。だが、マキァヴェッリは、ヴェネツィアが長期に自由を継続できたのは、攻略が難しいその地理的特性に負うと反論する。また、ローマでは平民と貴族の間に紛争が耐えなかったのに対して、ヴェネツィアでは常に平穏であったから、ローマよりヴェネツィアの方が好ましいとする当時の考え方ついては、数語の言葉に信念を込めて答えている。《平民とローマの元老院との不和が共和国を自由かつ強大にした》。むしろ、《ローマが自由を保持した第一の原因》は、危機的状況が包括的に決着する見通しが先にあったことにある(104)(『ディスコルシ』)。

ローマの歴史や古代史を論じたり、一般論を展開するときも、彼の思いは、常にフィレンツェの歴史や、共和国政府が終焉を迎える原因となった政治の誤りに向けられた。たとえば、領土拡張の問題に触れた章では、歴史上、共和国が領土を拡張したのは、古代のエトルリア人や現代のスイス人のように、同程度の権威を持つ都市間に連邦を築いた場合か、あるいは、ローマの場合のように、一国が権力の中心にあり、他を凌駕しつつ同盟関係を築いた場合か、あるいは、古代のアテネやスパルタ、現代のフィレンツェのように、単純な征服と領民支配による場合であったと述べる。この三つの領土拡張の方法の中で、マキァヴェッリは、最善の方法はローマ方式であり、最悪の方法はアテネやスパルタ、フィレンツェの例であると指摘する。なぜなら、都市を暴力によって支配するのは、もし人々が自由に生きることに慣れている場合は、《困難で骨の折れること》だからである。したがって、フィレンツェが進める政治はすべて破棄されるべきであり、ローマ人を手本とすることがあまりにも困難であるのならば、取るべき道は古代エトルリア人たちの例であるから、連邦を形成し、他のトスカーナの諸都市と同盟関係を結ぶように努めることだとする。

マキァヴェッリが最も懸念するのは、政治の腐敗である。長く君主の下で暮らす領民は、仕えることに慣れ、恩恵を求めるようになり、公的な事柄において決定を下すことを忘れる。それ以外にも、次のような事柄が加わる。腐敗した国に生まれた自由な政府は、少なくとも最初のうちは、領民の支持がないまま、敵対する要因に立ち向かわなければならない。専制君主から益を得ていた者たちや、君主の富によって私腹を肥やしていた者たちは、たちまち共和国を脅かす敵となる。その一方で、《正当なる所定の》理由に対してのみ、公けの名誉と認知を与えることが政府の基本原則であるから、自由な政府は恩恵を与える政治を行なうことができないし、それに該当する理由以外には、誰も褒賞を受けず、名誉を得ることがない。市民は、女、子供の名誉を案じたり、自分の暮らしを心配することなく、《いかなる疑念も持たずに自分の所有物を自由に享受できる》し、《自由に生きることから生まれる共通の利益》を重んじることがないから、自由な政府は、獲得した自由への愛をあてにすることもできない。自由は健康に似ている。私たちは、それがあるときには大切にせず、失ったときに辛い思いをして嘆くのである。

　腐敗した国において、共和国を保持するか、あるいは創設したり、再建するには、制度や法律を信用するのではなく、その制度や法律に再び力を与え得る解放者か、あるいは設立者の器量を頼みにしなくてはならない。だから、次のことが必然であるとマキァヴェッリは説く。共和国が誕生するか、あるいは再生しようと望むとき、《尊大であるがゆえに法に従わない者》は、《王権と同様の権力ならば何らかの方法で抑制される》から、《民衆の国家》よりも《君主国》に近づくはずである[105]（『ディスコルシ』）。

　きら星のごとく輝く政治の知恵を、マキァヴェッリはオリチェッラーリ園の若き友人たちに贈った。彼の死後、『ディスコルシ』は、共和主義的自由という理想を愛する者たちの知的、政治的指針となり、フィレンツェ、ヨーロッパ諸国、アメリカの国々における君主や王の支配を共和主義的自由に置き換えることに寄与した。だが、マキァヴェッリは生きている間に、『ディスコルシ』によって名声を得ることは、ほとんどと言っていいほど、いや、まったくなかった。彼はそのことに安住するしかなかったが、評価され、称賛されることを望んでいたから、無念だった。一五一七年十二月十七日付のルイジ・アラマンニ宛書簡からは、オリチェッラーリ園に通う面々の一人であるアラマンニに、彼が好感を持っていたことがわかる。その中でアリオストが『狂えるオルランド』の詩論で自分のことに触れていないことを知って気分を害したと打ち明けているからである。

フィレンツェに残る数少ない友人といるとき、彼は安堵を見出した。彼らは彼と同じく、フランドルへの旅を夢見る《寒さと眠さで死んだような》不遇の貧しき者たちだった。私たちは大いに語り合い、大いに空想にふけり、《旅の途上にあるかのように》、旅の喜びの半分をすでに味わってしまったかのようだ、とその書簡に書いている。幸せなことに、空想すれば、時空を超えて旅をし、幻滅や退屈、寒さから、わずかなりとも逃れることができたのだから！

空想すること以外に彼を慰めてくれたのは、彼の《仲間》だった。息子のベルナルドとロドヴィーコのことを《一人前になるように》見守り、彼らの師になろうとした。ベルナルドとロドヴィーコが自分たちで書いた短い便りをよこし、フィレンツェに《おとぎ話か何か》を送ってほしいと言ってきたと、一五一八年一月五日付でジョヴァンニ・ヴェルナッチに知らせている。彼は物語が好きだったから、もし東方からおとぎ話が届いていたなら、自ら息子たちに読んで聞かせてやったかもしれない。それに、できるかぎり甥を手助けしてやろうと思い、まず妻を娶るように助言してやり、それから、甥の事業が失敗したときには、できることはほとんどなかったが、何か役に立つためにできるかぎりのことをしてやった。事業失敗の件については、彼が事業をしていたわけではなかったけれども、すでにその道の熟達者になっていたはずである。一五一八年の三月末から四月初旬にかけて、ダヴィデ・ロメッリーニの事業失敗によって被害を被った何人かのフィレンツェ商人の権益を守るために、彼はジェノヴァに赴いている。

会計係でも弁護人でもなかったが、彼は交渉のプロであった。権利の問題に明るくないわけがなかった。彼は法律家の息子であったし、作品中の至るところで原因を認識しつつ権利に触れているし、甥のヴェルナッチのために、《そうなるのが当然であるから》と自分で書くか、あるいは代理人に書かせている。このような倒産の問題について商人たちと交渉することは、それほどの満足をもたらさなかったが、彼は馬に乗りたいという思いをあきらめていなかったから、それに、何かをしていたかったから、いくばくかの金をかき集めるために、仕事を引き受けたのだった。

商用の旅や、友人たちとの楽しい旅をするうちに、彼をとりまく状況は少しずつよくなっていった。幸運の女神が、ようやく厳しい顔で臨むことに飽きたのか、事態はゆっくりと好転していった。一五一九年五月四日、市民というより君主としての格好でフィレンツェを統治し、一五一六年六月にはウルビーノ公の称号も手に入れたロレンツォ・デ・メディチが亡くなった。メディチ家は、その治世の間に、フィレンツェの統治を託すべき男性の正統な後継者を持たなかった。その事態を収めるべく、ローマからジュリオ枢機卿がやって来た。甥のロレンツォに比べて人間的で、教皇レオ十世ほど馬鹿ではない彼は、フィレンツェに新風をもたらした。ロレンツォ・ストロッツィと他のオリチェッラーリ園の友人たちは、元書記官の便宜を図ってもらうために彼のもとに赴いた。ニッコロが八年来待ち望んだ会合は、一五二〇年三月半ばに実現し、早晩、実を結んだ。オリチェッラーリ園の別の友人であるバッティスタ・デッラ・パッラは、ローマからの一五二〇年四月二十六日付書簡で、教皇に彼の境遇について詳しく話をしたこと、《貴兄に非常によい印象を持たれた》ように見受けたこと、ジュリオ枢機卿にマキァヴェッリをよきに計らうよう伝えるようにとのお言葉だったと書いている。彼らは《書き記すか、あるいは何か他の》任務についてきちんと考えていたと説明している。優秀なバッティスタは、マキァヴェッリの優れた点について、オリチェッラーリ園の他の友人たちを代表して教皇に説き、『マンドラーゴラ』の話をして、教皇の軽薄な心情をかき立てた。とにかく、ヴェットーリができなかったことを、恐れを知らない若い友人たちが成し遂げたのだった。彼の最高傑作である『君主論』が開け得なかった扉が、人を笑い、笑わせるために書いた喜劇によって開いたのである。

書く仕事を与える前に、ジュリオ枢機卿と政府は、別の倒産の件の処置を彼に任せた。ルッカ商人ミケーレ・グイニージが賭けで破産したので、他のフィレンツェ商人は、その債権が回収不能になるのではないかと不安に陥っていた。実のところ、その任務を彼に託したのはフィレンツェの商人たちだったが、背後にいたのは枢機卿で、フィレンツェ政庁に相当するルッカ政庁に自ら書簡を書き、フィレンツェ政府もルッカ政府に対して書簡を記した。ともかく、マキァヴェッリは、一五二〇年七月九日にルッカに向けて出発し、帳簿を精査するのではなく、当局と交渉にあたった。何もしないよりはましだったが、書記官時代の名誉があるわけではなかった。フィレンツェ政府発ルッカ政府宛書簡に、当方の商人が二か月間にわたり《当方の一市民であるニッコロ・マキァヴェッリ》を派遣いたしました、という文面がある[106](『使節報告書』)。彼はもはや高貴な人でも、名誉ある者でもなく、《当方の一市民であるニッコロ・マキァヴェッリ》にすぎないのだった。

すでに人生の黄昏時に達していた彼は、任務を果たすときに、自分の知性や自己評価が傷つけられるような屈辱を受けても、うまく対応する術を身につけていた。何年もの間、扉を叩き続けたのに、彼は外に置き去りにされたままだった。今ようやく、扉が少し開いて、ぎこちなく微笑みながら自分を出迎えてくれている。だが、中に入るには、身を屈めて感謝しなければならない。外に閉め出されると、彼は元気を失った。かといって、中に入ると傷ついた。想像力を働かせて、偉大な思考をめぐらせ、恋愛と喜劇で悲しみに打ち勝とうとしたが、今は、忍耐と希望で自分の身を守らねばならなかった。今ある状況からできるかぎりの利を得るよう努めねばならなかった。誇りを傷つけられて、憎悪に身を滅ぼすような男ではなかったし、憂鬱や、フィレンツェで繰り返し受けた身を切られるような苦しみを、もう味わいたくはなかった。

ルッカ滞在に箔を付けるため、書記官時代にいつもそうしていたように、その共和国の政治組織を学び、観察記録を紙に記すことにした。その結果が『ルッカの諸事情に関する覚え書き』であり、まさに称賛に値する政治思想がいくつか含まれている。活動をやめることを余儀なくされていた時代に読書をし、熟考したことで、彼の眼差しは鮮明にとぎすまされていた。彼は次のように考察している。ルッカ国の体制で最も称賛すべき点の一つは、彼らの政府や正義の旗手は、国政の中心であるにもかかわらず、市民に対して直接の権限を持たないことであり、このことは市民の生命や財産を自由に処分できないことを意味している。共和国において最も責任ある地位の者は、すでに大きな力を有しているのだから、このルッカ国の組織は優れているし、もし市民に対する権限も有することになれば、力が強大になりすぎて、国にとって不吉な結果をもたらすであろう、とマキァヴェッリは説明する[107]（『全集』）。

しかしながら、政府が権威を持たないことには批判的である。任期はわずか二か月で、二年以内に再選されることは禁じられているから、大きな名声と威信を得る市民はほとんどいない。結果として、国の最も重要な行政官には権威も知恵もないかわりに、市民の私邸にはそれが溢れることとなる。結局、それが《優れた、市民の、よく考慮された》方法であり、たとえ、大多数（市民）が名誉と責務を分配し、中くらいの人数（元老院）が進言し、少数（執政官）が実行するという、マキァヴェッリが好んだ古代ローマの手法とかけ離れているとしても、このようにルッカ共和国は名誉と責務を分配したのである。ルッカで、彼は二番目の息子ベルナルドからの短い手紙を受けとった。今では十七歳になる彼が、よく書けないペンを使って《ランプの灯りで》急いで書いたのだった。悪天候のせいで収穫できず、マキァヴェッリが売るように言っておいたワインを《ワインを買うために売る》ことになってしまったと伝えている。些細な事柄だが、ニッコロが善人か、あるいは貧しいからか、またはそのどちらでもあったからか、子どもたちに対して尊大ではなかったという印象を受ける。ベルナルドは、母親の言葉もいくつか書き記している。母のマリエッタは《早く帰ってきてほしいと思っている》から、何か持ち帰ってきてほしい。それはおおよそ、ニッコロが約二〇年前に教皇と交渉するためローマへ赴いたときに、マリエッタが自分で書いた言葉と同じである。他の女性に情熱を傾け、恋愛していても、気のいいマリエッタから愛され続ける術を彼は身につけていたのである。

オリチェッラーリ園の仲間で《午後の友人たち》の一人、フィリッポ・デ・ネルリも彼に手紙をよこしている。まず、ザノービ・ブオンデルモンティに男の子が生まれたことを伝えて、この慶事を深い政治的意味を込めた言葉を用いて論評している。彼の考えでは、男子が増えれば増えるほど、トルコ国から身を守るための兵力が増す。貴君がトルコ国について考慮しないのは間違いである。貴君は、ルッカ人に警戒を促し、《歩兵隊を整えることに専心するように》勧めるのがよいのではないか、彼らにとってはその方が塹壕や塔を造るよりも有用だろう。ニッコロは、トルコ人の来襲を恐れていなかったが、きっと、フィリッポの高貴な訓戒をルッカの人々に伝える心づもりであったにちがいない。フィリッポの手紙を読むまでもなく、トルコに対する脅威が頂点に達したときに書かれた『マンドラーゴラ』にそれを見ることができる。一人の女と僧ティモテーオが交わした言葉である。

女　では、このお金をお収めくださいまし。それから、ふた月の間、月曜ごとに主人の魂のために死者のミサを唱えてくださいまし。ひどい人でしたけれど、体が覚えてるんです。思い出すたび、いてもたってもいられなくなりますわ。でも、あの人は煉獄にいるとお考えですか？

ティモテーオ　それはもちろん！

女　私はそうは思いません。私にひどい仕打ちを繰り返したことをご存じでしょう。ええ、あなたにそのことを何度も打ち明けましたよね！　私はできるかぎりあの人から離れるようにしていたんですよ。でも、それはもうしつこくて！

ティモテーオ　ご心配は無用です。神のお慈悲は深きもの。肉欲を断てない者に、悔い改める時間は無限ですから。

女　今年、トルコ人がイタリアに攻めてくるのでしょうか？

ティモテーオ　あなたがお祈りをささげなければそうなるでしょう。

女　お助けを！　神様、悪魔からお守りください！　串刺しにされるなんて、ああ恐ろしや……。

このような口調の対話を書いていたのだから、彼がトルコ人の襲来に関して友人たちに何を話していたかは想像に難くない。フィリッポの悪ふざけは、ニッコロがオリチェッラーリ園や、あるいはフィレンツェの長椅子に腰掛けて午後を過ごしながら、どんなにひどい冗談を口にしたかを知る者には、それだけで十分な答えを示しているのである。

友人たちには、さらに別の自分の才能や想像力の結晶を与えていた。実際に、ザノービ・ブオンデルモンティとルイジ・アラマンニは、一二八一年から一三二八年まで生きたルッカの傭兵隊長である『カストルッチョ・カストラカーニ伝』を手にした。そこには、物語や伝記ではなく、卑しい出自でありながら、備えた器量によって《偉業を》成し遂げ、君主となった一人の男の生き様が描かれていた。マキァヴェッリのカストルッチョ・カストラカーニは、いわば真似るべき手本であった。だから、卑しい生まれであることを誇張しようとして、幼いカストルッチョが《葉の生い茂る一本のブドウの木の下で》聖職者の妹に見つけられた話をマキァヴェッリが作ったとしても、驚くことはない。臨終のカストルッチョに、いかにして国を守ればよいかというマキァヴェッリの考えを語らせたとしても、ディオゲネス・ラエルティオスの言葉を羅列して、記憶すべき格言を引用したとしても、驚くには当たらないのである。

彼は、この作品によって、歴史書を書く任務を彼に与えるようジュリオ・デ・メディチ枢機卿に働きかけてくれていた友人たちに、自分が人文主義の歴史書を記すための修辞学的書法を会得していることを知らしめようとしたのだった。この点から見ると、『カストルッチョ・カストラカーニ伝』は成功だった。ザノービ・ブオンデルモンティは、九月六日付書簡に、《尊敬申し上げるニッコロ・マキァヴェッリ書記官殿》（！）と書いたし、彼とルイジ・アラマンニ、フランチェスコ・グイデッティ、ヤコポ・ディアッチェート、アントン・フランチェスコ・デッリ・アルビッツィ、ヤコポ・ナルディ、バッティスタ・デッラ・パッラや他の者たちが、その作品を読んで、《良い作品で、良く書かれている》と口を揃えて言ったと伝えている。なるほどそれは、歴史学の書物のように《正確》でも、《真実》でもなかったが、祈りの言葉がそうであるように《申し分なく書かれて》いた。カストルッチョに語らせることが、《古代と当代の》作品からの借り物ばかりであることに当然、彼らは気づいていたが、重要なのはそんなことではなく、むしろ、《一節》の質だった。つまり、マキァヴェッリが使ったレトリックの共通性と、筆致の《快活さ》

と《偉大さ》だった。ザノービはこう結論づける。最も出来のよい箇所は、特徴ある「人生」の中に彼の判断を昇華させた、臨終のカストルッチョの言葉、すなわち、作品中で最も洒落たレトリックである。

偉大な歴史作品を書く道は、こうして、友人たちの励ましによって開かれた。《このような物語を書くことに貴君が熱心に打ち込むのがよいと皆は考えているし、私は他の誰よりもそう望んでいる［……］貴君が書いた物語のこの人物像が私は好きだからだ》。そうこうするうちに、彼が帰還する時機がやってきた。メディチ家の援助を受けて、新しいフィレンツェ史を書く計画について彼と早急に話し合うために、バッティスタ・デッラ・パッラがローマから戻ってきたばかりだということもあった。フィレンツェに向かって馬を駆るとき、おそらくマキァヴェッリは、少し軽やかな気持ちだっただろう。到着すると、すでにすべてが調っていて、フィレンツェ史を著す任務が公けに決定された。彼自身が契約の書式を準備していたのである。《いく年にわたり、年いくらの報酬で雇用される。フィレンツェ国と都市においてなされた事柄の年代記、あるいは歴史を、適切と思われる年代から、ラテン語、あるいはトスカーナ語のうちよいと思われる言語を用いて記述する義務を負う》[108]（『書簡集』）。

決定は十一月八日に承認され、報酬は一〇〇小フィオリーニで、書記官時代の給与の半分よりも若干多かった。けれども、そこには名誉があった。彼以前のフィレンツェの歴史家は、著名な人文主義者たちで、レオナルド・ブルーニ、ポッジョ・ブラッチョリーニ、バルトロメーオ・スカーラのような共和国の書記官もいた。だから、彼はよい仲間に恵まれていたのだ。新しい任務は、彼がそれまでに経験したどんなものよりもずっとましだった。

第一九章　修道士と地獄と悪魔の物語

幸運の女神は、そんな目に遭うとは思いもしない境遇に、たびたび人間を追いやっては楽しむ。戸惑いを覚え、混乱し、意気消沈する者もいれば、憤慨して運命を呪う者もいる。だが、目隠しをした女神のゲームに、さらに別のゲームで応えようとする者もいる。悲しんだり、眉をひそめたりせずに、笑い飛ばして楽しむのである。退屈で憂鬱な日々は、こうして記念すべきものとなるのだ。

一五二一年の春、ニッコロがカルピにあるフランチェスコ会修道院の総会に派遣されたときに、同じことが起きた。幸運の女神は、事をよりおもしろおかしくするために、偉大で、冷酷で、権力を有する、当時モデナの統治者であったフランチェスコ・グイッチャルディーニを別格の脇役として彼につけた。その結果として、私たちの前に表れたのが、マキァヴェッリの人生で最も注目される事柄の一つ、つまり、他に類を見ない人間の個性である。

だが、フランチェスコ会、彼の言葉を借りれば、《木靴の共和国》でのニッコロの任務を早々に語ることはしないで、順序どおりに話を進めよう。ルッカからフィレンツェに戻ったニッコロは、別の重要な仕事を片づけねばならなかった。ジュリオ枢機卿が、教皇レオ十世に示すためのフィレンツェの政治体制の改革案作成を、彼に委ねたからである。教皇と枢機卿が彼に意見を求めたのは、メディチ体制の将来を案じたからだった。すでに述べたように、ロレンツォの死後、国を治める直系の子孫はすでに絶え、加えて、ロレンツォの君主としての手法が不満を煽り、体制の終わりを予見させていた。ある者は、恩義を売る政治手法と、《市民的な方法》に敬意を払うことで権勢をふるったコジモ・イル・ヴェッキオ時代の体制を復活させることを枢機卿に忠言した。またある者は、ソデリーニ時代の《広い》共和国政府を再現することを声高に口にした。見解が分かれる中で、メディチ家は、昔の書記官の意見にも耳を傾けようとしたのだった。彼は、数週間前にフィレンツェ大学の萌芽ともいえるフィレンツェ学問所の仕事に就いたばかりだった。

もちろん、マキァヴェッリが断るはずはなかった。いつものように、詳細な助言をいくつか挙げるにとどまらず、フィレンツェの社会と歴史を包括的にとらえて分析した上で、『小ロレンツォ公没後のフィレンツェ統治論』として知られる改革案を著した。まず第一に、コジモ時代のメディチ家に味方した民衆は、今は敵であるから、コジモの手法を取り入れることは不可能であることを示した。当時のフィレンツェは、イタリアの他のどの国に対しても、自国だけで身の安全を守ればよかったが、今はイタリアの諸事情にフランスやスペインが深く関与しているから、もはやそうすることはできない。当時は、市民は謀反を起こすことなく税金を支払ったが、今はその習慣は失われてしまったから、旧来のやり方に戻るのは《憎むべき、危険なことである》。結局、メディチ家は、コジモの時代には、《親近感厚く》振る舞ったから、領民に快く受け入れられたが、今では、《偉大になって》市民としての暮らしぶりを超越したために、フィレンツェの領民が好意的に受け入れたかつての親密さを持つことは、もはやできないのである。

コジモ体制の復活が困難であるならば、フィレンツェに真の君主国を創設することはまったく不可能である。君主国が成立し、保持されるのは、自らの城と武力を持ち得る貴族が存在し、君主と領民の間に身を置いて、国を統治する君主の力となりうる場合だけである。フィレンツェにはそれに類するものはまるでないから、君主国を望むことは、《慈悲深く善良である》と評されることを望む者にとって、《困難であり、非人間的で、不適切なこと》となるであろう(109)(『全集』)。

残された唯一の可能性は、共和政体に戻ることである。その理由は、マキァヴェッリが《中庸の諸国家》と呼んだ君主国と共和国との中間の形態は、最も不安定だからだった。しかしながら、それはソデリーニ体制ではなく、《上層、中層、下層》の三種類の領民に対して、共和政に適した役割を保証できる体制のことであった。マキァヴェッリは、必要ならば、根本的な改革をも導入する勇気を持つべきであると説く。だから、枢機卿に、最後まで読み終えないうちに判断を下さぬように、驚かれることのないようにと断りを入れてから、《秩序の調った共和国》、つまり、教皇と枢機卿が存命であるかぎりにおいて、メディチ家の権力とメディチ派の優位は保証されるという複雑な改革案を示したのである。

困難であるのは、彼が提示した政治改革を行なうようにメディチ家を説き伏せることだった。どれほど用心したとしても、外国軍の兵力を借りて生き延びていた、八年前の憎むべき共和政に戻るのである。彼らの抵抗に打ち勝つために、マキァヴェッリは、持てるかぎりの言葉を武器に説得し、領民を満足させることなくしてフィレンツェには《安定した共和国が存在したことは一度もなかった》こと、領民を満足させるには大評議会の広間を《再び開放する》必要があることを理解させようとした。メディチ家は、敵の力に強制されたからではなく、自ら進んで自分たちの利益を守るために、偉大なる賢明さを示すべきではないかと加えた(110)(『全集』)。

マキァヴェッリは、『君主論』を著したときと同じように、偉業を果たし、永遠の栄光を手に入れることを欲する君主のために、想像力を働かせて、書き記した。だから、言葉に突き動かされるままに任せた。それは、『統治論』に収められた教えから理解することができる。法によって共和国や王国を再建した偉大な政治家や、書物の中だけではあっても、同様に共和国や王国を築いた偉大な哲学者に対して、彼が贈る称賛の言葉に、私たちは直に触れることができる。

人が望みうる最高の名誉とは、祖国から進んで与えられる名誉であると私は思う。そして、なしうる最上の善行で、神に讃えられる最上のものは、祖国に対してなされる善行であると思う。これ以外に、何人のどのような行ないも、法と制度を用いて共和国や王国を改革した者ほど称賛されることはない。この者たちは、神となった者に続いて、最初に称賛されるのだ。というのは、その機会を得られた者は少なく、それをなす方法を知りえた者はさらに少なく、実際になし遂げた者はきわめてわずかだからである。この栄光は、栄光のみに専心した者たちから多大なる尊敬を集めた。現実に共和国を設立させることはできなかったので、著作においてそれをなし遂げた者たち、アリストテレス、プラトン、その他の多くの人々である。彼らは、ソロンやリュクルゴスのように、市民社会を構築することはできなかったが、それは彼らの無知によるものではなく、実践する力が欠けていたためであることを世に知らせようとしたのだった(III)(『全集』)。

問題は、ジュリオ枢機卿が栄光ではなく、順応性に乏しいメディチ体制を延命させることに関心を払ったことだった。彼にはマキァヴェッリの言葉はあまりにも高尚で、制度改革の提案は、メディチ家が馴染んだ政治手法からはあまりに突飛で、かけ離れているように思われた。偉大な君主を教育し、いや、言い方を変えた方がよければ、形成しようという努力も、こうして無に終わってしまった。しかしながら、『統治論』には、真の政治思想の萌芽が見られる。共和国は、法が国のあらゆる構成要素に正しい役割を割り当てる場合にのみ、そして、《各自がそれを手中にし、何をすべきかを理解する》(112)(『全集』)場合において、安定しうるという考えである。多くのマキァヴェッリの思想と同様に、この考え方も、芽を出し、称賛されるようになるには、よりよい時と場所を、とりわけ、よりすぐれた政治家の出現を待たねばならなかった。

彼は、楽しみのためにフィレンツェの歴史の執筆を始め、一五二〇年から二一年の冬の間、幸せな気分で仕事に向かっていた。その彼の気を削ぐようなことが春に起きた。彼のかつて政治の助言者であるピエル・ソデリーニから書状が届いたのだった。月に諸経費に加えて二〇〇ドゥカーティ金貨を支払うという破格の報酬で、ローマのプロスペロ・コロンナの相談役にならないかという話だった。もちろん、魅力的な話ではあったが、マキァヴェッリは断った。彼は、権力や金が欲しいからといって、どんな君主の相談役にもなりたいと思ったことはなかった。特に、宮廷に暮らすということならば、なおさらだった。彼が希求したのは、全力を尽くして、フィレンツェのために何か重要なことを行ない、その行為によって市民に尊敬され、人々の記憶に残ることだった。自分のささやかな欲求を満たし、相応の暮らしができて、自分の息子や娘たちにそれなりの将来を保証してやれるくらいの金が手に入れば、それでよかった。《人が望みうる最高の名誉とは、祖国から進んで与えられるものであると思う》と書き記したとき、レトリックの手法を用いて、心中にある確信を映し出していたのである。こうして、彼はドゥカーティ金貨と安楽を他者に譲り、フィレンツェに留まって歴史を書き始めた。

彼が執筆作業を続けているとき、外交問題を扱う委員会である八人委員会から書状が届いた。その任務は、フィレンツェの支配下にある修道会の司法権について修道士たちと交渉するために、フランチェスコ会の総会が開かれるカルピに赴くことだった。それは、よく出来た冗談のように思われたが、大まじめな話だった。共和国の官吏たちだけではなく、教皇の祝福を受けたジュリオ枢機卿自身が任務を決定したのだった。人生の悪戯には、それよりうまい悪戯で応えてきたニッコロは、要請に応えて、五月十一日か十二日に馬に飛び乗った。

その途上、彼はモデナに立ち寄り、教皇の命により、その所領を治めていたフランチェスコ・グイッチャルディーニに会った。二人は長年の知り合いだったが、訪ね合う機会は一度もなかった。二人は、社会的な立場も、気質も、生き方も、まったく異なっていた。グイッチャルディーニは、フィレンツェの裕福な名望家の生まれで、計算高く、慎重で、言動と行動に細心の注意を払った。自分の感情を制御するのがうまかったから、聖職者たちを心底から憎み、嫌っていたにもかかわらず、教皇から最も名誉ある職を得ることができた。大変な野心家で、地位と金に執着し、成功することしか知らなかった。ニッコロは、庶民の出で金はなかったが、愉快で、向こう見ずなところがあり、意見を述べるときには社交的で、生き方もそうだった。金が好きなのは、楽しんで快適に過ごすためだった。権力を愛したが、それが目的なのではなくて、大事をなすための手段だからだった。だから、彼が栄光に浴したことはほとんどなく、敗北と幻滅に苦しむばかりだった。

ところが、ニッコロは、一四歳も年が下で、自分が一度も手にしたことのない、また、これからも手にすることのないものを多く持つこの男を羨むことはなかった。それどころか、その並はずれた政治力と知性に敬服した。グイッチャルディーニもまた、マキァヴェッリに感嘆した。政治の諸事情を分析する卓越した能力に魅了され、彼の情熱と人間性に触発されて、一度くらいは彼の悪ふざけをいっしょになって笑った。グイッチャルディーニの笑いは、自分が治める国家や政府の大事から、少しばかり自分を解放するためのものだったから、楽しそうでも控えめだったかもしれない。この点もニッコロとは違っていて、ニッコロは、自分の想像力と古代の歴史の中でのみ生き続ける大きな事業を思い描きながら、楽しみたいときに腹の底から笑った。

マキァヴェッリは、五月十六日、即刻任務に取りかかってほしいというイラリオーネとかいう修道士の依頼どおりに、晩鐘が鳴る前にカルピに到着した。その町の頭首の書記官であるシジスモンド・サンティの家に宿をとった。毛織物組合の委員から書状が届いていて、そこには八人委員会よりもさらに奇妙な任務が記されていた。ロヴァイオと呼ばれるジョヴァンニ・グァルベルトという修道士に会い、来たる四旬節の折にサンタ・マリア・デル・フィオーレ教会に出向いて説教を行なうように説得せよとのことだった。ニッコロは目を疑ったことだろう。彼が修道士たちにどのような思いを抱いているかを、毛織物組合の面々が知らないはずはない。彼は『マンドラーゴラ』で、修道士の悪事や淫蕩ぶりや吝嗇を容赦なくこき下ろしたのである。彼が説教を聞きに行くことはなかったし、こう言っていた。《私は説教を聞いたことがない。そのような儀式を私は用いないからだ》と一五一三年十二月十九日付のヴェットーリ宛書状に書いた。彼が聞きに行ったことがあるのは、偉大なサヴォナローラの説教だけだった。政治的な理由からそこへ出向いたのであり、教会の片隅で、修道士の嘘を笑っていたのだった。

彼は、悪魔と地獄を好んで笑った。いつ書かれたものかはわからないが、『ローミティの歌』という詩で、実際の悪魔を見てみれば、《角の数は少なく、色はさほど黒くない》と書いた。おそらくこの頃に書いたと思われる、妻を娶った悪魔が出てくる面白い物語では、プルートンを賢明で正しいとても好ましい君主に仕立て上げている。冥界の君主が語るこの下りを読めばわかるだろう。

貴兄諸君よ、冥界の王である私が、信頼する悪魔たちに告げる。天の配剤と、逃れられぬ運命によって、私がこの国を治めることになろうとも、そして、天の、あるいは、この世のいかなる裁断にも私は拘束されることがないとしても、何よりも法に従い、公正さを最も重んじる者の賢明さが最善であるから、われわれの国で悪行が横行するような場合には、私がどのようにして治めればよいかについて、諸君の忠告に従おうと心に決めた。というのも、われわれの国にやってくる人間の魂は口をそろえて、原因は妻にあったと言うので、そんなことはありえないとは思うが、この関係について判断を下せば、われわれは軽々に過ぎると中傷されるだろうし、判断を下さねば、厳格さが足りず、公正を尊ばないと思われてしまうのではないだろうか(113)(『文学作品集』)。

このような君主の下で暮らしたくないと思う者がいるだろうか?

地獄に関しては、彼の皮肉はとどまるところを知らない。『マンドラーゴラ』でカッリーマコに言わせた言葉を思い出せば十分だろう。《もう一つ、最悪のことは、死んで地獄に行くことだ。他にどれほど多くの人間が死んだことか!　なんと多くの善人が地獄へ堕ちたことか!　お前はそこへ行くのが恥ずかしいと思うのか?》。そのあとキリスト教について冷静に語るとき、穏やかな皮肉は鋭さを増す。キリスト教は、少なくとも彼の考えをまとめると、人間に慎ましさと、地上の栄光を軽蔑することを教え、《あなたが並はずれたことを行なうよりも、苦しみを味わうことを》求める。だから、《世界を脆弱に》した重い責任があり、それゆえに、世界は簡単に邪悪な人間の餌食となってしまうのだ(114)(『ディスコルシ』)。

彼は、聖フランチェスコや聖ドメニコのような人間が、自らの貧困を手本にして、キリスト教の教えを引き継いだのだと考えた。だが、彼らの行為は、現実には、聖職者たちに腐敗する資格をさらに与える引き金になったと書いている。彼らは、多くの信者たちに、《悪について悪く言うことは悪である》と説いたが、それは、教会に《服従して生きる》ことが善であり、修道士が誤りを犯しても《神に罰を任せる》ということだった。したがって、聖フランチェスコと聖ドメニコの真の信仰と説教がもたらした結果は、聖職者は《目に見えず、信じない罰を怖れることはないから、可能な限りの悪行をなす》ことだった[115]（『ディスコルシ』）。

教皇庁については、彼は冷厳である。教皇とローマ宮廷を手本としたおかげで、イタリアはすべての信仰心と、真の宗教的感情を失ってしまった。《私たちイタリア人が教会と聖職者から受けた一つ目の恩義とは、宗教心がなく、邪悪であることだ》。教会がイタリアに与えた二つ目の贈り物とは、君主、あるいは共和国のもとにイタリアが統一され、したがって、安全に自立することを妨げたことである[116]（『ディスコルシ』）。

彼は、神に対する畏敬が人間の品行に良い影響を与えること、法や、君主、あるいは共和国の権威に力を与えることを認めている。神への信仰を守ることが、共和国の偉大さを示す口実となるのと同じで、信仰を軽視することは、国の崩壊をもたらす原因となるという結論に至る。というのは、神に対する畏敬がないところでは、《国は滅ぶか、君主に対する畏敬によって宗教の欠点を補うかのどちらか》が必然だからである[117]（『ディスコルシ』）。彼の言う神とは、カストルッチョ・カストラカーニのように、偉業をなす君主の友人である政治的な神であるか、あるいは、君主に偉業をなすように奨めるレトリックとしての神である。それは、キリスト教の神と共有する部分がわずかしかない神であって、信仰の柱でもなければ、希望の源でもない。

これが、修道士や説教士と交渉するためにカルピに派遣された男の宗教観だった。事は、厳格なグイッチャルディーニでも我慢できないほどコミカルなものだった。彼がニッコロに書いた手紙では、ニッコロと修道士たちとの様子が注目される。グイッチャルディーニは、こう書いている。親愛なるマキァヴェッリ、毛織物組合の代表者たちは、説教者を探す任務を君に託すという、誠によい判断を下したようだが、それは、同性愛者として知られるパッキエロットか、あるいはサーノに《美しく色気たっぷりの妻を友人に探し出す》役目を与えたのとまるで同じではないか。君には代表者たちが君に寄せる信頼に足る働きができるだろう、と意地悪な言葉をつけ加えている。

さらに意地が悪いのは、賢明なるグイッチャルディーニが彼に伝えた精神面の助言である。大勢の修道士に囲まれるうちに、信者になる誘惑にかられぬよう注意した方がよい、貴君はこれまでにまったく逆のことを考えて生きてきたのだし、人からは善人どころか、《もうろくした》と思われるだけだ、と書いている。さらに、二つの危険性があることを警告する。一点は、その《聖なる修道士》らに偽善者の病を移されるかもしれないこと、二点目は、カルピの空気が《貴君を嘘つきにしてしまうかもしれない》ことである。自分はそういう場所を熟知していて、かの地の空気にはどういう影響力があるかは何世紀も前から有名であると言ってのける。さらに、もし、たまたまカルピ人の家に投宿することになったら、《貴君の症状》は《つける薬もない》ものになるだろうと。

ニッコロは、以下のような類の手紙を喜々として書いた。馬に乗った使者から手紙を受けとったその日のうちに、即座に返事をしたためた。それは、彼得意の不遜で冗談好きな、絶好調のニッコロが記した書き出しでわかる。《小生が便所にいると、貴兄の使者がやってきたのだよ。ちょうど世の不条理について思いめぐらせていたときだ……》。だが、世の中が不条理であるからこそ、それ以上の不条理を加えて返事を書く必要があった。その術に長けていた彼ならば、グイッチャルディーニからの激励の書状がなくても、きっとその仕事に就いていたことだろう。事実、そのような考えを持つには最適の、神聖な場所にいて、すでに思いを巡らせていたのである。グイッチャルディーニの手紙を読んだところで、今さら彼には関係なかっただろう。

まず第一に、彼は、友人の言った、共和国の期待する役割を果たせるだろうという皮肉に冷静に答えた。《というのは、小生はお役に立てたときには、例の共和国を失望させることはありませんでした。それができないときには、行動でなければ言葉を用いて、言葉でなければ合図を用いましたから》、今回も《失望させるようなことはございません》。フィレンツェは説教師が必要なのだろうか？　いずれ見つけることだろうが、フィレンツェで名の知れた他の説教師らが持つ欠点のすべてを、自身の中にあわせ持つような者を見つけることになるだろう。ドメニコ・ダ・ポンツォより常軌を逸していて、ジローラモ・サヴォナローラより狡猾で、アルベルト・ダ・オルヴィエートより偽善に満ちた人間である。

この高潔な意志の裏側には、神学的、道徳的に深い理由があった。《小生が思いますには、私たちが多くの修道士とともに経験したことすべてが、一人の修道士とともに経験して済むのであれば、それが、現代の善行に値するすばらしきことであるからです。なぜなら、これが天国へ行く真の方法であると思うからです》。確かに、それは当時の善行に値する事柄である。共和国は、あらゆる理性や秩序に反して、説教師を探すために彼を派遣したのだった。そして、彼は、役目として共和国に仕えたいと本当に考え、皆が望んだのとは正反対の者を探すのである。彼らの選択は、あらゆる理性や論理に反することになるのだろうか？　いや、彼がそのやり方で報いたのだった。彼らは《自分たちを天国へ導いてくれる》説教師を望んだが、ニッコロは《自分たちを悪魔の家へ導いてくれる》説教師を見つけようと考えたのである。

次に、グイッチャルディーニが書き記した心配事については、ニッコロは急いで彼を安心させようとする。《カルピ人のつく嘘については》、小生は彼らの誰よりも優れておりますから、《当地に来て以来、私は自分が思うところを決して口にしておりませんし、自分が話したことも信じてはおりません。真実を話す機会があるときには、わかりにくい多くの嘘で、真実を隠すのです》。無知だったからではなく、大胆さゆえに、自分が思うことを口にして、すでに彼は多くの犠牲を払った。だから、言葉の意味が曲解されてしまう世界で、真実を言うことにどんな意味があったというのだろう？　虚偽や隠蔽は彼の最高の武器だった。恥じることなく、また自慢することもなく、その武器を用いた。彼はすでに何度も真実を話してきたし、これからも言い続けることだろう。もちろん、修道士やカルピ人にではなく、私たちに、著作や書簡の中においてである。ニッコロが、同時代人には、数々の嘘の中に隠してしまうか、あるいは、決して口にはしなかったことを私たちが知るために、時間は、一度だけ助けてくれるのである。

友人を安心させたニッコロは、修道士やカルピの有力者たち、中でも、彼をもてなしてくれた書記官のシジスモンド・サンティとテオドーロ・ピオ司教に泡を食わせてやろうと、とっておきの冗談を考えて、反撃材料を用意していた。彼の企みは、《こちらでも、あちらでも、木靴で互いのあとをつけてまわるように》修道士の間に猜疑心を煽ることだったから、この高潔な目的のためにグイッチャルディーニに《驚かせるような手》を講じて手伝ってほしいと頼んだ。

モデナの領主が、すでに見た内容の書状を槍騎兵に直接届けさせたとき、その者がニッコロに《地面すれすれまで》お辞儀をしたのを見て、皆が大変驚いたのに気がついた。そのあとニッコロは、書状には、皇帝、スイス兵、フランス王の政治に関する非常に重要な情報が含まれていると、重々しい口調で言ったのだった。

結果は、予想以上の効果をもたらした。ニッコロはこう語っている。皆は、《帽子を手に、口を開けたままでいた》。そして、私が書状を書くと、《周りに人垣ができ、長い書状を記す私に驚いた様子で》、私を驚異の目で見るようになった。私は、きわめて重要な案件を書いていると思わせるために、時折り書く手を休めては、大きく胸をふくらませて深いため息をついた。すると彼らは好奇心と称賛の気持ちをにじませんばかりとなった。

この時点で、おちゃらかしの計画は、ニッコロの頭の中で明確に出来上がっていた。明日も槍騎兵を送ってほしい、《だが》、皆が仰天するように《汗まみれになって、走って当地に到着するように》、そうすれば、私は評判を得るだろうし、貴殿の槍騎兵や馬にも、いい訓練になるだろう、春はそれにはもってこいの季節だから、とグイッチャルディーニに書くのである。幸運の女神と人間が、彼を笑い者にしようとして修道士のもとへ放り込んだのだから、ニッコロはそれ相応の仕返しを仕掛ける。呆けてしまうぞというグイッチャルディーニの痛烈な皮肉に応えるには、そうするのが最も効果的な方法だった。

グイッチャルディーニからの返答はその状況にふさわしいものだった。翌日の五月十八日に、モデナから、別の槍騎兵が、前の兵よりも息せき切って到着した。そして皆に、マキァヴェッリ殿は、修道士の間にあるもめ事よりも、きわめて深刻な事態に対応するため当地に参ったお方であると言った。グイッチャルディーニは、真の師匠らしく、チューリヒから届いた書簡類を同封して、書簡が分厚く見えるようにしておいた。ニッコロが見せびらかすか、手に隠し持つかして、効き目がある方法を選べるようにしたのである。参事会の書記官に書状を書いて、貴殿の客人は《きわめて希有な御仁》であると伝えておいた。疑念を持った書記官が、何について希有でござりましょうかと訊ねたが、一言も答えず、書記官の好奇心を煽って、ニッコロの一挙手一投足に注意するようにし向けた、と最後に、マキァヴェッリに知らせている。修道士の間に悶着の種を蒔く作業を続けさせるために、書簡は、胸を打つ激励の言葉で締めくくられている。うまく遂行すれば、任務は《貴殿が決してなしえなかった最も優れたものとなるだろう》し、《彼らの野心と悪意》があれば、それは難しくはないはずだ、とグイッチャルディーニは書き記している。

カルピの修道士たちの相手をするマキァヴェッリの状況は、グイッチャルディーニには、その日のうちに取りあげるには、あまりに馬鹿馬鹿しく思えた。だから、ペンを取り、鋭い観察者として、自分の世界のことを書き表した。彼の淋しい状況をまるで鏡に映し出すかのように、一方では、もちろんニッコロを慰めただろうが、もう一方では少しばかり悲しませることを、対照的に記したのだった。グイッチャルディーニはこう書いた。《親愛なるマキァヴェッリ。共和国使節、修道士の使節という君の肩書きを読むたびに、私は、君が以前に交渉したいく人もの王や公爵、君主のことを思う。数々の勝利を収め、戦利品を獲たリュサンドロスが、誇り高く指揮した自身の兵士に肉を配給する任務を与えられたことを思い出してしまうのだ(118)》(『書簡集』)。

リュサンドロスとマキァヴェッリを比較させながら、グイッチャルディーニは、人生の、特に、政治の変遷を理解するには歴史が有用であるという一般的所見を持つようになる。《君はわかっているだろうが、人間の顔や外見が変わっただけで、まったく同じことが繰り返されている。過去に見られなかった事柄は、いかなる事でも、現在に見ることはないのだ》。マキァヴェッリもまた、同様の見解の持ち主だった。ちょうど、『ディスコルシ』で次のように書いていた。《賢明なる者は、これから生じることを知りたい者は、過去に生じたことを考えたほうがいいと言うが、それは偶然ではなく、正当なことである。というのは、この世のあらゆる時代のすべての事柄は、過去の時代の事柄にまったく一致するからである。その原因は、過去に同じ情熱を持ち、現在も変わらずその情熱を持つ人間が行動することによって、必然的に同じ結果に達するからである(119)》。(『ディスコルシ』)

しかしながら、グイッチャルディーニは、自らの偉大な政治的経験から得た産物である、ある重要な忠告を加えている。たとえ過去の出来事に似ているとしても、物事の名称や外見は変わるから、偉大な知恵を授けられた人間だけが、眼前に展開することはすべて、過去においてすでに生じたことであると認識できる。だから、ニッコロがいく度もくり返し、古代ローマ人の先例に倣うように説き続けてきたけれども、過去の事態や解決策に照らして現在の諸問題の解決策を提示するときには、慎重を期す必要があるというのである。

グイッチャルディーニは、すべて明確に細部まで注意深く論じる自らの政治分析の手法と、マキァヴェッリの一連の手紙に見られるような、一般論に照らして例を展開する手法の違いを、明らかにしたかったのである。実に、グイッチャルディーニは、友人に対して、その馬鹿げた任務からよい点を、少なくとも、修道士の国（木靴を履いた者たちの共和国）という、特殊な共和国の典型を知る機会と考えて自分を慰めよ、そうすれば、共和国や君主国の他の抽象的なモデルとの面白い比較ができるだろうと言った。この点こそ、自分にはほとんど関心がなく、マキァヴェッリが『君主論』や『ディスコルシ』で論じた事柄だった。

グイッチャルディーニは、自分の言葉を和らげようとして、次の使者にはいつもの「重要な」書簡の他に、うまい菓子も持たせてやろうと約束する。カルピ人にひと泡吹かせる冗談にもっと味付けするためだった。グイッチャルディーニは利口だったが、《たちの悪い》教会の文書係が悪ふざけに慣れて、二人のフィレンツェ人が企んだ策略に気づき、仕返しを図ることを怖れていた。だから、悟られぬようにせよ、それがうまくいくかぎり、うまいものが食えるだろう、と注意を促した。

ニッコロにとって運のよいことに、仕掛けはうまく運んでいた。大きな書状の束を持って別の槍騎兵が到着すると、シジスモンドと近所の者たちは皆驚いていたと五月十八日付書簡にニッコロは書いている。

だが、彼もまた、シジスモンドが何か疑いを抱いているのではないかと心配し始めた。カルピ人たちがどこかよそよそしくて、修道士しかいないこの《アラビアの砂漠》の地で、何のためにそのような長い書状を記すのか不思議に思い始めているように見えたのである。それに、マキァヴェッリが家では寝るか、本を読むか、くつろいでいるのを見て、本当に重要人物であるのかどうかも怪しんでいた。幸いなことに、食事は十分だったし、《私は犬を六匹、狼を三匹平らげる》とニッコロは言ってのけた。だが、人生の冗談に相づちを打ち、忘れられない食事に舌鼓を打って悪ふざけを楽しんでいるうちに、人の悪いシジスモンドではあるが、その気の毒な人間に少しばかり良心の呵責を感じるようになった。だから、世話になっている義理があるし、もし彼がフィレンツェに来るようなことがあれば、《元気をつけてやろうと思う》と共犯のグイッチャルディーニに告白している。修道会の者がフィレンツェに来ることが一度もなくてよかったが、マキァヴェッリから受けたいたずらに報いてもらうのだから、きっと何度も食事をご馳走になることができただろう。

冗談と食事の間でそうこうしつつも、修道院の分裂問題とフィレンツェの説教師の問題の解決もしなければならなかった。ところが、どちらも進展のないままだった。マキァヴェッリが名づけた例の《裏切り者のロヴァイオ》は、もったいぶって、私はフィレンツェでどのように説教すればよいのかわからないし、投獄されるのではないか、真面目に取り合ってもらえないのではないかと思うと恐ろしい、と言い訳を並べ立てた。ロヴァイオは、最後にフィレンツェへ行ったときに、私は商売女には黄色のヴェールを義務づける法律を承認するように提案したとマキァヴェッリに説明した。ところが、今では、私の法律などおかまいなしに、《勝手な格好で》出歩き、以前にも増して尻をふって歩いていると妹から聞いている、と怒りに打ち震えた声で言ったのである！

商売女や娼婦に対して敬意と愛情を持っていたニッコロは、どんな顔をして、そんなご託宣を聞いていたのだろう。フィレンツェ中で強烈な冗談好きで名が通っていた彼は、当意即妙に修道士に返事をするのを、あるいは、大笑いするのを、どうやってこらえていたのだろう。ところが、彼は、一流のとぼけたせりふで腹を立てる修道士をなだめてしまった。《驚かれてはなりませんと言って、その者を慰めてやりました。大きな国は一つの目的に長くを費やさないものです。今日あることをなしても、明日それをなさないことがあるのです。そう言ってローマとアテネの例を引いたのです》。この言葉に修道士はすっかり安堵し、フィレンツェ来訪をほぼ約束したのだった。マキァヴェッリだから、この類の策を成功させることができたのである。

だが、彼と共犯のグイッチャルディーニの不安は的中した。その有名な菓子を持って槍騎兵が到着したとき、修道会の裏切り者は事の仕掛けに気づいた様子を見せた。ニッコロは時を移さず、グイッチャルディーニに事件を知らせて、不安に満ちた言葉を綴る。悪魔が三万集まったくらいずる賢いから、《畜生！奴とのことは早く片づけなければならない》。使者が到着したとき、《ご覧なさい。何か重大なことがあるにちがいない、使者が頻繁に来るではないか》と叫んだ。マキァヴェッリは、窮地を脱するために、グイッチャルディーニにも関係する重大な案件をフィレンツェに残したままにしてきたのだと言った。だが、彼は、事が露見して、修道士にほうきで《宿屋》からたたき出されはしないかと案じていた。一人ひとりとできるかぎりの交渉術を用いて話をしたにもかかわらず、修道院の分裂問題も、説教師の問題も解決できていなかったが、手遅れにならないうちにフィレンツェに帰った方がいい。

事は悪くはならないもので、《食べごたえのある食事と寝心地のよいベッドなど》を三日間楽しむうちに、彼は元気を取りもどした。体力とともに知性も沸いてきた。グイッチャルディーニに宛たカルピからの最後の書簡に、彼独特の皮肉でこう書いた。今回、木靴の共和国を訪問することで、私は《善を持つ》修道士たちの多くの組織を知ることができましたが、特に、沈黙に対応せねばならないとき、それは比較する上で役に立つでありましょう。と申しますのも、確かな裏づけをもって、《彼らは食事中の修道士よりも物静かでありました》と言うことができるからです[120]（『書簡集』）。

例のイラリオーネ修道士自らが、八人委員会宛の書状を持って、急ぎフィレンツェへ行きたいと望んだのを利用して、翌日の五月十九日か、遅くとも二十日のうちに、彼は馬を駆って木靴の共和国に別れを告げた。イラリオーネ修道士は彼に、五月二十二日までにはフィレンツェにいるように出来るだけ努めてほしいと命じた。だが、彼はモデナに着くと、修道士の命令など鼻で笑い、馬を早く走らせることができないほど《気分がすぐれない》と言い訳して、友人のグイッチャルディーニのもとに留まった。そして、政治の重大な事柄を論じ、修道士相手の悪ふざけがうまく運んだことを、そして木靴の共和国のすべてを心から笑った。微笑と、これまでで最もばかげた状況にも対応できる能力で、彼は一度だけ、幸運の女神を欺いたのだった。

第二〇章　最後の恋愛

ニッコロの人生は終わりに近づいていた。もはや終章が近いことを告げるのは、容赦なく過ぎゆく年月ではなく、活力ある日々を生む情熱、すなわち、女性への愛と、フィレンツェやイタリアのために偉業をなしたいという欲求が衰えてきたことだった。時間は、欲求を鎮めないで、力を弱めてしまうことがよくあるが、彼の場合、愛は別だった。彼から政治への欲求を奪ったのは、政治に関する彼の知識に耳を傾けることもなく、ましてや、それを実行しようとは思わない者たちの、悪意や卑劣な行為だった。彼の人生は、よくある他人の人生と同様に、挫折と悲嘆のうちに幕を閉じる。歴史家、喜劇作家、悲劇作家、ニッコロ・マキァヴェッリ。一五二五年十月の書簡に彼はそう記した。彼は歴史と喜劇を著したが、一つの悲劇も書かなかった。悲劇とは自分の人生であり、そのことに彼は最終章で気づいたのだった。

カルピの任務から意気揚々と帰還して数か月が過ぎた一五二一年八月、重要な著作『戦争の技術』が、フィレンツェの書店フィリッポ・ディ・ジュンタから出版されたことを、ニッコロは喜んでいた。その序文で、怠惰に過ごさざるをえない生活状況に落胆しないために書いたのだ、と彼自身が述べている。彼の言葉は信じるに足る。というのは、彼が軽蔑する者がいるとしたら、それは、有益な、あるいは、重要なことを何もしないで人生を無駄に過ごす怠け者だからである。『ディスコルシ』の輝かしいページに、彼が《恥ずべきであり、憎むべきである》と書いたのは、《人間にとって有益で名誉を生み出す美徳、文学、そして、他のあらゆる技術の敵であり、不信心で暴力的で、無知無能、怠惰で卑劣である者たちである》(121)(『ディスコルシ』)。だから、彼のように、古典古代に、とりわけ、伝説になるほど偉大な古代ローマの軍事制度に魅了された、オリチェッラーリ園の友人のために書いたのだった。

彼はその著作をロレンツォ・ディ・フィリッポ・ストロッツィに献じた。自分が最も暗い年月を過ごしていた頃に、何度か贈り物をして助けてくれたり、ジュリオ・デ・メディチ枢機卿を紹介してくれたからだった。戦争や軍隊について著したのは、自分がまだ書記官であると感じることができたからかもしれない。あるいはまた、オリチェッラーリ園の若い友人たちが勧めてくれたから、《市民であり、フィレンツェの書記官であるニッコロ・マキァヴェッリ》として読者に自分を示そうと考えたからかもしれない。

さらに、彼の提言は、彼が以前に擁護した、少なくともその一部を、書記官の頃に書物の基調論文に書いて実現しようとした案であった。すなわち、戦術の訓練は、市民生活に必要な基盤であり、達成すべきことである。適切な防御なくしては、市民生活の秩序は、現実には《意味がなく》、滅びゆく運命に至る。それは《豪奢で立派な邸宅を、さらに金や宝石で飾り立てて》はいても、雨を防ぐ屋根がない部屋と同じである(122)(『全集』)。

一五一二年八月から九年の歳月が流れていた。マキァヴェッリが考え出して、創設した軍隊は、スペイン歩兵と戦わずして総崩れとなった。友人や敵が、彼に面と向かって、あるいは、陰で、どれほどその恥ずべき敗北を責めたことだろうか。今なら、一度の敗北が軍隊の創設案が誤りであったことを証明するわけではない、とはっきり皆に答えることができる。ローマ軍もハンニバルの軍も敗れたが、ローマやカルタゴの軍事組織の価値を云々する者は一人もいなかった。フィレンツェ軍はプラートで敗北を喫したが、それは、命令伝達も訓練も十分でなかったからだ。だからといって、このことが、共和国の防備を、傭兵隊長や傭兵部隊に頼るのではなく、市民や周辺部の領民からなる軍隊に託す計画が誤りであったことを意味するのではない。正規軍は、ともかく、廃止されずに改善されるべきだったから、『戦争の技術』の中で、その修正案について細部に至るまでを、マキァヴェッリは説明している。

『戦争の技術』は、戦術に関する助言の他にも、重要な政治的教訓を含んでいる。秩序正しいいかなる王国も、共和国も、自国の臣民や市民が、戦争を自分たちの技術として用いることを、つまり、職業軍人になることを許さない。戦術の目的は、戦争ではなく防御であり、統治者は、臣民や市民を守るために《平和を愛し、戦争の仕方を知って》いなければならない、とマキァヴェッリは説く。彼は、軍人の美徳、まず第一に、勇気、力、そして規律を称賛するが、権力の顕示、あるいは威厳ある、恐ろしい出来事としての戦争を決して賛美しない。戦争は計り知れないほど汚れた残虐行為であり、その矛先は、とりわけ、非戦闘員と無防備の者に向けられることを、彼は経験からよく知っていた。最悪の戦争とは、法も、規律も、名誉もない戦争に生きる傭兵部隊のものであることを知っていた。特に、戦争は、祈りや懇願、あるいは金によってではなく、秩序正しい軍隊によってのみ停止することを知っていたのである。

『ティトゥス・リウィウスの最初の十章に関する論考』で見られるように、マキァヴェッリは、彼の時代のイタリアの悲惨さと比較し、古代ローマの輝きに目がくらむことがあった。彼は、移動式大砲の導入が戦法を変えつつあることに気づいていなかった。執筆中に、その変化が始まったばかりだったことを考慮しなければならないし、砲兵隊は重要でないとは言っていないが、戦争の《中核》は今なお歩兵隊にあると考えていた。加えて、彼は、古代の偉大さを取り戻すことができると考えていたから、この信念は、まったく強靱であるがゆえに、彼の政治思想には、内容よりも細部において弱点があった。さらに、彼は、古代の政治から喚起したいことを、他のどの作品よりも『戦争の技術』でより明確に述べた。《名誉を授け、善行に褒賞を与え、貧困を侮蔑せず、軍事訓練の方法と統制を尊敬する。市民が互いに敬愛し、分裂せずに暮らし、個人の事柄よりも、公けの事柄や、今の時代に適していると思われるような他の事柄を、大切にするように義務づける》。彼は、当代の人々に対して、自分たちの生き方よりも、そのような生き方が優れていると説くのは難しくはないし、古代の君主に倣い、秩序を保つ共和国は、言うなれば、何人も《この木陰でより幸福に、より満足して[123]》(『全集』)生きることができるような大きな木だと理解できる、と考えていた。

マキァヴェッリは、『戦争の技術』によって、若者や次代を担う者たちに、自ら勉学や経験によって積んだ知識を贈り物として残そうとした。人生で得たすべての知恵を、国家や人民の新たなあり方に取り入れようと望んだが、すでに年老いてしまった自分には、実践する機会はないことを知っていた。彼は自分のこの宝物を死から救いたかった。文学的な虚栄心よりもずっと小さな罪であるが、だからこそ、彼は紙に書き記したのである。彼の遺産には、自然に対する恨みがしみ込んでいた。自然は、《私をこの遺産の鑑定家にするべきではなかったし、あるいは、私に実行する能力を与えるべきだった》からである。彼は、《詩、絵画や彫刻に見られるように、この国は、死せる事物を蘇生させるために生まれたのだと思う[124]》(『全集』)から、イタリアには真の戦争の技術を再生出来うるという考えを抱いていた。

その著作は、重要人物からも大変によい評価を得た。ジョヴァンニ・サルヴィアーティ枢機卿は、一九二一年九月六日付書簡で、マキァヴェッリは、《現代の戦術のよい点のすべて》を、《古代の戦術に完全な方法で》結びつけ、《不敗の軍隊編成を行なった》から、その書物を大変気に入ったと言っている。

枢機卿は、貴君の書物は、たとえ新たな結果をもたらすことがなくても、少なくとも、われわれの時代のイタリアにおいて、《真の軍事行動のあり方》を知る者がいたということを示すだろうと評した。

それから数年もたたないうちに、枢機卿は、戦術を知りえた者は、教会とイタリアのために、それを行使することができず、それを行使した者は戦術を知らなかったという苦い結果を目の当たりにすることになる。もちろん、マキァヴェッリは、枢機卿の言葉を喜んだし、彼の作品が十六世紀に七度も版を重ね、ヨーロッパの他の言語に翻訳されたことを知ったならば、さぞかし喜んだことだろう。だが、政治から遠く離れ、鶏とニワムシクイに囲まれて、サンタンドレア・ディ・ペルクッシーナで過ごす苦しみが、その称賛と評価によって取り除かれることはなかった。

彼は、軍事の専門家としての名声が高まる一方で、レオ十世とジュリオ枢機卿から依頼された『フィレンツェ史』の仕事に取り組んでいた。レオ十世は、それを重視しなかったのではなくて、マキァヴェッリの労作を読むまで長くは生きなかった。一五二一年十二月一日、教皇は、フィレンツェの支配者であるジュリオ枢機卿を、ただ一人残して亡くなった。約一年前にレオ十世がしたように、枢機卿も、政体を牛耳る能力を持つメディチ家直系の跡継ぎがいないことを案じて、国の組織改革を行ない、共和政体を回復することを考えていた。彼も、フィレンツェの国政の専門家らに見解をたずね、その中で、マキァヴェッリにも意見を求めたのだった。それに答えたのが、『一五二二年のフィレンツェ国の改革案の草稿』と題する草案で、すでに決定され、実行される改革案であるかのように記されていた。

上記の作品で、彼がレオ十世に述べていたように、フィレンツェの政治問題の解決策は、共和政体を穏便に改革することだった。ジュリオ枢機卿には、存命中は権力を有することを保証し、ジュリアーノ、ロレンツォの非嫡出子である若いイッポーリトとアレッサンドロには、財産と名誉を保証する。それは、メディチ家が行なう変革ではあったが、共和国へ向かう変革でもあった。共和国が意味するのは、大評議会であり、評議会が召集される《由緒ある広間を回復する》ことだった。マキァヴェッリは、このことをはっきりと述べている。それなのに、研究者たちが、晩年のマキァヴェッリは、君主国の信奉者になるために共和国の理想像を捨てた、と論じるのは驚くばかりである。

教皇レオ十世の治世に期待されたのと同じで、この共和国への夢見るような変革のために、何らかの手だてが講じられることはなかった。というのも、一五二二年の六月初旬、フィレンツェで、聖体節（六月十九日）の日にジュリオ枢機卿を殺害する謀略が露見したのである。その謀反の首謀者は、マキァヴェッリの二人の友人で、ザノービ・ブオンデルモンティと詩人のルイジ・アラマンニ・ディ・ピエロだった。関係者の中には、マキァヴェッリが、オルチェッラーリ園で若い友人にいく度も楽しげに、共和政や暴君暗殺について話していたときに、その会合に通っていた他の者もいた。マキァヴェッリが、他のどの作品よりもオルチェッラーリ園の雰囲気に合う著作である『ディスコルシ』の中で、君主に対する謀反はどれほど困難で危険であるかを、説明していたとしても、彼も加担者であるかもしれない、あるいは、少なくとも教唆したかもしれない、と嫌疑を持たれる可能性は十分にあった。もう一度、監獄と拷問の恐怖を味わうのではないかという心配は、現実のものとなった。そうなれば、今度こそ、生きて出てくることはできないはずだった。

幸運なことに、彼は無事だったようである。だが、ルイジ・アラマンニ・ディ・トンマーゾとヤコポ・ディアッチェートに運はなかった。拷問を受けて白状させられ、六月六日に斬首された。ザノービ・ブオンデルモンティとルイジ・アラマンニ・ディ・ピエロは何とか命が助かり、逃亡した。こうして、オリチェッラーリ園の仲間たちは終わりを告げた。マキァヴェッリは、この若者たちにとても恩義を感じていたし、深い尊敬と感謝、情愛の絆で結ばれていた。彼の最も辛い時期に、政治や古代ローマの事情に注目し関心を示してくれたから、最高の作品を書き記す意欲がかき立てられたのである。器量と社会的地位があり、寛容な精神を持つ彼らに、自分が夢見るだけで満足するしかなかった大事を成し遂げてくれるはずだと期待したのである。死刑と追放によってオルチェッラーリ園には誰もいなくなり、ニッコロはまた、さらなる孤独に包まれ、悲しみにくれた。

そんな日々をさらに悲しいものにしたのは、一五二二年六月初めに届いた、司法長官ロベルト・プッチからの書簡だった。一五一〇年一月に司祭となった弟のトットが危篤であるとの知らせだった。トットは善良な優しい男で、暗い時期に自暴自棄になっていた兄の傍にいてくれた。ニッコロは善人が好きで、感謝の気持ちを忘れなかったから、弟が好きだった。たいした金ではなかったが、会衆が悲しまないように、トットの教区教会でミサを挙げてくださるようにと、主任司祭のヴィンチェンツォにも金を送った。

数か月後の十月、彼は、スペインのカール五世のもとに大使として赴くラファエッロ・ジローラミに短い覚え書きを作成した。自分が何よりもやりたかった任務に選ばれた若者に、彼がどんな思いでその助言をしたためたかを想像するのは簡単である。だから、彼は、共和国代表という名誉を持ち、ヨーロッパの権力者のもとで積んだ外交の知恵の粋を、数ページに凝縮させたのである。『スペインの皇帝のもとに十月二十三日赴くラファエッロ・ジローラミに与える書』は、私たちの歴史においてきわめて重要である。マキァヴェッリが外交という仕事をどのように考えていたか、そして、すでに十年近く遠ざかっていた経験をどう覚えていたかが、理解できるからである。また、この中には自伝の部分があるから、丹念に読む価値がある。

『ラファエッロ・ジローラミに与える書』は、大使の任務に就く市民へ贈る、重々しく、率直な賛辞から始まる。《使節として一国の外交を委ねられることは、市民の名誉の一つであり、その任にふさわしい人でなければそのような役目を任されることはない》。その任務を遂行するためには、大使は、とりわけ《よい評判が得られるように》努めねばならないし、《人のよき手本》となり、気前がよく、誠実であるように努め、《金を惜しんだり、二枚舌を使ったりしない》ようにし、《考えていることと言うことが違う》人間ではないと思われることだ、とマキァヴェッリは説明する。二枚舌を使う大使は、派遣先の君主の信用を失い、そのために、有効な交渉を行なうのが不可能となる。

もちろん、大使は常に真実を口にしてはならない。《ある事柄を言葉で覆い隠さねばならない》場合がある。よい大使は、包み隠す能力を持たねばならないし、事が露見しても、即座に対応できるようにしておかねばならない。だが、その任務が本当に困難であるのは、《終了し、結果が出た事柄》から情報を摑み、《現在進行している事柄》と《これからなすべき事柄》をよく理解することにある。起きてしまった事情について正確に情報収集することは、秘密協定でないかぎりは比較的たやすいが、進行中の協定がどうなるかを理解し、君主の思惑を推察することは大変に困難である。その理由は、君主は常に自分の本心を隠そうとするからである。

大使の仕事のこの部分をうまくやり遂げるために、年老いたマキァヴェッリは、《判断力》と《洞察力》を駆使することが必要だと助言する。つまり、正確な判断を下し、事実に合致することを推測するのである。だから、宮廷にいる多くのおせっかい屋から情報を得なければならない。情報を入手する最善の方法は、情報を与えることである。というのは、《摑んでいることを教えてもらいたいなら、まず自分が知っていることを教えることが必要だ》からである。したがって、よい大使とは、独力で諸事情を十分に理解し、他の者と情報を交換して、自らの知識を豊かにすることができる者である。

つまり、大使は、自らが下した判断が、個人的な評価ではなく、軍事的、政治的状況の客観的分析であると君主に思われるように示せることが重要である、とマキァヴェッリは忠告する。そして、このときとばかりに老外交官の経験のすべてを見せつつ、使うべき策略は、この定型文に戻ることであると言う。《書き記しました諸事情から考慮いたしますと、当地の分別ある者たちは、これこれこういう結果に至るに違いないとの判断であるように思われます》[125](『全集』)。

貴重な『ラファエッロ・ジローラミに与える書』を手渡したあと、マキァヴェッリは、『フィレンツェ史』の作成に没頭する。約束した賃金の支払いを催促するために、義兄のフランチェスコ・デル・ネーロ宛に書いた一五二三年九月二十六日付書簡から、それがよくわかる。ニッコロは、《私があなたに手数をかけたこと》の借りを返すために、《鶏に》あなたのことをよろしく伝えておく、と書いている。サンタンドレア・イン・ペルクッシーナではそれ以上のことができなかったからだった。一年後の一五二四年八月の終わり頃、彼はまだ『フィレンツェ史』から手を離せないでいた。グイッチャルディーニに、その年はニワムシクイを獲ることができなかったと嘆いたあと、作品に取りかかりきりであると言い、今生きているフィレンツェ人をあまり怒らせることなく、ある種のやっかいな出来事を《褒め讃えるか、あるいは、触れないように》綴ったことを、友人から慰めてもらえるなら一〇ソルディ払ってもいいくらいだ、と書いている。賢明な友人からの助言がないので、《真実を述べても誰も傷つかないような》方法を用いることに精を出し、実際に、工夫を凝らした戦略を考え出す。『フィレンツェ史』を書くように依頼したのはメディチ家だったので、コジモ・デ・メディチが《どんな風に、いかなる手段を用いて》フィレンツェで大きな権力を手にしたのかを、あけすけに言うことはできなかったから、もし持論を思いのまま表せたら書いたであろうことを、コジモの敵に語らせたのである。

マキァヴェッリの『フィレンツェ史』の書き方について、この重要な情報を私たちに与えてくれたのは、庶民の出である若者のドナート・ジャンノッティである。マキァヴェッリと同様に、後年にいくつかの大事な政治に関する著作、中でも、『フィレンツェ共和国とヴェネツィア共和国について』の問答で有名になる。それに、ジャンノッティは、一五三〇年に外国軍に抑圧され終わりを告げた最後のフィレンツェ共和国の書記官だった。『フィレンツェ史』に残された証言によると、当時、彼はマキァヴェッリの友人で、老書記官が、これほど微妙な秘密を託すほどの仲だった。

ところが、歴史記述の静かな仕事は、予期できない事柄に中断されてしまう。すべては、マキァヴェッリが、フォルナチャイオ（竈屋）と呼ばれる金持ちのヤコポ・ファルコネッティの家に通い出してから始まった。彼は、サン・フレディアーノ門の外にある、彼の所領の屋敷に政治的な理由から流刑になっていた。そこでは、祝宴や会合が開かれ、フィレンツェの庶民や貴族の男女が集まった。その女たちの中に、若くて美しい、歌手で詩人のバルベラ（あるいは、バルバラ）・サルターティ・ラッファカーニがいたのである。

ニッコロは、一五二四年二月に彼女と知り合った。やがて、自分の欲求に逆らったり、隠したりすることなく、彼女の魅力に引き込まれていった。それは友人たちに冷やかしの種を提供することになった。だから、フランチェスコ・ヴェットーリはフランチェスコ・デル・ネーロに、《長い間待ったところで扉が開くわけでもないのに、食事の頃までその扉のそばで立っているより、フォルナチャイオの支払いでバルベラと時折り食事をする方がずっといいと思う[126]》（『ニッコロ・マキァヴェッリの生涯』）とマキァヴェッリに言ってやってくれ、と書いている。一五二五年三月一日付で、同じフランチェスコ・デル・ネーロに書かれたフィリッポ・デ・ネルリの言葉は、もっと意地が悪い。《マキァ》は君の親戚だし、私の友人だから言わないわけにはいかないが、ここモデナでは、皆が、《家庭の父》が《誰とは言わないが、その人》

にぞっこんだと、彼の噂話ばかりしている、とフィリッポは書いている[127]（『書簡集』）。バルベラと出会ってから一年後、《マキァ》は新たな情熱の鎖に縛りつけられてしまった。

バルベラが多くの男と浮き名を流し、彼とだけ情を交わしていたのではないことに、彼が驚いたり、あるいは、不安を感じていたようには見えない。グイッチャルディーニは一五二五年八月付の書簡で、《君はバルバラがごひいきだが、彼女のような女がそうであるように、皆の気を惹くように努め、中身よりもうわべばかり身をやつしている》と知らせている。だが、マキァヴェッリもそのことはよくわかっていた。モデナの『マンドラーゴラ』での上演が後に取り消しとなったことに関して記した、一五二六年一月三日付書簡で、グイッチャルディーニに書いている。《バルベラや歌手たち（幕間に合唱したり、カンツォネッタを歌わねばならないような）について、貴兄に異論なければ、小生は一リラにつき一五ソルディで彼女を連れ出せると思う。というのは、彼女には愛人がいく人かいて、邪魔をするかもしれないが、こうして手を打てば静かになるだろう》。

とにかく、マキァヴェッリは、運が後押ししてくれれば、一人でも多くの女性に心を開いた。聡明なグイッチャルディーニはそれをお見通しだった。君は《どんな女でも好きだから》と言っている[128]（『書簡集』）。バルバラに熱を上げる一方で、一五二五年の六月から七月にかけて、フィレンツェの任務を帯びてグイッチャルディーニのもとへ赴いた折に、ファエンツァで知り合ったマリスコッタとかいう女の魅力にも賛美を贈る。それどころか、『マンドラーゴラ』の上演を企画するために、モデナへの旅の準備をするときに、バルベラの宿は修道士のところにしてほしいと、グイッチャルディーニに頼んでいる。そうすれば、修道士たちは気も狂わんばかりになるからというのである。たわいもない話だが、修道士を種に悪ふざけをして楽しみたいという思いを抑えられないでいる。だが、それと同時に、マリスコッタのことをよろしく頼

む と言っている。バルバラ、マリスコッタ、理性を失った修道士たちが、『マンドラーゴラ』の場面に登場すれば、それはきっと《愉快な謝肉祭》になったことだろう。グイッチャルディーニ宛の書簡に、《歴史家、喜劇作家、悲劇作家のニッコロ・マキァヴェッリ》(129)(『書簡集』)という肖像画よりも価値のある言葉を署名したのだから。

これは何も、彼の情熱がうわべだけのものだったからではない。彼は、バルベラやマリスコッタに深い愛情を示し、愛着を持っていた。それは、数年前にリッチャについて書いた言葉を思い出させる。現に、バルバラには《貴兄の町を彩るような優しさと慈愛》があったとグイッチャルディーニに明かしている(130)(『書簡集』)。彼は、バルバラの優しさと慈愛に、たとえ少しでも、なんらかの恩恵を与えることで報いようとした。一五二六年の春にバルバラがローマへ行ったとき、マキァヴェッリは、《もし彼女に便宜を図ることができるなら、お願いしたい。彼女は私のことを皇帝以上に気遣ってくれる》とグイッチャルディーニに書いている。一五二五年八月三日、そのグイッチャルディーニに、私は《この世で得る何物よりもまして》マリスコッタとの関係を誇りに思う、と書いていた彼がである。

金も権力もない五十六歳の身の上だったが、詩人の魂と情熱的な欲求はまだ残っていた。女性への愛は、彼にとって、人生に彩りと温かさを与えてくれる貴重な贈り物だった。彼はまだ、愛され方を知っていたのである。彼がファエンツァを発ったあと、マリスコッタはグイッチャルディーニに、ニッコロの《振る舞いや歓談》が好きだったと語った。それにバルバラは、彼がそれまで一度も手にしたことがなかった、官吏に選ばれる権利を獲得する手助けをしたのだった。マキァヴェッリの死から一四年後の一五四四年に、バルベラはロレンツォ・リドルフィに、《マキァ》との昔の物語を、後悔も恨み言もなく、心に刻んでいる証として、《ニッコロ・マキァヴェッリのよき思い出をもたらした愛》という名で、自分を庇護してほしいと求めている。

だが、五十六という年齢は問題だった。フィリッポ・デ・ネルリの言う悪い噂もどうでもよかった。生涯を通じて、彼は怖れることなく、自分の悪癖を明言してきた。評判を気にかける友人には、《実行せずに後悔するより、実行して後悔する方がよい》と言って、自然に従うことを説いた。その彼が、人の意見に耳を傾けるわけがなかった。とは言っても、何よりの心配事は、自分よりはるかに若い女に恋していることだった。だが、後悔したり、逃げ道を探すことは《マキァ》のやることではない。だから、自分のやり方で応える。たとえからかいの対象が自分自身であっても、事を喜劇に盛り込み、それを笑うのだ。

フォルナチャイオを喜ばせて、バルベラに敬意を表するために、一五二五年一月十三日に、そのフォルナチャイオの別荘で上演するための新しい喜劇を書いた。プラウトゥスの古典作品である『カジーナ』に着想を得て脚色し、『クリツィア』と題した。主人公は、若い娘との《愛のことばかり考えている老人》で、その名前は、偶然にもニコーマコである。愛のために馬鹿なことばかりするこの老人を中心にして、すべての喜劇が展開する。恋に落ちた老人を見ることは《きわめて醜悪》だと、マキァヴェッリが登場人物の一人に言わせている。それだけでは十分ではなかったのか、第二幕と第三幕との間に、おそらくバルベラ自身が語った、美しくも残酷な詩を書き入れている。

若き心に宿る愛の
なんと美しきことよ
青春が過ぎ去りし者には
なんと不釣り合いなことよ

愛は歳月とともに力を失い
若き頃には誇りを与え
老いた頃には消え失せる
だから、老いし恋人たちよ
愛の企ては血気あふれる若者に
任せるがよい
愛の仕事に力を注ぐ者ほど
愛の主人に大きな誇りを与えるのだから[131]（『文学作品集』）

だが、哄笑と冗談の裏側には、激しい苦悩があった。バルベラに対する真実の熱烈な欲求に体力が伴わないからだった。それは、年齢を嘆いてみてもどうにもならない、その時の思いを吐き出した言葉だった。それほどまでに美しい女の魅力に、逆らいたくなかったからか、いや、耐えることができなかったから、自分自身をからかうことしかできなかったのである。自分の情熱と、特に苦痛について、しぶしぶ語るニッコロのことはこれまでにも知っている。『クリツィア』の中で登場人物が語るように、《親切心のふりをして、君に話をさせて、陰で嘲り笑う者がたくさんいる》ことを承知しているからである[132]（『文学作品集』）。だが、今度は、数行の詩で、生涯を通じて抱いていた情熱と幻想を打ち明ける。彼はそれをバルバラのために書いたのだが、おそらく過去の恋愛のことも思い描いていたのだろう。

私のはかりしれぬ欲望に

見合う価値があるのなら
今は眠れる憐れみよ
さあ、目を覚ましておくれ
しかし、力と欲望は
同じ歩みを持たぬから
私が感じるのは
それを覆う痛みだけ
ああ、神よ
あなたに不満は申しますまい
私の責めなのだから
ただ、私が見たこと言えることは
美しい人ほど
若さがほとばしる頃を
愛するのだと[133](『文学作品集』)

そうこうするうちに、一五二五年三月初旬には『フィレンツェ史』が完成し、一五二三年十一月十九日に教皇に選出されて、今では新教皇クレメンス七世であるジュリオ・デ・メディチ枢機卿に作品を献じるばかりとなった。時間とともに老齢の苦しみが増し、愛に新たな情熱を燃やしながらも、一生懸命に働いたのだった。いやむしろ、国の歴史を書くことで、その苦しみを和らげ、愛への情熱に休息の時を与えたと言う方が正しいかもしれない。苦しみや情熱が激しければ激しいほど、彼が綴るページはさらに美しく、生気溢れるものになった。

ところが、『フィレンツェ史』を献上するためにローマへ赴くには、五月の終わり頃まで待たねばならなかった。三月には行かないようにと彼に忠告したのは、日頃から用心深いヴェットーリだった。彼は、《献上し拝読を願う》のに適時ではないと指摘したが、そのときは彼が正しかった。二月二十四日、カール五世の軍隊が、教皇クレメンスと緊密な同盟関係にあった仏王フランソワ一世の軍勢に圧勝した。その勝利によって、イタリアはカール五世の支配下に置かれることになったが、常に自分の利益を考える教皇は、カール五世と協定を結んで教会国家の存続を保証させようとしたのである。ところが、皇帝は、特に、レッジョをフェラーラ公から教皇に移譲する条項にこだわり、なかなか協定を締結しようとはしなかった。だから、ローマ宮廷で、フィレンツェの歴史を読むことには考えが及ばないというのは理解できる。

この一連の流れのおかげで、ニッコロの人生は輝かしい展開を見せたのだった。躊躇するカール五世を懸念した教皇クレメンスは、ジョヴァンニ・サルヴィアーティ枢機卿を大使の身分でスペインに派遣することを決めた。そして、ジョヴァンニの父ヤコポ・サルヴィアーティのすすめもあって熟考した末に、難題を解決するのに最適の人物である、才能にあふれ経験豊かなマキァヴェッリを随行させることを決定したのだった。サルヴィアーティ枢機卿と皇帝のもとに赴くとは！　三十歳若返った彼はどんな風だっただろう。もしもその訓令がサンタンドレアに届いていたら、彼は何と書いただろう。それに、どんなに急いでローマに出立したことだろう。だが、またも幸運の女神は、最後の瞬間に背を向けたのだった。ヤコポ・サルヴィアーティは、五月二十四日付書簡にこう書いた。《ニッコロ・マキァヴェッリの件は》《認められることはもうないだろう》。

そのあと、マキァヴェッリは、スペインへ出発するためではなく、『フィレンツェ史』を献上するためにローマへ赴いた。彼の訪問は、教皇自らが与えてくれた金一二〇ドゥカーティの実りを生み、その大部分は、ジョヴァンニ・デ・リッチと結婚する娘のバルトロメーア(通称バッチーナ)の嫁資となった。二人の間には、ジュリアーノ・デ・リッチが生まれ、マキァヴェッリの書簡や覚え書きを大切に保管していたが、残念なことにそれらは永遠に失われてしまった。私は、不遜ではあるが、マキァヴェッリに与えられた一二〇ドゥカーティは、おそらく、教皇クレメンスができた唯一の正しいことだっただろうと思う。

マキァヴェッリは、教皇から金を賜った代わりに助言を奏した。教会とイタリアを救いたいのであれば、例外的な手段に出る勇気を持つことである、ロマーニャの領民を武装し、皇帝軍に立ち向かわせるのがよいと言ったのである。宮廷側はその案が気に入り、その案をグイッチャルディーニにも示す目的で、マキァヴェッリが、ファエンツァに送られた。その土地と人間に通じているグイッチャルディーニに、計画を実行に移すことができるかどうか判断を仰ぐためである。六月十日か十一日に、彼は、教皇庁書記官ヤコポ・サドレートが書いた教皇勅書を懐に入れてローマを発った。そこには、従来の通常の方法では不十分であることが判明したうえは、《尋常ではない》解決策を考える必要があると記されていた。教皇庁は、いや、サドレートは、グイッチャルディーニに、マキァヴェッリに全幅の信頼を置いて、話を注意深く聞き、ロマーニャ領民を武装させる計画が実現可能かどうかについて、早急に秘密裏に応えるように促した。サドレートは、これは、教会国家、イタリア、そしてキリスト教世界を救えるかどうかを左右する、きわめて重大な事案であると書いた。

マキァヴェッリは、六月二十一日にファエンツァに到着した。二十二日、グイッチャルディーニは、ローマ宮廷にいる配下のチェーザレ・コロンボ宛の書簡を送る準備ができていた。その次の日には、コロンボ宛のもう一通の書簡に検討した結果を書き上げて、本書簡を教皇様にお読みいただき、《その態度とお言葉》を慎重に観察し、すべてを報告するように、ただし、教皇様の助言者たちにも見せることを忘れぬように、という但し書きをつけた。

結論は否であった。グイッチャルディーニはこう説明する。ロマーニャの領民を武装させ組織化することは、もし実行することができるのであれば、《教皇猊下がなしうる最も有益で賛美される事柄の一つ》となるかもしれない。だが、ロマーニャの現状を見れば、それは不利益をもたらすであろう。なぜなら、領民は絶えず政治的に対立し、教会には信奉者も味方もいないからである。よい暮らしを望む者は、自分たちを真剣に守ってくれる政府を望んでいるであろうから、教会を愛していない。一方、もめ事を起こす邪悪な人間は、自分たちにとって都合のよい混乱や戦争が起きるのを期待するから、教会を愛していないのである。

マキァヴェッリが提示した、軍隊創設の資金調達のために、ロマーニャ領民から、たとえ一部でも、金を徴収する案については、グイッチャルディーニはこう答える。当地の町は金をしぼりとられてきたから、力ずくでなら新たに金を徴収することはできるだろうが、そうなれば、計画の成功はさらに難しくなるだろう。つまり、多くの難儀にもかかわらず、教皇様が、お考えを実行に移すおつもりであれば、困難にひるむことなく、決意を持って、粘り強く事にかかる必要があろう。だが、それは、常に優柔不断で臆病なクレメンス七世を知っていれば、事を放っておくように言うのと同じである[134]（『使節報告書』）。

マキァヴェッリも、教皇とその助言者たちに、再び自分の意見を聞かせようとして、サドレートに一通の書簡を書いた。七月六日、サドレートは、教皇様は《一考を要するというお考えである》と返事を書いた。マキァヴェッリは、マリスコッタとともに過ごし、グイッチャルディーニとの会話を楽しみ、贅沢な食事を堪能しながら、数日の間待っていたが、ロマーニャで軍隊を創設する案が却下されたことが明らかになると、フィレンツェへ戻った。幸福ではなかったが、かといって落胆したり、苛立っているわけではなかった。おそらく、より慎重であるグイッチャルディーニの考えが通ったのだろう。もちろん、友人への恨みはなかったし、それどころか、ファエンツァ訪問のあと、二人の関係は強まった。

それを示す事実がある。グイッチャルディーニは、彼に、直接自分は見ていないが、手に入れた二つの地所を訪れる仕事を託している。いつものように勤勉なニッコロは、八月三日付で、両方の地所について報告書を書いた。だが、もちろん、見てもいない土地を手に入れた友人を、自分のやり方で、やんわりと冷やかした。フィノッキエートの領地の周りは、半径三マイルの範囲に何も見えないが、《それは楽しい。まるでアラビアと同じだ》と書いている。それから、家についてはひどいとは言わないが、よいとも言わない。要するに、私なら、手を入れたうえで売りたいところだが、今の状態では、《貴兄のように》見にも来ない者でなければ、売ることはできないだろう、と結論づける。

グイッチャルディーニはそれを聞いていい気がしなかった。金に執着したから、悪い買い物だったと言われて、またからかわれていると思うと、きっと不快に思っただろう。最初のうちは、悪い冗談に笑って応えていたが、八月七日付の短い書簡で丁寧に、大仰な称号（特に《令名高い》のような）はやめてほしい、書状には《君に付けられても楽しめる》ような称号だけを使ってほしい、とマキァヴェッリに言っている。だが、その同じ日に、もう一通長い書状を書き送る。その中で、マキァヴェッリの判断に腹を立てた《フィノッキエートを所有する婦人》に話をさせて、この作り話の中で、バルバラとの恋愛から外見で判断してはいけないことを学んだはずだと言わせて、ぶしつけな男にやり返している。《残忍で自尊心のかたまり》を意味する名前のバルバラが、優しく情が深いように、フィノッキエートも《堅苦しさととげとげしさ》の陰に、多くの《よい面》を隠している。それは称賛に値するもので、浅薄なニッコロが用いた叱責の言葉にはあたらない。だから、ご立腹のご婦人は、自分の判断にあぐらをかいてはいけないことを学びなさい、と言っている。というのは、他人には同じような誤った判断が許されても、貴君のような賢明さと経験を持つ者は《受け入れられない》からである。

根が真面目なグイッチャルディーニは、どんなに人がよくても、悪ふざけには苛立ちを隠すことができなかった。《フィノッキエートを所有する婦人》が書いた書簡を読んだマキァヴェッリは、あいまいな笑い方ではなく、彼の一番大切な友人として呵々《かか》大笑したことだろう。このことで仲違いした様子はなく、八月十七日付のグイッチャルディーニ宛書簡に、二、三日したら、ジョヴァン・バッティスタ・ドナとかいう者が失敗してフィレンツェ商人に損害を与えた件を話し合うために、ヴェネツィアに向けて発つ予定だが、その帰りにファエンツァに泊まって、彼女や友人たちと一晩過ごすつもりだと書いている。

ヴェネツィアの任務については、九月六日付のフィリッポ・デ・ネルリの書簡から、彼を呼び寄せたフィレンツェ商人たちが、彼が与えられた仕事をせずに手紙を書くことに時間を費やしているという噂が広まって、困っていることがわかる。また、フィレンツェの友人たちは、《困ったことが起きたときに》《マキァ》がいないので気を落としていたこと、彼がいないと《仲間を集める者》がいないので、もう誰もいつものように集まろうとしなかったことがわかる。後になっていわれのないことだとわかったが、フィレンツェでは、ヴェネツィアでマキァヴェッリが賭け事で二〇〇〇か三〇〇〇ドゥカーティ儲けたという噂も広まっていた。一五二五年の九月頃に、彼を喜ばせることがあったとしたら、それは、ファエンツァで彼を待つマリスコッタと、フィレンツェで彼を待つバルベラを思い浮かべることだけだった。特に、バルベラとのことは、彼にとって最後の愛だった。愛が終わり、手がけていた歴史と政治の著作が完成して、彼の人生は美と夢の彩りを失った。残ったのは、ただ、先頭に教皇、皇帝、王が立つ、卑劣で愚かな人間の芝居だけだった。だが、これは喜劇ではなく、悲劇にほかならなかったのである。

第二一章　ヴェッキオ宮と戦場で、最後に

人生が終わりに近づくと、多くの人は、世間から遠ざかろうとする。未来の世話は他者に託し、夢や幻想をしまい込み、情熱を冷まし、家族、特に子どもたちへの愛情の輪を狭め、まるで永遠の静止、沈黙、孤独へ備えているかのように、他の何よりも静寂を求める。暗黒、冷たさ、孤独を考えることを怖れて、死の向こう側には光と温かさがあるという希望に慰めを求め、愛した者のもとに戻ろうとして、はかない夢を信じる者もいる。

様々な出来事にさらされたからか、そういう気性だったからか、ニッコロは、人生最後の数か月を政治と戦争に浸って過ごしていた。君主や軍隊の指揮官たちに、イタリアを究極の恥辱から救うために必要な決断をするように説いてまわった。馬を駆って、部隊を訪れ、宿営地を調え、砦を調査し、設計した。できるはずはないのに、部隊の指揮官の代役となった。傭兵隊長に、旗を掲げて、異民族からの解放を先導するように命じた。彼は、マリエッタや、子どもたちや、無防備な弱者を特別かわいがった。だが、それはすべて、国の大事に自分が全精力を傾けているときにできることだった。もちろん、最後の恋愛は別だったが、それは、孤独に瞑想した結果生まれた選択ではなく、必然だからだった。激しい情熱に満ちた月

日は、彼の魂の苦しみに私たちが手で触れられるくらいに、これまでにないほど力強い言葉に形を変えた。

私たちは、その最後の書簡を読むとき、イタリアの町を劫略にかけようとして襲い来るドイツ兵とスペイン兵の大軍を阻止するために、時間と戦う彼の、疲れ切った体と、あまりにも多くの苦しみが刻まれた顔を思わなければならない。それでもいつものニッコロだったが、冗談好きで悪ふざけばかりする《マキァ》は、舞台の背景に姿を隠してしまう。

一五二五年の秋、ヴェネツィアから戻ったマキァヴェッリは、イタリアを滅亡に導こうとする君主たちを批判することで憤懣をぶちまけながら、また歴史を書いていた。悲劇の最初の兆しは、ちょうどその頃に現れた。ペスカーラ侯爵で、スペイン軍隊長のフェッランテ・ダヴァロスは、一五二五年十月十五日、反皇帝側に味方するように説得しようとしたミラノ公フランチェスコ・スフォルツァ二世の書記官、ジローラモ・モローネを捕縛させた。その機会に乗じて、スペイン軍はミラノの砦のほぼすべてを獲得し、そうして公国を支配した。モローネが捕虜となって《ミラノ公国は滅びた》、同じことがイタリアの他の君主国にも起きるであろうが、《なす術がない》とマキァヴェッリは書いている。

彼にはよくわかっていた。イタリアの国々は、武力を持たず、分裂し、力も知恵もない君主に統治され、道徳的、政治的腐敗の巣窟である教皇庁が半島の中心にあるから、外国勢力の手に落ちても仕方がない、ということを以前から知っていたからだった。イタリアの事の結末と、その原因をすでに知っていたのに、また歴史を書くことに何の意味があったのだろう？　歴史について残りのことは、『十年史』にすでに書いているし、特に、『フィレンツェ史』では、フィレンツェの出来事をイタリア史の文脈に置き換えて書いた。フィレンツェは、市民の分裂と憎悪が原因で、《自分たちも、自分たちの祖国も偉大にする》ことはできなかった。ゆえにイタリアを救う決定的な勢力となることができなかった、と説明していた。

彼が『フィレンツェ史』を書いたのは、共和国を治める市民たちに、苛烈な派閥争いがもたらすおぞましい結果についての有益な教訓を与えるためだった。その記述によって、将来フィレンツェ人がより賢明になるように説き伏せることができるだろうと思っていた。《共和国のあらゆる例が事を動かすとすれば、自国について読むことは、さらに大きく、さらに有益に事を動かす》からである(135)(『フィレンツェ史』前書き)。

彼は、自分の町の歴史から《意味》と《味わい》を引き出すために、古代ローマ社会における闘争とフィレンツェの党派闘争を比較して、盲目である輩にも、フィレンツェの政治的、軍事的凋落の理由をわからせようとした。ローマでは、社会における闘争は、討論と法によって収められた。フィレンツェにおいては、戦闘と追放、多くの市民の死によって収められた。社会における闘争の結果として、古代ローマでは軍事力が強化され、フィレンツェでは軍事力を失ったのである。

このように結果が異なる理由は、闘争の性質の違いにあった。ローマの人々は、公共の名誉を貴族と共有したいと願っていたが、フィレンツェの人々は、独力で統治することを欲していた。ローマの人々の理性ある願いは、貴族たちを憤慨させることも、驚愕させることもなかったが、フィレンツェの人々の《侮辱的で不当な》欲求は、貴族たちに、血の争いから追放まで、あらゆる手段を用いて自己防衛することを強いた。フィレンツェで民衆が勝利したとき、彼らは貴族を公共の名誉から完全に遮断し、結果として、《貴族たちの戦闘における美徳や、寛容の精神は消えてしまった。民衆は、貴族ではなかったために、再びその火をつけることができなかった》ので、フィレンツェは、さらに卑屈になり、蔑まれるようになったのである(136)(『フィレンツェ史』)。

秩序の崩れた共和国は、絶えず政府の形態を変更するが、多くの者が考えるように、自由から専制政治へ移り変わるのではなくて、むしろ、専制政治から放縦へと形を変える。そう彼は説いた。どちらも不安定な政府であるが、それは《その一方を善良な人々が好まないとき、もう一方を賢明なる人々は好まない。一方では、容易に悪事をなすことができ、もう一方では善行をなすことが困難である。一方では、横柄な人々が過度な権威を持ち、もう一方では、愚者が過度な権威を持つ[137]》(『フィレンツェ史』)からである。それがフィレンツェの政治史の総括であり、当時のイタリアの多くの君主国の実像だった。だが、それは、暴君か、あるいは、誰であろうと声を上げる臆病な下僕たちからなる、その後のイタリアに多く見られる政体の性質を予言した言葉でもあった。

マキァヴェッリは、その頃のフィレンツェ国内に、この旧来の悪徳を再び見たのだった。すべては戦争が切迫することを示しているのに、《生き延びるために、あるいは、意味ある死を迎えるために、名誉あることや、大胆なことをなす》用意は誰にもなかった、と十二月十九日付グイッチャルディーニ宛書簡に書いている。この国の市民は《たいそう怖がる》ばかりで、われわれをのみ込もうとする皇帝に立ち向かう意志すら持たない、と続ける。誰よりも最悪なのは、教皇クレメンス七世である。メディチ派から脱し、常に優柔不断で、常に狡猾さを頼りにし、《敵に時間を》与えることに気づかないまま、時間を稼いで逃げ場を探そうとする。グイッチャルディーニも同じ意見であり、十二月二十六日付書簡で答えている。《悪い時期の来ることがわかっているときに、道の真ん中で無防備に待ち受けようとするわれわれ以外に、何らかの手段を講じて身を守ろうとしない》者を私は一度も見たことがない。

教皇クレメンス七世は、ペスカーラ侯が死んだことで落ち着きを取り戻し、時機を見て折衝することを望んでいたが、マキァヴェッリは、近いうちに戦争が始まるだろうから、準備が必要である、時機を待ち交渉をせがむよりも、勇気と名誉ある決断を下さねばならないと考えていた。《私の記憶にあるかぎり、戦争を始めるか、あるいは、戦争について話し合うのが常でした。今、話し合いがなされていますから、まもなく当地で戦争が始まるでしょう。そして戦争が終わると、再び話し合いが始まるでしょう[138]》（『書簡集』）。

　彼がこの言葉を書いたのは、一五二六年一月三日のことだった。十四日、フランソワ一世は、自由を獲得するために、マドリッドにおいて皇帝カール五世との協定に署名し、ミラノとナポリを放棄し、自分の子どもを人質として引き渡すことになった。マキァヴェッリには、マドリッドの協定は意外だった。というのも、カール五世が、そのような間違いを犯すはずはないと考えていたからだった。さらに、マキァヴェッリは、フランソワ一世の動向を読み違える。一度自由になったフランソワ一世は、マドリッドの協定を守るだろうと判断したからだが、事はそうはならなかった。ところが、大規模の戦争が起きるだろうという予想は正しかった。《事態がどのように進展しようとも、早晩、イタリアで戦争が起きるであろうと判断します》とグイッチャルディーニ宛一五二六年三月十五日付書簡に書いている。

　マキァヴェッリは、グイッチャルディーニが教皇に奏上することを想定して提案する。皇帝カール五世の側と、フランス王、イタリア諸国の側との間に戦争が起きるであろうから、思い切りのよい、変わった、しかも無謀であるか、あるいは馬鹿げてはいるが、当世の不条理な時期に合う決断を下すのである。偉大なるカテリーナ・スフォルツァの息子で、黒旗隊のジョヴァンニと呼ばれるジョヴァンニ・デ・メディチに武器を持たせて、秘密裏に支援してはどうか？　兵士が進んで従い、スペイン人からも尊敬され、怖れられる隊長は、イタリア人の中にはいない、と彼は説明する。皆の見るところ、黒旗隊のジョヴァンニは、《勇猛果敢で、発想に富む》し、重大な決断を下すことができる。もし彼に十分な数の軍勢を与えれば、スペイン人はうろたえて、おそらくトスカーナや教皇領を破壊する計画を断念することだろう。その一方で、フランス王は、イタリア人が無駄話をやめて《行動を示す》のを見れば、真面目にイタリアに接することになるだろう。

彼のこの提案も、日の目を見ることはなかった。フィリッポ・ストロッツィは三月三十一日付書簡でこう説明する。もし教皇様が黒旗隊のジョヴァンニを支援すれば、カール五世に敵対することになる。それならば、公然とそうするのと同じである。フランス王の知恵を信頼する方がましであるし、イタリア全土の領主となる《絶好の機会》であることにカール五世が気づかないことを期待するのがよいのだ。その話はまるで、優柔不断と愚行の見本のようなクレメンス七世が選択する最良の方法にしたがうのだから、運を天に任せるようなものだった。教皇が理解できる唯一の方法は、迫る戦争に備えてフィレンツェの防御を強化するのがよいということだった。その目的のために、腕のよい軍事技師と評判のスペイン人脱走兵、ピエトロ・ナヴァッラ伯をフィレンツェに送り、そして、『戦争の技術』で軍事に関する知識を示したマキァヴェッリに、彼の仕事を手助けさせることを決めたのだった。

《激烈なるいかなる攻撃からも》防御できる町を造るために、フィレンツェの城壁と防備を強化することは、情熱をかき立てる職務である、と彼はグイッチャルディーニ宛四月四日付書簡に書いている。ようやく、本を著すだけでなく、祖国のために有益なことを具体的になす機会がめぐってきた。彼はナヴァッラと話を詰め、防備強化の案を示すためすぐにローマへ出立した。教皇とグイッチャルディーニはこれを賛美し、城壁補強委員会という新しい役職を作り、町を取り囲む城壁の強化に専従する職務とした。その委員会の委員長、兼書記官は、もちろん、マキァヴェッリだった。実に、十四年の月日の後に、ヴェッキオ宮に戻ってきた彼の心中は、察するにはあまりある。

彼は、再び書記官長になった気がした。全身全霊で職務に打ち込み、他のことは考えなかった。《城壁のことで頭がいっぱいだ。他のことが入り込む余地はない》と五月十七日付グイッチャルディーニ宛書簡で打ち明けている。城壁や砦のことを考えていないときは、危険な存在であるカール五世とその軍勢のことを考えていた。今はミラノを支配しているが、いつイタリア全土を征服するともしれない。スペインに対してミラノの領民が蜂起したという知らせが届いたとき、彼は、敵を打倒する絶好の機会を逃してはならない、勇気を持って決断するのだとグイッチャルディーニを説得、いや、懇願した。

それはまるで、彼が書記官だった頃に、時間稼ぎの馬鹿げた政治をやめるようにフィレンツェの統治者を説得しようとして何通も書いた手紙を読んでいるかのようである。《皆様はご承知と存じますが、いく度の機会を逸したことでしょうか。この機会を逃してはなりません。幸運の女神と時に任せて、手をこまねいていてはなりません。というのも、時は同じ事柄をもたらすとはかぎらないし、幸運の女神も常に同じではないからです》。それはまるで、『君主論』の締めくくりに書いた、あの素晴らしい『イタリアを取り戻し、異民族の手から解放することを奨励する』を読んでいるようである。《長く繁栄するイタリアを念を入れて解放し、顔と声以外に人間的なものを持ち合わせない残虐非道な者たちを根絶するのです》。年を重ねても、人生の浮き沈みがあっても、彼は変わっていなかった。それはいつもの彼だった。イタリアの惨状に心を痛め、君主の愚行や臆病さに耐えられず、外敵をアルプスの向こう側へ追いやってしまいたいという願望を、変わらず持っていた。

グイッチャルディーニも同じ見解であったが、権力者が合意に達するときは、事態は必ずゆっくりと進展するものだと彼に説明した。ようやく、特にグイッチャルディーニの根回しのおかげで、フランス王、教皇、フィレンツェ国、ヴェネツィア国は、五月二十二日、コニャックにおいて、カール五世に対抗する神聖同盟を結んだ。ヴェネツィア軍の指揮官はウルビーノ公フランチェスコ・マリア・デッレ・ローヴェレで、グイード・ランゴーニは教皇軍を、ヴィテッロ・ヴィテッリはフィレンツェ軍を率いた。黒旗隊のジョヴァンニは《イタリア歩兵隊の総指揮官》であり、フランチェスコ・グイッチャルディーニは補佐官だった。

理論上は、指揮官らが迅速に行動して、ミラノに攻撃を仕掛けていれば、軍勢は皇帝軍を撃破していたはずだった。現実には、軍勢は、競争心や恨みによって分裂してしまった。一五一六年にフィレンツェに奪取されたサン・レオの砦は、かつてはウルビーノ公のものであったのに、コニャック協定ではフィレンツェに帰属することになると規定した。それでどうやってウルビーノ公に決意を持って戦えと言うのだろうか？　さらに、フェラーラ公のこともあった。フェラーラ公は、ドイツから南下する皇帝軍の強力な楯となれたはずだが、同盟には加わらなかった。教皇がレッジョとルビエーラを取り戻したいと願ったからだった。イタリアは飲み込まれようとしていたのに、教皇を初めとして誰もが自分の利益のことしか考えていなかったのである。

神聖同盟軍がほとんど機能しないことは、戦争が始まるとすぐに明白となった。どの道、頼りにならないフランス軍の助勢を待たずに、同盟軍はミラノに迫り、六月二十四日にはローディを攻略した。七月七日、同盟軍はミラノ攻撃に動いた。だが、スペイン軍の抵抗の前に、戦略の決定権を持っていたウルビーノ公は、サンマルティーノとマリニャーノ方面に撤退する最終決定を下した。「来た、見た、逃げた」とグイッチャルディーニが『イタリア史』の中で書いた言葉どおりだった。

マリニャーノの陣営にはマキァヴェッリもいた。彼は、サン・ミニアートまで城壁を延伸する話には耳を傾けないように教皇を説得したあと、防備強化の話はひとまず脇に置いた。彼には、クレメンス七世に代わってフィレンツェを治めるコルトーナの枢機卿か、あるいは、グイッチャルディーニ自身から託された重要な任務があった。グイッチャルディーニが七月十八日付ロベルト・アッチャイウオーリ宛書簡に書いているように、《この軍隊を再編成》するために行ったのだった。だが、陣営に到着するなりすぐに、グイッチャルディーニに書き記した。軍隊の退廃がすさまじいことを目の当たりにして諦めている。《人間の過ちを正しようがないから、笑って》傍観するだけである[139](『書簡集』)。

正すことができない過ちを笑うほかに、彼は、手紙をくれないバルベラのことを考えていた。フォルナチャイオというあだ名のヤコポ・ファルコネッティにその不満を漏らしている。フォルナチャイオは、八月十五日付書簡で、バルベラは確かに手紙を書いたと言っているし、彼女はただ《君が自分のことを愛しているかどうかを知りたくて》不機嫌だったと書いている。君が彼女の手紙を欲しがっていることがわかったのだから、毎週のように書いてくるだろう。彼女のことを叱らないでやってほしい。だが、彼は慎重に付け加える。《君は彼女のことを私よりもよく知っているから言うが、彼女のことをすべて信用できるかどうか私にはわからない》。

実のところ、マキァヴェッリは、バルベラのことを考えていないときは、軍隊の訓練方法に取り組んでいた。彼が誰よりも敬服していた指揮官、ジョヴァンニ・デ・メディチの兵士らを、『戦争の技術』で詳細に描き、紙の上では容易で優れた方法に思えた図案に従って、整列させようと考えたのである。ところが、陣営においては、事はまったく違って進んだ。マキァヴェッリにとって運の悪いことに、その場には、修道士、宮廷人で、よく名の知られた短編作家のマッテオ・バンデッロもいた。彼は、急ごしらえの指揮官の哀れな姿を容赦なく物語っている。バンデッロは、《ニッコロ殿は》、《その日、二時間以上も私たちを炎天下に置き、著作にある隊列を組むように歩兵三〇〇〇に命令を下したが、うまく整列させることはかなわなかった》と書いた。その拷問を終わらせようとして、ジョヴァンニ・デ・メディチが割って入り、マキァヴェッリに脇に寄り、自分にやらせるように言った。太鼓の音に合わせて《目配せする》だけで、ジョヴァンニは、訓練に立ち会わせた者から《大絶賛を浴びながら》、その兵士たちを様々な隊形に動かした。その話は、《知識があって、知る事を実行しなかった者と、知識がある上に幾度も、いわゆる難儀に取り組んだことがある者との間にどれほどの違いがあるかを》示している、とバンデッロは酷評した。一度は、マキァヴェッリは、修道士に嘲笑される不名誉を被らなければならなかった。

しかしながら、マリニャーノで惨めな姿をさらしたからといって、軍事と政治の専門家としての名声に深刻な傷がついたわけではなかった。軍隊の状況や、政治的・外交的展開について、その頃彼が書き送った情報は、フィレンツェで大変に注意深く、称賛をもって読まれた。《私は、私にとって神託とも言える貴君の書簡を心底から求めている》とバルトロメーオ・カヴァルカンティは八月十一日付書簡に書いている。それは、フィレンツェの若者たちが、祖国のことを気にかけている証拠だった。彼らは、老いたマキァヴェッリの書簡に、研ぎ澄まされた特殊な情熱を傾けて政治の《偉業》をなす方法を見出したのである。

その頃、同盟軍の軍事作戦は、戦略も指揮もないままに従来の手法で進行した。ちょうどミラノでは、フランチェスコ・スフォルツァ二世が降伏して、スペインに城を明け渡したのに、ウルビーノ公はミラノ攻撃案を捨てて、軍勢の一部をクレモナ攻略に派遣した。その攻撃は、また時間と労力の無駄となる危険を孕んでいた。例のミラノ撤退のような恥辱を被ることを避けようと、グイッチャルディーニは陣営にマキァヴェッリを派遣した。高慢で、恨みと疑心に満ちた大勢の隊長や指揮官の中で、彼が唯一信頼できる人物だからだった。

彼の指導は緻密だった。マキァヴェッリは、クレモナが四日、ないし六日のうちに攻略できない場合は、陣を撤収の上、ジェノヴァに向けて進軍し、スペイン援軍の到着を阻止せねばならない、とヴェネツィアの全権大使と指揮官たちを説得する必要があった。九月九日に出発し、十二日に作戦会議に加わった。おそらく、誰も決定を下さなかったからだが、彼は自分でクレモナ攻撃の計画案を書いた。だが、九月二十三日、町は、攻略によってではなく、協定を結んで降伏した。快心の勝利ではなかったが、ミラノの城壁で受けた恥辱に比べれば、ずっとましだった。

冷めたばかりの歓喜に冷水を浴びせるかのように、ローマから耳を疑うような知らせが届いた。クレメンス七世が、有力家系のコロンナ家との休戦協定に署名したあと、自らの兵を解雇したのである！　コロンナ家は、皇帝の手先ウーゴ・デ・モンカーダと気脈を通じて、十九日から二十日にかけての夜中にローマに入城し、ヴァチカンとサン・ピエトロ寺院を略奪にかけたから、教皇はサンタンジェロ城に逃げざるをえなかった。さらに悪いことには、教皇は、ウーゴ・デ・モンカーダとの間で、ロンバルディーアからの教皇軍撤退と四か月間の停戦合意に署名したのである。

マキァヴェッリは、負けることができない戦争は、もつれにもつれて様相が変わってしまったので、キリストでさえ解きほぐすことができないだろう、とバルトロメーオ・カヴァルカンティに十月初旬に書いた。この素晴らしい結末について感謝しなければならない相手は、当初、《他の教皇がした方法》で金を集めることを嫌い、後になって《赤ん坊のように》振る舞った教皇である。そして、教皇よりも先に、企てが失敗するように働いた《野心に満ち、まったく耐え難い》指揮官たちは、教皇軍が去った今は、犬のように争っている。とりわけ、ウルビーノ公は、《皆の意志に反して害をもたらすことを知るが、皆の意志に反して益をなすことを知らないでいる》[140]（『使節報告書』）。

グイッチャルディーニの《配慮と勤勉さ》にもかかわらず、ロンバルディーアの戦争は神聖同盟側の大敗に終わった。マキァヴェッリは、フィレンツェへ戻る道をたどるしかなかった。その帰り道に立ち寄ったモデナで、フィリッポ・デ・ネルリをからかい、予言者に相談したところ、その予言者は、教皇の逃亡と作戦は無益に終わり、《あらゆる悪い時期》は決して過ぎ去ってはおらず、降りかかることはまだ多く残ると予言していたと告げた。

モデナの予言者の言うとおりだった。ドナート・デル・コルノの店を悪臭で包み、悩ませるその冬を、ニッコロは迎えることができなかった。ニッコロがモデナに立ち寄ったときにまくし立てた戯れ言のお返しに、意地の悪いフィリッポ・デ・ネルリがそう書き表した冬の季節を。

第二二章　魂よりも祖国を愛す

ミラノからスペイン軍を追い出す作戦が失敗に終わって、イタリアの国々、中でもフィレンツェと教皇は、今や、スペイン軍の歩兵と、イタリア半島に下ったドイツ兵のランツクネヒト軍団からなる皇帝軍の脅威に晒されていた。マキァヴェッリは、その類の大軍が何を望み、何をしでかすかを他の誰よりもよく理解していた。それに、フィレンツェには、彼の家族がいたし、子どもたちが暮らしていた。家族には強い慈しみの情を持ち、生涯を通じて祖国に対して抱いた愛よりもずっと強く感じていた。彼の祖国はフィレンツェであり、自由なフィレンツェ共和国だったが、それはイタリアでもあった。ほんの数か月の間に、そのイタリアがローマ劫略の恐怖を味わうことになる。そして、再びメディチ家を追放して甦ったフィレンツェ共和国は、彼を追い出すのである。

もしもマキァヴェッリに、悔悛や贖罪に心の慰めを見出す時間があったとしたら、それは人生最後の数か月のことだっただろう。だが、彼が永遠に目を閉じる前に、人生と祖国と女を愛しすぎたことを悔いたり、神に許しを請うようなことはなかったと私は思う。贖罪を考えたことはあったかもしれないが、それは彼が嫌った聖人や福者に囲まれてではなく、神を必要としない国の偉人や立法者、政治哲学者や指揮官、英雄たちとともに行なう贖罪である。というのは、彼らは自らの知性と精神の力で自分自身が神となり、真の栄光の輝きに包まれて自分たちだけの世界に生きているからである。

ゲオルク・フルンズベルグ率いるランツクネヒトは、十一月初旬にボルツァーノに集結した。そこからヴェネツィア軍の抵抗を受けることなく、ポー川へ向けて下った。唯一、彼らに立ち向かったのは、言うまでもなく、マントヴァに近いボルゴフォルテにいた黒旗隊のジョヴァンニで、一五二六年十一月二十五日のことだった。その戦闘で、ジョヴァンニはファルコネット砲の一撃を受けて脚を負傷し、数日後の十一月三十日にマントヴァで死んだ。ジョヴァンニの死は、マキァヴェッリが書き記していたことの実例となった。幸運の女神が人々に《甚大なる破滅》を与えようと望むとき、《その破滅を助長する》人間が増えるような方法で行なう。もし彼女の計画を失敗させようとする者が現れた場合は、《その者を抹殺するか、あるいは、何らかのよい働きをする能力をその者から完全に奪ってしまうかのどちらかである》(『ディスコルシ』)。[141]

その唯一の抵抗を打ち破ったランツクネヒトは、十一月二十八日、オスティリアでポー川を渡った。今や、道はミラノへ、あるいは、フィレンツェとローマへ開けていた。フィレンツェの統治者たちは、その大軍の進路はどこか、そして、ミラノに陣を張るスペイン兵の意図は何かを探り、侵攻を阻止する方法を見出さねばならなかった。誰かがモデナに出向いてグイッチャルディーニとすべてを話し合うことが急務となった。彼らは年老いたマキァヴェッリを選び、自分たちはフィレンツェを救う望みを失っていること、《何らかの合意》を探る心づもりであること、そして、グイッチャルディーニに、《時機を見計らいながら》国の御為に交渉する任務を託すこと、を告げる使命を与えた[142](『使節報告書』)。

冬の日にアペニン山脈を馬で越えることは、六十過ぎた男にとって笑い事ではなかった。いつものことながら、稼ぎは少なかったし、ましてや名誉はなかった。それでも、彼はモデナへの道を進んだ。十二月二日、夜遅くに到着した彼は、すぐさまグイッチャルディーニと話し合い、その夜のうちにフィレンツェへ書簡をしたため、戦局と合意に至る可能性についてのグイッチャルディーニの見解を知らせた。彼の説明によると、ランツクネヒトの数は、一万五〇〇〇か、一万六〇〇〇に達する。一万を超えないと言う者もいるが、スペイン軍と合流するためミラノへ進軍するものと思われる。そこからは、ヴェネツィア、あるいは、ロマーニャの教皇領にも対応できるし、トスカーナ方面へ進むこともできる。ランツクネヒトの背後にはウルビーノ公の軍勢がいるが、グイッチャルディーニが《いく度催促》しようとも攻撃の意志はない。神聖同盟軍の兵は総計約二万騎である。それが単独の軍隊として結集し、教皇の資金が尽きることがなければ、安全に生きていけるだろう、というのがグイッチャルディーニの見解だった。しかし、軍勢が分裂し、指揮官が互いを疑い合ううちは《ほとんど望みはない》、とも警告した。

フィレンツェの防備については、《教会が当地に所有する歩兵六〇〇〇か七〇〇〇》だけならば確実に差し出すことができるから、軍勢を再結集させ、フィレンツェに援軍を送ることに出来るかぎり尽力したい、というグイッチャルディーニの言葉をマキァヴェッリは書いている。つまり、和平案を俎上に載せる考えは排除されたのである。ドイツ軍に打撃を与えて、スペイン軍から切り離すことは、両者が《一体化》しているが故に、まったく不可能だった。もし、その方策を望むのであれば、ナポリ副王シャルル・ド・ラヌワか、または、ウーゴ・デ・モンカーダとローマで直接交渉することから始めるしかない。

モデナ発のこの書簡で、マキァヴェッリはグイッチャルディーニの言葉を伝えるだけである。彼自身のコメントや助言はまったくない。今回は、グイッチャルディーニの一言一句に同意するから、その必要がないのである。自分の言葉は、妙な追伸として書き加えるだけである。《諸兄はジョヴァンニ殿の訃報をお聞き及びと存じますが、皆の遺憾の念とともに亡くなられたのです》(『使節報告書』)[143]。フィレンツェ人がすでに周知のことを知らせる必要はまったくなかったのだから奇妙である。その言葉は本音だった。その戦争を勝利に導くことができたはずの隊長を、運命の女神が死なせてしまったことを彼は諦めきれなかったのである。

その翌日、彼は再び書簡を記して、戦闘がパルマとピアチェンツァ方面へ進行していることと、グイッチャルディーニがパルマへ出立したことを知らせる。そして、皆がたとえ理解していなかったにせよ、和平交渉を考えることは、《百害あって一利なしの戦略》だというのがグイッチャルディーニの見解である、と繰り返す。グイッチャルディーニが出発したので、彼は馬に乗ってフィレンツェに帰るしかなかった。五日に出発し、《不安に駆られる必要がまったくないから》ゆっくりと馬を走らせた。

恐怖の一五二七年が始まった。《すでに何世紀ものあいだ耳にしたことがない、残虐非道な事件が頻発する。変貌する国々、君主の悪意、都市におけるおぞましいばかりの略奪行為、大規模な食糧飢饉、イタリア全土を覆う疫病。死と逃亡と強奪がすべての》年である、とグイッチャルディーニは『イタリア史』に書いた。多くの盲目の輩の中で、目が見える数少ない一人であるグイッチャルディーニは、待ち受ける悪をフィレンツェ人に知らせようと考えていた。一月三十一日付書簡で、皇帝軍はトスカーナへ進路をとるというのが大方の考えであるから、《最悪の場合を考慮》しなければならない。特に、直ちに細心の注意を払って《できるかぎり大胆な》対策を講じることが必要である、と書いている[144](『使節報告書』)。

いかにして、状況に適したその大胆な対策を講じればよいのかを話し合うために、八人委員会はマキァヴェッリをパルマのグイッチャルディーニのもとへ派遣した。副官であるグイッチャルディーニは、物事を判断し、反皇帝軍の指揮官との難しい交渉に従事できる、信用のおける人間を自分の片腕に必要としたから、マキァヴェッリの到着を急がせた。マキァヴェッリがようやくパルマに到着したのは、二月七日のことだった。敵軍に進路を妨害され、例年どおりに雨と雪が多い二月は寒く、思うように旅が進まなかったからだった。

彼は、同日夜に書簡を記して、ウルビーノ公とサルッツォ侯の軍勢がトスカーナに進軍し、ドイツ、スペイン両軍の背後ではなく、正面に陣取することをグイッチャルディーニも望んでいると伝えている。そして、グイッチャルディーニの命でウルビーノ公に拝謁したが、優れた交渉人で雄弁である彼の努力の甲斐なく、ウルビーノ公は皇帝軍の後方に、十分な距離を置いて留まることを固く決意したと知らせている。戦略と互いの約束を紙に書き記すため、両者はその次の日に再び《ペンを手に》会うことになっていた。

二月十一日に再び書簡を記してフィレンツェの人々に説明する。皇帝軍は、金も食糧も尽き、もはや統制のとれた状態ではない。その本当の力が発揮されるのは、同盟軍が決断せずに間違いを犯すときである。《当地にいる戦争の専門家は、誤った助言や、あるいは、金の不足によって負けぬかぎりは、われわれが勝利するはずであると判断しております》。三日後、彼は再び書簡を記し、皇帝軍は《補給が途絶えているから、われわれの軍勢が時間を引き延ばすことができれば、彼らがこの戦闘で勝利することは不可能である》ことをフィレンツェにわからせようとした。そしてロンバルディーアの住民の例を引き合いに出して、フィレンツェに強固な防備を調えるように促した。ロンバルディーアの住民は、ミラノにおけるスペイン軍の暴挙を知ってからは恐怖に怯えて、スペイン軍が領地に来るなら《先に死んだ方がましだ》と思っていたからだった。彼はまた、別の重要な助言を伝える。ウルビーノ公に例の呪われたサン・レオの砦を返還し、《自ら骨を折る》理由を与えることで、皇帝軍から安全な距離を置いてその後方につくという馬鹿げた策をやめさせてはどうかという内容だった。

同日、グイッチャルディーニは同じ内容を書状に記して、教皇を説き伏せようとしていた。《ヴェネツィア国の助勢なくしては、当方の軍事力は防備に十分ではありません。また、公は十分に満足しないかぎり、われわれを手助けすることはないでしょう。例の砦に釣り合うものは何かを知りたいと存じます。と申しますのは、砦を保持することは破滅の原因となるからです[145]》(『使節報告書』)。しかし、フィレンツェでマキァヴェッリが行ない、ローマでグイッチャルディーニが行なった助言は、期待した効果を見なかった。というのは、教皇は《理性》よりも、ウルビーノ公に対する《従来の、そして新たな》憎悪に駆り立てられたからである。憎悪と憤怒の念は、フェラーラ公も同じで、なんと皇帝軍に食糧、火薬と、黒旗隊のジョヴァンニを死に至らしめたファルコネット砲を含む大砲を供給したのである。言うまでもなくシエナも、ドイツ兵とスペイン兵がトスカーナに侵攻したときには、同じことをする用意ができていた。このような状況ならば、皇帝軍より脆弱な軍隊でも、イタリアを屈服させることができたことだろう。

金と食糧が不足したにもかかわらず、皇帝軍は軽蔑されるようなことはなかった。いつでも解体しそうに見えたが、決してそうはならなかった。《金も軍用品も、工兵もなく、兵糧を調達する組織もなく》、《敵地において、自分たちよりも兵力に勝る敵と戦い》、イタリア進撃を続ける隊長らの決意は、グイッチャルディーニとマキァヴェッリを含む皆を驚かせた。さらに彼らを驚愕させたのは、《一人当たりわずか一ドゥカートでドイツを出発し、その後も二、三ドゥカーティを越えない金で長期間イタリアで耐え、軍全体の慣習や特にドイツ兵の慣習をものともせず、勝利への希望の他にいかなる褒賞も手当もないのに、前進し続けるドイツ兵の堅固な意志[146]》(『イタリア史』)だった。

ランツクネヒトを前進させたのは、グイッチャルディーニが書いたように、もちろん、指揮官ゲオルク・フルンズベルグの存在とローマ獲得を願う思いだった。だが、その歩兵たちがルター派であったことを忘れてはならない。戦利品に対する欲望だけでなく、腐敗したローマ宮廷に罰を与えるという激烈な宗教心も彼らを動かした。さらに、彼らの組織は独特で、隊は各指揮官からそれぞれ独立していた。三月十七日、卒中に倒れたゲオルク・フルンズベルグは、軍の指揮権を放棄しなければならなかった。そのとき軍隊は解散することもなく、彼が出立しても、皇帝軍の《自滅》の始まりとはならなかった、とマキァヴェッリはボローニャ発三月十八日付書簡に記している。その頃、彼は、《一ブラッチョの高さ》まで積もった雪に覆われた町でインノチェンツォ・チーボ枢機卿の手厚い歓待を受けていたのだった。

フルンズベルグが発ち、皇帝軍と協定を交わすことはさらに難しくなった。ナポリ副王シャルル・ド・ラヌワか、あるいは、皇帝軍を指揮するカール五世の副司令官ブルボン公爵と協定を結ぶことは、まったくの無意味だった。兵士たちを満足させないかぎり、兵士たちに協定を承諾させる力はどちらにもなかったからである。合意に達する点があるとすれば、それは、フィレンツェか、あるいはローマを劫略にかけることだった。教皇クレメンスは、自分で金を払ってそのことに気づいたのである。教皇は、金が足りなくなり、確固たる決断を下すこともできず、約束を守らぬフランス王と二の足を踏むウルビーノ公に辟易して、三月十六日、シャルル・ド・ラヌワとの間に八か月間の休戦協定を交わした。協定では、教皇が六万ドゥカーティを支払えば、皇帝軍がポー川から撤退することになっていた。ところが、協定に署名がなされると、ブルボン公の軍勢は、時を移さずフィレンツェ方面へ向けて進撃を開始し、三月二十九日に休戦するには一五万ドゥカーティが必要だと知らせたのである。

マキァヴェッリは、『ディスコルシ』の中で、《金ではなく、常に軍隊の力によって平和をなした》[147]（『ディスコルシ』）ローマ人を倣うべき例として挙げた。助かる道は、協定ではなく、軍備を固めることであり、金を敵に与えて、さらに敵を強力にするのではなく、金は戦争の備えに用いなければならないことは明白だった。再び、彼の意見はグイッチャルディーニと一致した。だから、グイッチャルディーニは、ローマに書簡を書いて、協定を破棄し、新しい枢機卿を立てて金を集め、副王を捕らえるように催促し、マキァヴェッリは、四月二日にイーモラからフィレンツェに書簡を書いて、皇帝軍に金を渡して自分たちの町を見逃してもらうのではなく、防備を調えるように説得した。

彼は、頭脳を明晰にして、情熱のかぎりを尽くして事に当たった。皇帝軍は、略奪を望む《よこしまな思いをイタリアに、特に当地に》抱いていると説いた。指揮官も、副王も、誰にも彼らをとどめる権限はなかった。フィレンツェ攻撃を諦めさせ、飲める協定を承諾させるには、戦争に備えなければならない。《諸兄はあの敵軍にどのような協定を望んでおられるのでしょうか。諸兄と敵軍との間にはまだアペニン山脈があり、そこにはわが軍がおります。敵軍は三日後に一〇万ドゥカーティ、十日後に一五万ドゥカーティを皆様方に要求するのです》。彼らが皆様方のもとに達したときには、単に《皆様方を略奪にかける期待》に駆られて、すべての財産を求めることでしょう。唯一の解決策は、使える力を全部駆使して、彼らがアペニン山脈を越える前に彼らの考えを変えさせることです。《嵐吹きすさぶ海を渡った》あとで、ぬかるみで溺れてはいけません。《皆様方を蹂躙し、破滅させるかもしれぬことに》四〇フィオリーニを使うより、《皆様方の確かな安全を保証するために》一〇フィオリーニをお使いください(148)(『使節報告書』)。

その同じ日に、彼は息子のグイードにも手紙を書いている。その二通の手紙は、公的なマキァヴェッリと私的なマキァヴェッリの顔をごく間近で見ることのできる唯一のものである。公的な手紙は、力と知性のすべてを傾けて祖国を救おうとする男の姿を見せてくれるが、家族への手紙からは、思いやりの気持ちを確認することができる。グイードへの手紙は、当然のことながら、フィレンツェに近づきつつある戦争への恐怖に駆られて緊張感が張りつめているが、優しさが一日で生まれるわけではないから、これが一時的な事柄ではない。その手紙は、ニッコロが例の微笑の裏側に隠していた表情を、私たちに他の何よりもわかりやすく教えてくれる。

　グイードは病気が治ったばかりで、ようやく大好きな勉強に打ち込めるようになった。ニッコロはその息子に大きな期待をかけていたから、自分の存在を感じさせるために手助けしてやった。堂々とした父親というよりも、友人として声を掛けて、息子を諭し、励ました。援助をし、友人の手を借りて助けてやったが、特に、息子には、自分が抜きん出る真の方法とは、よく学び、よく働くことであると教えた。儀礼的な文ではないが、彼はこう書いている。ランツクネヒト軍団がフィレンツェに迫る中、もし神が私たちに命をくださるなら、《お前が自分に与えられた義務を果たすつもりならば、私はお前を不自由のない男にしてやりたいと思う。［……］だが、お前は学ばねばならない。もう病気を言い訳にすることはできないのだから、文学や音楽を学ぶことに骨を折らなくてはいけない。わずかな力量しか備えていない私が、どれほど多くの名誉を得られたかがわかるだろう。だから、息子よ、お前が私を喜ばせて、自分のためになることをし、名誉をなしたいと思うならば、勉強し、よい行ないをし、学ぶのだ。お前が自分の役に立てば、皆がお前を助けてくれるだろう[149]》（『書簡集』）。

　ニッコロは、幼いグイードが大切にしていた若い騾馬が狂ってしまったことについて、さらに素晴らしい教訓を与えている。グイードは、騾馬が繋がれてしまうか、あるいは、さらに状態が悪くなることを心から恐れていたから、父親に何とかしてほしいと頼んだ。この言葉を読んだとき、グイードはどんなに喜んだことだろう。《若い騾馬が狂ってしまったのなら、他の狂人とは逆に扱わなければならない。というのは、彼らは縛りつけられるが、私はお前に騾馬を解いてやってほしいと思う。騾馬をヴァンジェロにやりなさい。そして、モンテプルチャーノに連れて行くように言いなさい。それから、手綱と端綱を解いてやり、自分で生きて狂気が治るように、行きたいところへ行かせてやりなさい。国は広く、動物は小さいから、何の害も及ぼさない》。

四月十七日、グイードはすぐにうれしそうな返事を書いている。《騾馬はまだモンテプルチャーノに送っていません。まだ草が伸びていないからです。でも、とにかく天候がおさまったら、いずれにしてもそこへ遣るつもりです》。自由が精神の健康によいことと、最も弱く不運な生き物には少しの慈悲を受ける権利があることを子どもに教えるために、これ以上によい方法は考えられないだろう。

ニッコロは、手紙を書いてグイードや他の者たちを落ち着かせようとする。《何らかの危機が来る前に》家に帰るから、マリエッタを安心させてほしい、それからランツクネヒトがフィレンツェを襲撃するという噂が広まっているけれども、《機嫌よく》過ごすようにと書いている。これほどフィレンツェに戻りたいと思ったことはないと書く方が正直かもしれないが、それは守ることができない約束だった。彼は、教皇や君主たちの無能と浅ましさが悲劇をもたらし、大切なフィレンツェがその最初の犠牲者となることを阻止するために、グイッチャルディーニとともに戦況を追わねばならなかった。彼の手紙は身内を元気づけた。私たちといっしょにいると約束してくれたから、ランツクネヒトのことは《もう心配していない》し、マリエッタは《もう悩んでいない》、幼いバッチーナは《とてもきれいな鎖》を買ってもらったから、そのことばかり考えているとグイードは書いている。ニッコロをさらに喜ばせようとして、自分は君主について勉強を始めて、父が帰ってきたときには、オウィディウスの『変身物語』の第一巻を暗唱して聞かせるつもりだと書いた。

その頃、ランツクネヒトはフィレンツェに向けて進撃を続けていた。その軍勢に、もし真っ向から立ち向かう者が現れれば、《竈ひとつ盗ることもできないだろう》。だが、イタリアの君主は、戦争と協定の間で決心のつかないまま､誰一人として戦わない恐れがある。一方の皇帝軍は戦争のことだけを考えている。そう彼は四月五日付書簡に書いた。もはや彼の書簡には、絶望に満ちた祈りの言葉が綴られるばかりである。もしも明日ブルボン公が兵を動かせば、皆は《和平のことは微塵も考えずに》戦争のことを考えねばならない、とヴェットーリ宛四月十六日付書簡に書いている。状況は絶望的である上に、これ以上よたと進むことはできないから､《狂ったようにやる》しかない。敵軍は大砲もなく､適地を進軍している。《わが方に残るわずかの人員》を集めて、神聖同盟軍を一点に結集し、何とかして敵を退散させるか、あるいは妥当な和平案を受諾させるのだ。《私はフランチェスコ・グイッチャルディーニ殿を愛します。わが魂よりもわが祖国を愛します》。ようやく、彼がずっと胸に抱いていた言葉が表れる。実は、フィレンツェでは､《魂よりも祖国を愛する》というせりふは､一四世紀の八聖人の戦いに由来する常套句だった。だが、マキァヴェッリのこの言葉には、常套句以上のものがあった。それは、深い情熱の発露であり、愚かなイタリアを目の当たりにして、何をすればよいのかわかっていながら、何もできないでいる自分の苦悩の表れだった。これが、《私はグイッチャルディーニ殿を愛します》という文を書いた理由である。最近の数か月は、グイッチャルディーニも、何をするべきかわかっていたから、耳を傾けようとしない者たちを説得し、盲目の者たちの目を開き、臆病な者たちにわずかでも勇気を与えることに力を尽くしていた。グイッチャルディーニだけが何らかの行動を起こし、祖国である都市のために何かをなし得た。だから、マキァヴェッリは彼のことを愛したのである。その言葉は、常套句でも、ありふれた愛国主義の表現でもない。この言葉で、彼は自分の人生の意味と苦悩を友人に告白したのである。

マキァヴェッリとグイッチャルディーニが繰り返し説得を続けた結果、ようやく神聖同盟軍は、皇帝軍から町を守るためにフィレンツェ近郊に集結した。ウルビーノ公は、フィレンツェがサン・レオの城塞を返還すると急に機敏で行動的になり、進軍を開始した。ブルボン公は、フィレンツェの防備が固く、攻略が難しいことを見て取ると、軍勢をローマ方面へ差し向けた。マキァヴェッリは、三か月近く留守にしたフィレンツェへ四月二十二日に戻った。町ではメディチ派への憎悪が高まり、緊張が増していた。メディチ派の者は、たとえば、コルトーナの枢機卿となり、二人の出来の悪い庶子であるイッポーリトとアレッサンドロに代わってコルトーナを治めていたからである。四月二十六日、騒擾が勃発し、ヴェッキオ宮は、フィレンツェ貴族の有力者を中心とする反メディチ派に占拠された。コルトーナの枢機卿は、ウルビーノ公の同意を得て、ヴェッキオ宮にいる反勢力を武力で一掃すると迫った。貴族のほぼ全員を虐殺し、町を守る目的で来た軍隊がその町を略奪にかけることは、フランチェスコ・グイッチャルディーニの権威と能力によって回避された。だが、コルトーナの枢機卿は、その日、《武力と市民の血をもって》メディチ家の権力を永遠に確固たるものにできたはずであるのに邪魔をされたと叱責し、反乱者は、彼がメディチ家の利益を優先して《不必要に屈服する》ことを強要したと非難した(150)(『イタリア史』)。

その頃、軍隊というより、もはや絶望した大群と化してローマへ進む皇帝軍を阻止するために戦う者は、歩兵隊五〇〇〇と騎兵隊一〇〇〇騎を率いるグイード・ランゴーニ以外に誰もいなかった。絶望にまみれたその兵士たちにできないことはないことを、誰も理解していなかった。五月四日、彼らはローマ城壁の周囲に達した。六日に町を襲撃し、この物語の最初に述べたように略奪にかけたのである。

それは、事実上の《イタリアの精神の終焉》であった。それと同時にフィレンツェのメディチ体制も終わった。十六日、コルトーナの枢機卿は、必要というよりも臆病風に吹かれて、わが身と甥とメディチ家の若者の安全と引き換えに、フィレンツェ市民に共和国を再建する自由を与えた。ニッコロ・カッポーニは、三年までの任期延長を認める任期一年の正義の旗手に選出された。その次の日、法律を承認し、全役職を任命する権限を持つ大評議会が招集された。一五年がたって、ようやく《大広間》が開かれ、フィレンツェに自由が戻った。

その頃、マキァヴェッリはグイッチャルディーニとともに、暗愚のあまりローマ劫略という悲劇を回避できなかった例のクレメンス七世の命を救うことに奔走していた。彼がフィレンツェに帰ると、市民は皆再び自由が戻ったことを喜んでいた。皆の喜びは彼の喜びでもあり、いや、それ以上に彼だけの喜びだった。彼は常に共和主義者だったし、情熱と知性のすべてを注いで、一点の曇りもなく誠実に共和国に一五年間仕えた。メディチ家によって書記官の職を解かれたとき、彼は《自由に生きる》ことを求める愛に突き動かされて、近代共和政の礎となる著作『ティトゥス・リウィウスの第一巻に関する論考（ディスコルシ）』を書いた。それに続く著作『戦争の技術』『フィレンツェ史』では、自由は、法によって制御される武力と、蔓延する党派闘争を国から一掃することによって守られると繰り返し教えた。その最後のフィレンツェ共和国で主人公となるはずだったフィレンツェ人の若者たちに、共和主義者としてあるべき姿を教えたのである。機会のあるたびに、メディチ家の者にフィレンツェに適した唯一の政治体制は、大評議会に主権を置く秩序正しい共和国であると言い続けた。

新しく生まれた共和国が、彼を以前の書記官の仕事に就けてくれるのではないかと期待するのは当然のことだった。オリチェッラーリ園の会合の時からの古い二人の友人、ザノービ・ブオンデルモンティとルイジ・アラマンニは、このために尽力してくれた。だが、六月十日、一五二五年の六月まで八人委員会の書記だった男、つまりメディチ家ゆかりのフランチェスコ・タルージとかいう者が書記官に任命された。

このように、不正で不運であるというよりも馬鹿馬鹿しい決定がなされた原因には、マキァヴェッリが、皇帝軍に対して壊滅的な敗戦が続く中、クレメンス七世に仕えていたことがあった。だが、それ以上に、マキァヴェッリは悪意を持つ異端分子で専制君主の助言者であるという風評が広まっていた。同時代の者が書いている。人々は、《『君主論』のせいで彼を憎悪した。裕福な者は、その『君主論』は、人々からすべての財産を奪い取る方法を公けに教える文書であると考え、貧しい者たちは、すべての自由を奪い取るものだと考えた。泣き虫派（厳格な道徳を明言したサヴォナローラ信奉者の旧い名称）は、彼を異端と考え、善人は彼を不正直であると考え、悪意のある者たちは、彼が自分たちよりもずっと悪意に満ちているか、あるいは自分たちよりも能力があると考えた。だから、皆が彼を憎んだのである[151]》（『ニッコロ・マキァヴェッリの生涯』）。

フィレンツェが他の人間を書記官に選んだことで、年老いたマキァヴェッリはさらに深い痛手を負った。一か月の間、ニッコロは、イタリアを隷従から救う努力が無駄に終わった敗北感に苦しみ、しかも、今度はメディチ政権からではなく、共和国政府によって再びヴェッキオ宮から追い出されたことに落胆した。その頃か、あるいは少し以前に彼が『悔悛の奨め』の締めくくりに書いたペトラルカの言葉が、このときほど真実に思えたことはなかっただろう。

そして悔悛し、しかと覚ゆ
この世の愉悦は刹那の夢と

書記官の末娘《バッチーナ》の息子、つまり、マキァヴェッリの孫のジュリアーノ・リッチは、祖父は《晩課を歌唱し、朝課を唱和し、規律を守り、善行を積むために町に造られたいくつかの祈禱所に》会する者たちからなる世俗の信心会に属していたと言っている。その信心会の習慣で、四旬節の折に読む悔悛の奨めを書く仕事が会員に任されることもあった。マキァヴェッリは《適格で、献身的で、宗教心に篤い》から、一度、その仕事を託されたのである。

ジュリアーノの言葉は信じがたい。悪党で無神論者であるという評判のマキァヴェッリを何とかして助けようと考えて、慈悲深く献身的である男のように表現したのだろう。だが、回廊に集まって、悔悛を奨めるニッコロの姿を想像することができるだろうか。彼は、悔悛の中で最も辛辣な冗談とも言える《行動せずに後悔するより、行動して後悔する方がよい》という原則に則って生涯を過ごした人間である。その『悔悛の奨め』を読むと、説教と共通の箇所があり、全編が詩篇や福音書の言い換えや引用から書かれていることがわかる。それは、つまり、彼が描いた他の演説や詩と同様に、誰かの要請か命令によって書かれた文書なのである。

六月十日を過ぎてすぐに、マキァヴェッリは腹膜炎と思われる病に倒れた。二十日、多年にわたって胃痛と頭痛の治療に用いたアロエの丸薬を、おそらく多量に摂取したのだろう。六月二十一日、マッテオというう名の修道士に懺悔を済ませたあと、彼は死んだ。六月二十二日、サンタ・クローチェ教会に埋葬された。病に冒された日々に、彼はあの夢について話した。だから、私は、その夢から彼の生涯を語り始めようと考えたのだった。彼は、福者や聖人とともに天国へ召されるよりも、古代の偉人たちとともに地獄へ堕ちて政治に関する事柄を論じる方がましだと言って、この世にいとまを告げた。それは、友人たちといっしょになって、地獄や天国を笑うために語った最後の悪ふざけだった。彼がいつもの《マキァ》で、死ですらも彼からその微笑を取りあげたり、彼の顔を恐怖の仮面に変えてしまうことができないことを知らしめたのだった。

こうしてニッコロは、生きていたときと同じ微笑をたたえて死んだ。ニッコロが、苦悩や怒りや憂鬱に負けないために、泣いている姿を見せて他の人間や幸運の女神を喜ばせないために、人生の悲惨な事柄に微笑で応えていたことを私たちは知った。だが、彼の微笑は、人生を守るだけではなかった。人生にどっぷりと浸かる手段でもあったのだ。彼の微笑には、自由への愛と、彼の中に常に強くあった市民の平等への愛があった。というのは、真実笑えることは、主人であることや従僕であることではなく、自由と平等の間にのみ存在したからである。そして、そこには、慈悲深く誠実な意味があった。その慈悲の心は、彼に多様である世界を愛させたし、それは、祖国に対する愛の心髄となった。その優しい慈悲の心とは、『悔悛の奨め』に書いたように《ねたみを持たず、邪悪でなく、高慢にならず、野心を持たず、自分の便益を求めず、憤慨せず、悪行を考えず、悪行を喜ばず、虚栄にふけらず、すべてを耐え、すべてを信じ、すべてを期待する》ことだった。この言葉こそ彼そのものだった。おそらく、それは、彼の微笑の美しさと生きる知恵を理解するための最も重要な最後の鍵なのである。

年表（一四九四―一五二七）

一四九四
フランス王シャルル八世がナポリ王国の所有権を要求してイタリアへ侵入。ミラノではルドヴィーコ・イル・モーロが甥のジャン・ガレアッツォ・スフォルツァから権力を奪取。フィレンツェではピエロ・デ・メディチが追放され、共和政府が樹立される。ピサがフィレンツェの支配から独立する。
一四九五
シャルル八世がナポリに入城するが、反仏同盟（ルドヴィーコ・イル・モーロ、ヴェネツィア、教皇、スペイン、皇帝）が結束。王は同盟軍の封鎖網を破って（フォルノヴォの戦い）フランスへ帰国。
一四九八
シャルル八世死去。フィレンツェでサヴォナローラが処刑される。
一四九九
新フランス王ルイ十二世がヴェネツィア、教皇、フィレンツェと反ルドヴィーコ・イル・モーロ同盟を結ぶ。チェーザレ・ボルジアが支配領域の拡大を開始、ロマーニャを領有する。
一五〇〇
ルドヴィーコ・イル・モーロがノヴァーラでスイス軍の助勢を得たフランス軍に敗れ、捕縛される。グラナダ協定によって南イタリアはフランスとスペイン両国の間で分割されることが規定される。
一五〇二
フィレンツェで終身制の正義の旗手制度が成立。
一五〇三
教皇アレクサンデル六世（ロドリーゴ・ボルジア）が急死。ヴァレンティーノ公の支配領域が弱体化する。
教皇ピウス三世のあと、ジュリアーノ・デッラ・ローヴェレがユリウス二世として新教皇に選出、ガリッリャーノの戦いでフランス・スペイン間の戦争をスペイン有利に終結させる。
一五〇四
リヨンの休戦協定によってナポリはスペインの直轄領となる。
一五〇六
ユリウス二世がボローニャ進撃を開始。
一五〇八
ユリウス二世がヴェネツィアに対抗してカンブレー同盟（スペイン、フランス、皇帝、サヴォイア公、フェラーラ公、マントヴァ公）を結成。
一五〇九
アニャデッロの戦いでヴェネツィアが敗退。ピサがフィレンツェに攻略され、再びフィレンツェ領となる。
一五一一
教皇を排斥するためピサでの公会議開催をもくろんだルイ十二世に対して、神聖同盟（教皇、ヴェネツィア、スペイン、イギリス、スイス、皇帝）が結成される。

一五一二
フランス軍は、ラヴェンナの戦いで勝利をおさめたが、スイス軍のロンバルディーア侵入を受けて退却を余儀なくされる。ミラノではルドヴィーコ・イル・モーロの息子マッシミリアーノ・スフォルツァが再び権力を握る。フィレンツェでは、プラートの掠奪ののちメディチ家が復帰。
一五一三
ユリウス二世が死去、ジョヴァンニ・デ・メディチが教皇レオ十世として即位。フランス軍がスイス軍に敗退し、ミラノから退却する。
一五一五
新フランス王フランソワ一世がマリニャーノの戦いでスイス軍に圧勝、ミラノを奪回する。レオ十世はパルマ、ピアチェンツァの領有を放棄。
一五一六
ノワイヨンの和約により、スペイン王と将来のカール五世（一五一九年に皇帝に即位）はミラノ公国がフランス領となることを認める。フランソワ一世はナポリ王国の領有権を放棄、ナポリ王国はスペイン領として残る。
一五二一
カール五世とフランソワ一世との間で第一次戦争が勃発、皇帝軍がミラノへ侵入する。教皇レオ十世が死去。
一五二二
アードリアン・フローレンツが教皇ハドリアヌス六世に選出される。ビコッカでフランス軍敗北。

一五二三
ハドリアヌス六世没、ジュリオ・デ・メディチが教皇に選出され、クレメンス七世となる。
一五二四
フランソワ一世がミラノを征服。
一五二五
パヴィアの戦いでフランソワ一世が敗れ、捕虜となる。
一五二六
マドリッドの和約で、フランソワ一世はミラノをスペインに譲渡、ナポリ領有権を放棄する。フランスに帰国し、ヴェネツィア、ミラノ、ジェノヴァ、フィレンツェ、教皇とコニャック同盟を結成。スペイン軍がミラノを占拠する。
一五二七
カール五世配下のランツクネヒト軍団によるローマ劫略。フィレンツェではメディチ家が追放され、共和政府が回復。

マキァヴェッリに関心を持つ者ならずとも、おそらく一度は目にしたことがあるであろう彼の肖像画が、フィレンツェのヴェッキオ宮に飾られている。本書を紐解く鍵は、今から五〇〇年近く前に描かれた彼の絵の、その口元に浮かぶ微笑である。

マキァヴェッリという言葉から抱かれる人間像、そして時代を経て一人歩きするマキァヴェリズムという妖怪のような言葉を充てる歴史上の人物にしては、多少威圧感に欠けるように思われるかもしれない。いや、もっと体躯よろしく、威厳に満ちた外見の方がマキァヴェッリという言葉が持つ響きにはふさわしいのかもしれない。だが、こちらを凝視する眼差しの奥には、フィレンツェ国の外交をつかさどる書記局の長であった彼が見た事物のすべてが隠されている。人間の力ではどうしようもない運命というものと、時代の流れに翻弄されながら、この世を「生き」「死んでゆく」人間たちを、彼はこよなく愛し、情熱のすべてを捧げて書き著した。それが、『君主論』であり、『ディスコルシ』『戦争の技術』『使節報告書』、詩、喜劇等の数々の文書である。彼が残してくれた文言は、現代を生きる私たちに、実に多くのことを惜しげもなく教え、与えてくれるのである。

本書は『Il sorriso di Niccolò, Storia di Machiavelli（ニッコロの微笑、マキァヴェッリの物語）』（Editori Laterza, 1998）の翻訳である。著者のマウリツィオ・ヴィローリ氏は、ルソー、マキァヴェッリの研究をはじめとして、ルネサンス期からリソルジメント期におけるイタリアの共和主義、シビック・ヒューマニズムに関する書物を多く上梓している。一九九八年に Oxford University Press の《Founders》誌に『マキァヴェッリ』論を発表し、近年の著書に『Jean-Jacques Rousseau e la teoria della società bene ordinata（ジャン・ジャック・ルソーと秩序正しい社会の理論）』

(Mulino, 1993)、『Dalla politica alla ragion di Stato(政治から国家理性まで)』(Cambridge University Press, 1994)、『Per amore della patria. Patriottismo e nazionalismo nella storia(パトリオティズムとナショナリズム―自由を守る祖国愛)』(Laterza, 1995)、『Repubblicanesimo(共和主義)』(Laterza, 1999)、『Dialogo intorno alla repubblica(共和国をめぐる対話)』〔ノルベルト・ボッビオとの共著〕(Laterza, 2001)、『Il Dio di Machiavelli e il problema morale dell'Italia(マキァヴェッリの神とイタリアが抱える道徳的問題)』(Laterza, 2005)がある。現在、プリンストン大学の政治学教授を務め、マッツィーニ協会名誉会長、日刊紙『ラ・スタンパ』の論説委員でもある。

本書は、マキァヴェッリの死から始まり、その死をもって物語を閉じる。ヴィローリ氏は、マキァヴェッリがフィレンツェ共和国第二書記局に書記官として登場したときから亡くなるまでの年月を、序文にもあるように、残された資料を明確にたどりながら物語る。私たちは、マキァヴェッリが死の間際に語ったとされる夢の話を聞き、再び彼の人生に寄り添い、その夢を語った最期へと誘われるのである。

読者は、マキァヴェッリが過ごした日々を脳裏に思い描きながら、彼が生きた時代を追体験することができるだろう。フィレンツェ国の危機存亡に直接関わる問題を扱う彼の傍らで、著者はともに呼吸をし、昼夜を過ごし、喜怒哀楽を共有する。そうして彼の心の痛みと肉体の痛みを分かち合いながら、「微笑」の意味を読み解いていくのである。その手法は臨場感に溢れ、読む者を圧倒する。

マキァヴェッリは他人を笑い、自分を笑った。運命の女神に戦いを挑み、ときに欺き、また身を任せ、敗れ去る彼の、息苦しいほどに凝縮された日々は、まさに、男の目で見た男の人生だと言えるだろう。

マキァヴェッリは、「国家はどのように統治され、保持されるべきか」を問い続け、そのために必要な外交術と軍事力について、知り得たすべてをフィレンツェの統治者に伝えようとした。その知識は、外交官の職にあったときに、数々の君主に拝謁し、直接に外交交渉を重ねた経験から得たのだった。もちろん、偉大な古代ローマの先人たちが残した書物から多くの知識を吸収したのだが、彼が信じるものは、外見でも権威でもなく、目に見えるものだった。そして、彼が希求してやまなかったのは、「知性と情熱を発揮できる場所」だったのである。情報収集に奔走した彼が残した文書の量は、実に膨大である。

派遣先の他のイタリア諸国や、ドイツ、フランス、スイスの現状を見て、彼は「相違」を理解し、国の統治の方法、君主の気性、領民の生活には違いがあることを認識することができた。「相違」は、彼にとっては自身の問題でもあり、「よい出自」でなく、有力家系の出身でなかった彼は、その「相違」に生涯苦しめられた。失脚し、田舎の「あばら家」で隠遁生活を送る時も、華々しく活躍した時代との「相違」に呻吟し続けたのだった。

ところが、一方で、妻以外の女との恋愛も楽しみ、仕事で滞在することになった修道会では修道士たちをかついで楽しみ、仕事においても、実生活においても、「仲間」や「友人」たちの支えを得ることが多くあった。謀反の疑いをかけられ、すさまじい拷問と牢獄での死の恐怖に耐えた彼が、家族を愛しながら、それが重荷であると伝える気弱な面があることを知ると、私たちは少しばかり安堵し、愛おしくさえ感じるのである。人間マキァヴェッリは、責任と権力を与えられたときは喜んでそれをこなし、国の役に立っていると思うとき、生きがいを見出した。ソ国に仕える身である彼が、諸外国の勢力に飲み込まれてゆくイタリアの中で、身悶えせんばかりに苦しむ姿は、ソデリーニ、ヴェットーリ、グイッチャルディーニ、政府諸兄の面々、取り巻き連中らとの往復書簡から浮かび上がる。

国の在り方が、君主が、王が、そして教皇が「多様」で「相違」することを認識した彼は、そこに力の優劣を見定め、軍事力を分析し、人間の気質の違いを洞察する。だが、それと同時に、事物の本質は不変だが、それを覆う可視的なものに相違があると言い、人間の情熱には変わりはないことを説いた。「相違」するものと、「不変」であるものとを歴史から読み解いたのである。そして、彼の目的は、「理解してくれる者に有用であることを書き記すこと」であった。生きている間に天国も地獄も見た彼には、ローマ劫略の惨劇は十分に予見できたであろう。そして、マキァヴェッリは、まさにその年に生涯を閉じる。

著者はマキァヴェッリが残した文書を綿密に読み、彼の人間性を包括的にとらえるために、実に様々な個所から引用すべきエッセンスのみを抽出している。マキァヴェッリの心情に添う場合には、自分の言葉に咀嚼して代弁する場合も多い。著者がニッコロと呼ぶときは、私たちに近しい存在のときであり、マキァヴェッリと呼ぶときは世の中の誰もが知る公けの存在マキァヴェッリである。原文にちりばめられたマキァヴェッリの言葉を、整合性を失うことなく、温かく彼を見守る著者の思いを減ずることなく、どのように違和感なく日本語に溶け込ませるかについては、ただひたすらに苦心した。

訳者がマキァヴェッリに触れるきっかけとなったのは、大阪外大のイタリア語学科に進むことを決めた高校生の頃ではなかったかと思う。イタリア語を学ぶのであれば、将来マキァヴェッリについて自分の言葉で語ってほしい、そう言った父の言葉をはっきりと覚えている。その後、大学院生時代の恩師である故藤沢道郎先生のご指導を仰ぎながら「使節報告書」を翻訳したのが、マキァヴェッリの言葉に寄り添った第一歩だっただろうか。この経験がなければ、到底本書を日本語に訳す難行に立ち向かう勇気は持てなかったであろう。しかしながら、実際の翻訳作業については、訳者自身の浅学ゆえに難渋を極めた。できるだけ各語一つひとつの語感を反映しようと腐心したつもりだが、不明瞭な個所があれば、それはひとえに訳者の力不足によるものとお許しいただきたい。マキァヴェッリの文書、書簡、報告書、その他の作品の文面を翻訳するにあたって、日本における先達のマキァヴェッリ研究書や著書、翻訳書を参考にさせていただいた。これらの諸先輩方に心から敬意を表し、感謝申し上げるとともに、今後のマキァヴェッリ研究にたとえわずかでもお役に立てることがあるとすれば、翻訳者としてこれほどうれしく光栄なことはないと思う。

マキァヴェッリについて多くを教えてくれた父武田力も、人間マキァヴェッリの言説そのものについてご教示くださった藤沢道郎先生も、その姿はもうこの世にはない。マキァヴェッリと彼が生きた時代について、皆で語り合う機会を得られなかったことが悔やまれる。そんなとき、ニッコロが狼狽する修道士に言ったという言葉が思い出される。《父は話好きだから、相手をしてくれる人が多いほど喜んでいることでしょう》。かの有名なチェーザレ・ボルジアの描写の箇所については、藤沢先生の名訳をほぼ踏襲している。マキァヴェッリの闊達な文章と表現力を、その行間に潜む魔力までも、美しい日本語で私たちに伝えてくださった先生に、感佩の思いを捧げたい。

最後に、翻訳作業が進まず難儀する最中も、温かく支えてくださった白水社の芝山博氏に、この場をお借りして深く御礼を申し上げたいと思う。氏の励ましの言葉がなければ、この作業は完結できていなかったであろうし、数々のご助言とお力添えをいただいたことにただただ深く感謝申し上げるばかりである。

二〇〇七年五月

武田　好

■キアーラ・フルゴーニ　三森のぞみ訳

アッシジのフランチェスコ

ひとりの人間の生涯

すべての面で人間的であると同時に聖なる存在でもあったフランチェスコという人物を簡潔かつ明快に描くことに成功した本書を、ジャック・ル・ゴフは一種の奇跡であると評している。

■D・リッピ、C・ディ・ドメニコ　市口桂子訳

メディチ家の墓をあばく

X線にかけられた君主たち

国際的に組織された科学者が棺を開き、腐敗した布の切れ端から、ミイラ化した皮膚から、病に冒された遺骨から、X線調査によって一族の栄光と聖性をさぐる、異色のドキュメンタリー。

■ロザリオ・ロメーオ　柴野　均訳

カヴールとその時代

優れた政治家・外交官として西欧列強の合間をぬいイタリアを統一に導いたカヴールの生涯と時代背景を厳密かつ実証的に描く。イタリアの国家統一運動(リソルジメント)を扱った不朽の名著。

■ロラン・ル・モレ　平川祐弘、平川恵子訳

ジョルジョ・ヴァザーリ

メディチ家の演出者

ヴァザーリは『美術家列伝』の著者としてつとに有名である。ルネサンスの最も重要な人物の生涯を描くと同時に、メディチ家支配下のフィレンツェの政治、文化を俯瞰する格好の書。

訳者略歴
武田好（たけだ・よしみ）
1961年大阪生まれ。
1984年大阪外国語大学イタリア語学科卒業、1987年大阪外国語大学大学院外国語学研究科イタリア語学専攻修了。
星美学園短期大学人間文化学科・イタリア語イタリア文化コース専任講師。
1998年から2007年までNHKラジオイタリア語講座入門編・応用編を担当する。
主要著訳書
『イタリアオペラを原語で読む　カヴァレリア・ルスティカーナ』(小学館)、『入門を終えたら　もっとしゃべれるイタリア語』（NHK出版）、『基本表現80で身につくイタリア語』（かんき出版）、『イタリア語をはじめよう！』（NOVA出版）、『マキァヴェッリ全集第5巻、第6巻』（共訳、筑摩書房、第10回ピーコ・デッラ・ミランドラ賞共同受賞）

マキァヴェッリの生涯　その微笑の謎

2007年6月5日　印刷
2007年6月20日　発行

訳者 © 武田　好
発行者　川村　雅之
印刷所　株式会社　三陽社

発行所　株式会社　白水社
〒101-0052　東京都千代田区神田小川町3の24
電話　03-3291-7811（営業部），7821（編集部）
http://www.hakusuisha.co.jp

乱丁・落丁本は，送料小社負担にてお取り替えいたします．

振替　00190-5-33228
松岳社（株）青木製本所

ISBN978-4-560-02625-0

Printed in Japan

人名索引

マ・ヤ

ラ

注

本書では、本文中の引用文献の出典、ならびに引用箇所に注番号を付し、それぞれ巻末に示してある。

《引用文献省略記号》

- *P*（章の番号を記載）マキァヴェッリ『君主論』*De Principatibus*, testo critico a cura di Giorgio Inglese, Istituto Storico per il Medio Evo, Roma 1994.
- *LC*（頁数を記載）マキァヴェッリ『使節報告書』*Legazioni e Commissarie,* a cura di Sergio Bertelli, Feltrinelli, Milano 1964, vol. Ⅲ .
- *L*（頁数を記載）マキァヴェッリ『書簡集』（『全集』）*Lettere*, in *Opere*, a cura di Franco Gaeta, UTET, Torino 1984, vol. Ⅲ.
- *D*（巻、章の番号を記載）マキァヴェッリ『ディスコルシ』（『全集』）*Discorsi sopra la prima deca di Tito Livio*, in *Opere*, a cura di Corrado Vivanti, Einaudi-Gallimard, Torino 1997, vol. I.
- *Opere*（頁数を記載）マキァヴェッリ『全集』*Opere*, a cura di Corrado Vivanti, Einaudi-Gallimard, Torino 1997, vol. Ⅰ.
- *SL*（頁数を記載）マキァヴェッリ『文学作品集』（『全集』）*Scritti letterari*, in *Opere*, a cura di Luigi Blasucci, UTET, Torino 1989, vol. Ⅳ.
- *IF*（巻、章の番号を記載）マキァヴェッリ『フィレンツェ史』（『全集』）*Istorie Fiorentine*, in *Opere*, a cura di Alessandro Montevecchi, UTET, Torino 1986, vol. Ⅱ.
- *Ridolfi*（頁数を記載）ロベルト・リドルフィ『ニッコロ・マキァヴェッリの生涯』Roberto Ridolfi, *Vita di Niccolò Machiavelli*, Sansoni, Firenze 1969 3.

（1）*Ridolfi*, 56
（2）*IF*, VII.28
（3）Francesco Guicciardini, *Storia d'Italia*, IV, 13
（4）*D*, III.6
（5）*Opere*, 671
（6）*SL*, 305
（7）*LC*, 120
（8）*LC*, 184
（9）*LC*, 168
（10）*LC*, 173
（11）*LC*, 205
（12）*L*, 162
（13）*L*, 182
（14）*L*, 182-3
（15）*L*, 182

（16） *Opere*, 10
（17） *LC*, 264
（18） *LC*, 267-8
（19） *LC*, 261-3
（20） *LC*, 263
（21） *LC*, 341
（22） *LC*, 345
（23） *LC*, 446
（24） *LC*, 357
（25） *L*, 129-31
（26） *LC*, 427
（27） *LC*, 503
（28） *LC*, 503
（29） *LC*, 495
（30） *Opere*, 21
（31） *LC*, 330
（32） *LC*, 507-8
（33） *P*, VII
（34） *L*, 149
（35） *Opere*, 15
（36） *Opere*, 16
（37） *Opere*, 22-6
（38） *LC*, 587
（39） *LC*, 591
（40） *LC*, 631
（41） *LC*, 607
（42） *LC*, 607
（43） *LC*, 702
（44） *LC*, 655-6
（45） *LC*, 724
（46） *Opere*, 26-7
（47） *LC*, 927
（48） *LC*, 979-80
（49） *D*, I.27
（50） *P*, XI
（51） *L*, 241
（52） *LC*, 1012
（53） *LC*, 1065-6
（54） *Opere*, 79-81
（55） *Ridolfi*, 169
（56） *LC*, 1166-1167
（57） *L*, 325-7
（58） *L*, 321-2
（59） *LC*, 1187
（60） *LC*, 1195-9
（61） *LC*, 1202
（62） *LC*, 1227
（63） *LC*, 1228
（64） *LC*, 1258
（65） *LC*, 1258
（66） *LC*, 1273
（67） *LC*, 1282-3
（68） *LC*, 1298
（69） *LC*, 1328
（70） *L*, 339
（71） Francesco Guicciardini, *Storia d'Italia* X, 7
（72） Francesco Guicciardini, *Storia d'Italia* X, 14
（73） *LC*, 353
（74） Francesco Guicciardini, *Storia d'Italia* XI, 3
（75） *D*, III.3
（76） *SL*, 438
（77） *SL*, 424
（78） *SL*, 422
（79） *L*, 367
（80） *L*, 417
（81） *P*, XV
（82） *P*, XVIII
（83） *P*, XVI
（84） *P*, XVII

(85) Marcus Tullius Cicero, *De Officiis*, III.XI.4
(86) *P*, VIII
(87) *P*, XVII
(88) *P*, XVIII
(89) *L*, 487
(90) *SL*, 428-35
(91) *SL*, 427
(92) *L*, 437
(93) *L*, 442
(94) *L*, 466
(95) *Ridolfi*, 253
(96) *L*, 467
(97) *L*, 383
(98) *L*, 462
(99) *D*, I.Proemio
(100) *D*, II.Proemio
(101) *D*, II.Proemio
(102) *D*, 158
(103) *D*, II.2
(104) *D*, I.4
(105) *D*, I.18
(106) *LC*, 1520
(107) *Opere*, 718-9
(108) *L*, 513
(109) *Opere*, 736-8
(110) *Opere*, 741
(111) *Opere*, 744
(112) *Opere*, 745
(113) *SL*, 235-6
(114) *D*, II.2
(115) *D*, III.1
(116) *D*, I.12
(117) *D*, I.10
(118) *L*, 524
(119) *D*, III.43
(120) *L*, 529
(121) *D*, I.10
(122) *Opere*, 530
(123) *Opere*, 536
(124) *Opere*, 689
(125) *Opere*, 729-31
(126) *Ridolfi*, 324
(127) *L*, 541
(128) *L*, 553
(129) *L*, 568
(130) *L*, 552
(131) *SL*, 197
(132) *SL*, 182
(133) *SL*, 437
(134) *LC*, 1568-72
(135) *IF*, Proemio
(136) *IF*, III.1
(137) *IF*, IV.1
(138) *L*, 575
(139) *L*, 593 n.2
(140) *LC*, 616
(141) *D*, II.29
(142) *LC*, 1600
(143) *LC*, 1601-3
(144) *LC*, 1617
(145) *LC*, 1611
(146) Francesco Guicciardini, *Storia d'Italia*, XVIII, 4
(147) *D*, II.30
(148) *LC*, 1645-6
(149) *L*, 624-5
(150) Francesco Guicciardini, *Storia d'Italia*, XVIII, 7
(151) *Ridolfi*, 388-9